Antke Engel
Bilder von Sexualität und Ökonomie

Studien | zur | visuellen | Kultur
Herausgegeben von Sigrid Schade und Silke Wenk | Band 6

Antke Engel (Dr. phil.) ist Leiterin des Instituts für Queer Theory (Hamburg/Berlin) und Research Fellow am Institute for Cultural Inquiry (ICI Berlin). Sie arbeitet zu Theorien der Sexualität, Repräsentationskritik und kulturellen Politiken.

ANTKE ENGEL

Bilder von Sexualität und Ökonomie. Queere kulturelle Politiken im Neoliberalismus

[transcript]

Gefördert durch ein Fellowship am ICI-Berlin

Bibliografische Information der Deutschen Nationalbibliothek
Die Deutsche Nationalbibliothek verzeichnet diese Publikation in der Deutschen Nationalbibliografie; detaillierte bibliografische Daten sind im Internet über http://dnb.d-nb.de abrufbar.

Umschlaggestaltung: Kordula Röckenhaus, Bielefeld
Umschlagabbildung: Ines Doujak: ohne Titel, aus der Serie »Siegesgärten«, 2007.
© Ines Doujak. Courtesy of the artist.
Satz: Christine Campe
Druck: Majuskel Medienproduktion GmbH, Wetzlar
ISBN 978-3-89942-915-2

Gedruckt auf alterungsbeständigem Papier mit chlorfrei gebleichtem Zellstoff.

Besuchen Sie uns im Internet:
http://www.transcript-verlag.de

Bitte fordern Sie unser Gesamtverzeichnis und andere Broschüren an unter:
info@transcript-verlag.de

für anna
die queer wie eine blume aussehen ließ

Inhalt

2 Verführung in die privatisierte Verantwortung 67

3 Die Widersprüche der Paradoxien 99

4 Paar werden – *Strange* werden 137

Danksagung

Dieses Buch verdankt seine Umsetzung einem Research Fellowship am Institute for Cultural Inquiry (ICI-Berlin), welches meiner Arbeit den finanziellen Rahmen und vor allem auch einen inspirierenden intellektuellen Kontext geboten hat.

Renate Lorenz, Sabine Rohlf, Isabell Lorey, Kerstin Brandes, Johanna Schaffer und Volker Woltersdorff haben die Entstehung des Buches in seinen verschiedenen Stadien mit inhaltlichen Diskussionen ebenso wie konzeptionellen und stilistischen Überlegungen begleitet. Ihnen allen gilt mein ganz besonderer Dank. Insbesondere Renate, Kerstin und Johanna waren mir, ob ihrer eigenen grenzgängerischen Praxen, großartige Gesprächspartnerinnen, wenn es darum ging, die unterschiedlichen Felder poststrukturalistischer Politik, Neoliberalismus- und Rassismuskritik, Queer Politics und Kunst/Visuelle Kultur zu verbinden. Anregende Gedanken zu künstlerischer und politischer Praxis habe ich außerdem von Ines Doujak, Galli und Zanele Muholi erhalten, die somit an diesem Buch nicht nur durch ihre künstlerischen Arbeiten beteiligt sind. Thank you!

Für wertvolle Hinweise zu einzelnen Aspekten sowie Gespräche zu gesellschaftspolitischen Einschätzungen und repräsentationspolitischen Strategien danke ich außerdem: Lauren Berlant, Regina Brunnett, Judith Butler, Chris Campe, María do Mar Castro Varela, Nikita Dhawan, Gabriele Dietze, Lisa Duggan, Aneta Dybska, Stef Engel, Waltraud Ernst, Dominika Ferens, Judith Halberstam, Ulf Heidel, Tuula Juvonen, Susanne Krasmann, Claudia Lutz, Katharina Pühl, Tuija Pulkkinen, Sigrid Schade, Silke Wenk, Beate Wirtz sowie den Hamburger Arbeitsgruppen zu Theorien des Politischen, zu Queerer Neoliberalismuskritik und der überregionalen AG Queere Visuelle Kulturen.

Die ›sexuelle Revolution‹ der Bilder – Intro

Staatsdienende Homos, gebärende Männer, kulturschaffende Migrant_innen[1] und sportliche oder wissenschaftliche Asse unter geistig oder körperlich anders-befähigten Menschen finden seit geraumer Zeit ihren Ort in hegemonialen Medien. Es lässt sich ein gewisses Zelebrieren von Differenz verzeichnen: Differenzen werden weniger als Problem, Nachteil oder tragisches Schicksal denn als erfreuliches Spektakel oder als kulturelles Kapital präsentiert. Wird doch einmal Bezug auf soziale Ungleichheit und Diskriminierung genommen, so sicherlich nicht, um strukturelle Gewaltverhältnisse wie Rassismus, Hetero-/Sexismus, Körpernormativität oder kapitalistische Ausbeutung zu thematisieren und zu zeigen, wie diese hierarchisierte Differenzen hervorbringen. Vielmehr werden, da es höchst populär ist, jegliche Opfererzählung zu vermeiden, Diskriminierungen als ›Aktivierungsenergie‹ zur Steigerung persönlicher Leistungsfähigkeit angesehen. Gemäß einem

1 Der Unterstrich im Wort (Migrant_in) ist von der Transgender-Bewegung eingeführt worden, um sprachliche Geschlechtsmarkierungen, die ein Entweder/Oder von männlich und weiblich suggerieren (z.B. die/der KonsumentIn), durch eine unterbrochene, aufgeschobene oder kontinuierliche Vorstellung von Geschlecht zu ersetzen (vgl. Herrmann 2003). Im zweiten Kapitel setze ich diesen Gedanken konsequent auch hinsichtlich der Artikel und Pronomen um (z.B. d_ oder sie_er). Ansonsten führe ich eine feministische Dimension dadurch ein, dass die verwendeten Artikel und Pronomen die Unterstrich-Substantive konsequent in weiblicher Genus-Form repräsentieren, was als Konstruktion und kulturelle Politik zu verstehen ist. Außerdem ersetze ich die Universalform ›man‹ durch ›tran‹, um die maskuline Konnotation aufzugeben.

neoliberalen Individualisierungsparadigma ist es die Aufgabe jede_ Einzelnen, das Beste aus den eigenen Lebensbedingungen zu machen, aber nicht gesellschaftliche Aufgabe, gute Lebensbedingungen für alle zu schaffen. In diesen diskursiven Horizont passen Bilder gefeierter Differenz gut hinein, insbesondere dann, wenn sie auch noch als Illustrationen einer Erfolgsstory mit komplizierten Ausgangsbedingungen erscheinen. Doch stellen derartige Bilder und Erzählungen schlicht eine Bestätigung dar, dass neoliberale Anrufungen greifen? Legitimieren sie neoliberale Anforderungen als ›Förderung individueller Potentiale‹ und sozio-ökonomische ›Modernisierung‹? Oder sind in derartigen Repräsentationen auch die Kämpfe marginalisierter Gruppen um Artikulation und Anerkennung nachvollziehbar? Inwiefern können sie als Anerkennung von Differenz verstanden werden? Und inwiefern handelt es sich dabei um Anerkennung, die nicht den Einschluss einiger durch den Ausschluss anderer erkauft oder lediglich Differenzen meint, die funktional für eine globalisierte Marktwirtschaft sind?

Im Rahmen dieses Buches gilt die besondere Aufmerksamkeit visuellen Repräsentationen von Geschlechtern und Sexualitäten, die sich nicht glatt in die Normen von Heterosexualität und Zweigeschlechtlichkeit einpassen bzw. diese offenkundig unterlaufen und deren Darstellungsweise nicht darauf hinausläuft, die entsprechenden Lebensformen zu entwerten, zu verleumden, zu verlachen, zu skandalisieren oder zu pathologisieren. Interessant erscheint mir, dass zunehmend Bilder zu finden sind, die auf eindeutige Markierungen sozialer Identitäten verzichten und stattdessen ein Changieren geschlechtlicher oder ethnisierender Attribute, eine Ambiguität von Begehrensachsen oder eine Ungewissheit sozialer oder geopolitischer Verortung produzieren. Diese propagieren kein multikulturelles Nebeneinander, in dem die Norm unangefochten bleibt und lediglich durch bunte Accessoires ergänzt wird, sondern fordern traditionelle Entgegensetzungen beispielsweise von hetero oder homo, herkunftsdeutsch oder migrantisch, sportlich oder behindert heraus. Derartige Bilder entstammen weder ausschließlich queerer künstlerischer oder aktivistischer Produktion noch sind sie darauf beschränkt, enge Marktsegmente, Nischen oder Minderheiten zu bedienen. Vielmehr sind Bilder geschlechtlicher und sexueller Abweichung und Dissidenz im Mainstream angekommen. Sei es in Medien und Werbung oder auch in Kunst, Kulturproduktion, in wissenschaftlichen Abhandlungen oder politischen Materialien – mittlerweile ist es nicht mehr ungewöhnlich, Repräsentationen von Differenz zu finden, die eine klare Unterscheidung von Selbst und Anderem unterlaufen.

Vor einigen Jahren hätte ich vorgeschlagen, in solchen Bildern eine queere ›Strategie der VerUneindeutigung‹ zu lokalisieren, die als Ausweg aus rigiden Identitätskategorien und als Anfechtung von Normalitätsregimen betrachtet werden kann (Engel 2002). Heute möchte ich die Frage offener und zugleich konkreter formulieren, das heißt, ich möchte ausgewähltes visuelles Material daraufhin untersuchen, welche Kämpfe um kulturelle Bedeutungsproduktion darin zum Ausdruck kommen und ob es im Zuge dieser visuell vermittelten Kämpfe zu einem veränderten Verständnis von und Umgang mit Differenz kommt. Hierbei gehe ich davon aus, dass kulturelle Repräsentationen Teil hegemonialer Kämpfe sind, in die eine Vielzahl politischer Kräfte, wenn auch mit unterschiedlichem Gewicht, einfließen. Die Bilder, die im Rahmen dieses Buches zum Auftritt kommen, interessieren mich als Agenten in hegemonialen Kämpfen, die beteiligt sind an den – expliziten und impliziten – Auseinandersetzungen darum, was als gesellschaftlich normal oder vorherrschend angesehen wird. Diesbezüglich möchte ich insbesondere die Bedeutung queerer Politiken für die Durchsetzung und/oder Anfechtung neoliberaler Transformationen ausloten. Wobei es mir weder darum geht, queere und neoliberale Diskurse einander als antagonistische Kräfte gegenüberzustellen und dann Prozesse der Vereinnahmung oder Enteignung zu beklagen, noch darum, eine eindimensionale Bedingtheit zu behaupten, etwa im Sinne des ökonomistischen Arguments, queer sei ein Produkt des Neoliberalismus. Vielmehr interessieren mich diskursive Überlappungen, angesichts derer es nicht mehr so einfach ist zu sagen, ob etwas queer oder neoliberal ist, sowie rhetorische und visuelle Figuren, mittels derer sowohl neoliberal als auch queer argumentiert wird. So ist beispielsweise die Vorstellung, der eigene Körper inklusive seiner Geschlechtlichkeit unterliege der Gestaltungsverantwortung der Einzelnen und könne durch gezielte Praxen oder käuflich zu erwerbende Produkte optimiert werden, als ein solches Feld diskursiver Überlappung zu verstehen. Statt die Bedeutung dieser Vorstellung für das Aufbrechen rigide binärer Geschlechtermuster gegen das neoliberale Bemühen auszuspielen, möglichst alles der Marktförmigkeit zu unterwerfen, möchte ich mit Hilfe der in diesem Buch vorgestellten Bildlektüren versuchen, aus der unentrinnbaren Verwobenheit heraus herrschafts- und kapitalismuskritische queere Perspektiven zu formulieren.

Zuvor gilt es jedoch, mit dieser Einleitung einige Grundlagen zu meiner Untersuchung zu legen. Ich werde im Folgenden zunächst den Begriff ›kulturelle Politiken‹ erläutern, möchte dann eine Idee davon vermitteln, was ich unter ›queer‹ und unter ›neoliberal‹ verstehe, und im nächsten Schritt aus den beiden letztgenannten Diskursfeldern die

Frage nach dem Verhältnis von Sexualität und Ökonomie extrahieren, die meine Bildlektüren anleitet. Anschließend werde ich nach einigen methodologischen Überlegungen zu ›Bildern als Instrumenten und Agenten der Gouvernementalität‹ den hegemonietheoretischen Rahmen dieser Arbeit vorstellen, der meine Perspektive queerer Herrschaftskritik einfasst. Den Übergang zu den eigentlichen Untersuchungen dieses Buches liefert abschließend die These, dass eine veränderte Form der Normalisierung, die ich mit dem Begriff der ›projektiven Integration‹ zu fassen trachte, in spätmodernen Gesellschaften das Ineinandergreifen queerer und neoliberaler Diskurse anleitet.[2] Im Rahmen der Bildlektüren wird es nicht nur darum gehen, diesen Prozess der projektiven Integration plausibel darzulegen, sondern auch dessen Grenzen auszuloten und kritische Perspektiven zu gewinnen. Methodologisch stellt sich die Frage, was kulturwissenschaftliche Bildlektüren zur Generierung sozialwissenschaftlichen und gesellschaftspolitischen Wissens beitragen können und inwiefern sie womöglich politische Praxen inspirieren.

Queere kulturelle Politiken

Wenn ich mit diesem Buch die Relevanz kultureller Politiken für die Durchsetzung und Anfechtung neoliberaler sozio-ökonomischer Transformationen zum Ausgangspunkt nehme und nach der Bedeutung von Bildern in diesen Politiken frage, so knüpfe ich hierbei an Ansätze der kritischen Kulturwissenschaften/Cultural Studies an.[3]

---

2 Den Begriff ›spätmodern‹ wähle ich, um Gesellschaften des 21. Jahrhunderts zu bezeichnen, in denen die Kritik an der Moderne, ihren Universalismen (global vereinheitlichte Begriffe von Fortschritt, Freiheit, Demokratie etc.) und Dualismen (Arbeit/Kapital, Frau/Mann, Barbarei/Zivilisation etc.) in die Politik einfließt und dort Bekenntnisse zu Differenz und Pluralismus hervorbringt. Da dies weder für alle westlichen Gesellschaften gilt noch sich auf diese beschränken lässt, wäre der Begriff ›westlich‹ keine adäquate Alternative.

3 Kritische Kulturwissenschaften/*Cultural Studies* – mit dem Begriff kritische Kulturwissenschaften bezeichne ich Ansätze innerhalb der deutschsprachigen Kulturwissenschaft(en), die ähnlich wie die *British Cultural Studies* (vgl. Turner 1996; Hall 1997) die Auseinandersetzung mit kulturellen Phänomenen als Macht- und Herrschaftsanalytik betreiben, mit einem breiten Verständnis des Kulturellen arbeiten, das sich für Alltagspraxen oder Massenmedien ebenso interessiert wie für Subkultur, und Repräsentation als Bedeutungsproduktion und Wirklichkeitskonstruktion verstehen. In Engel (2002: 127ff.) habe ich herausgearbeitet, wie der Reprä-

Denn diese erlauben, Zusammenhänge von kulturellen Produktionen und kulturellen Politiken zu reflektieren sowie (visuelle) Repräsentation als unhintergehbares, konstitutives Moment von Macht- und Herrschaftsverhältnissen zu denken. Repräsentation wird in diesem Zusammenhang nicht als Abbild von Wirklichkeit oder Ausdruck von Bedeutung verstanden, sondern als Bedeutungsproduktion und Wirklichkeitskonstruktion. Insbesondere ist diesbezüglich auch die Bedeutung von Repräsentation für die Konstituierung vergeschlechtlichter, sexuierter und politischer Subjektivität gemeint.[4] Wenn Repräsentation als eine Form politischer Intervention verstanden wird, kommt Bildern und visuellen Repräsentationen entscheidende Bedeutung zu.[5] Sie reflektieren und konstituieren kulturelles Imaginäres (Gatens 1996) und individuelle wie soziale Phantasien (Lauretis 1996), sie speisen sich aus dem Archiv kulturell verfügbarer Bilder und zugleich in dieses ein, stellen aber zugleich auch praktische und materielle Interventionen ins gesellschaftliche Feld dar.[6] Sie kommen bei der Durchsetzung neoliberaler Programme ebenso zum Einsatz wie bei der Formierung widerständiger politischer Bewegungen.

Es gab – auch im Kontext der Queer Theory – zahlreiche Debatten darum, ob kulturelle Politiken soziale Verhältnisse oder die Materialität der Körper auf den Status eines Textes reduzieren und somit daran scheitern, die materiellen Effekte von Unterdrückung, Ausbeutung und Gewalt zu adressieren (Seidman 1996; Namaste 1996; Genschel 1997; Hennessy 2000). Vor dem Hintergrund des hier vertretenen Repräsentationsbegriffes erscheint mir dies keine treffende Problemformulierung. Das Problem liegt meiner Ansicht nach nicht in den kulturellen Politiken, sondern in der Frage, wo Macht- und Herrschaftsrelationen verortet werden und wie komplex deren Zusammenhang gedacht wird. So lässt sich beispielsweise die Zwei-Geschlechter-Ordnung als Effekt

---

sentationsbegriff für queer/feministische Theorie und Repräsentationspolitik gebraucht werden kann. Bezüglich macht- und herrschaftskritischer Kulturwissenschaften für die Queer Theory vgl. Klesse (2007), mit besonderem Fokus auf *Visual Culture*/Visuelle Kultur vgl. Schade/Wenk (1995), Mirzoeff (1999), Holert (2000), Leeuwen/Jewitt (2001) sowie zum Repräsentationsbegriff Lummerding (1994), Chow (2001).

4 Vgl. Lauretis (1987; 1996), Silverman (1996), Lummerding (2005), Schade (2006), Gerbig (2007), Pritsch (2008).

5 Vgl. Holert (2000), Hentschel (2007), Hieber/Villa (2007), Schaffer (2008), Brandes (2008).

6 Vgl. Derrida (1994), Probyn (1996), Hall (1997), Cvetkovich (2001), Williamson (2002), Brunnett (2007).

von Identitätslogik und binärer symbolischer Ordnung erklären; sie lässt sich als praktisches Arrangement der Produktionsverhältnisse verstehen, die von hierarchischer geschlechtlicher Arbeitsteilung profitieren; als Ergebnis normativ-heterosexueller Begehrensrelationen und psychischer Identifizierungen – oder aber als Kombination all dessen und weiterer psycho-sozialer, sozio-materieller, symbolisch-diskursiver Prozesse. Entscheidend ist es, Geschlecht und Sexualität nicht einzig auf Körper, Subjektivität und intime Beziehungen hin zu denken, sondern zu fragen, wie die geschichtlichen Regime normativer Heterosexualität und rigider Zweigeschlechtlichkeit gesellschaftliche Institutionen, makro-politische Prozesse und globale ökonomische Verhältnisse organisieren.

Die Einnahme einer solchen Perspektive geht jedoch zugleich mit der methodologischen Frage nach der sozialwissenschaftlichen Reichweite der kulturwissenschaftlichen Bildlektüren einher. Wenn ich die Pluralisierung geschlechtlicher und sexueller Subjektivitäten und Lebensformen in Relation zur Verfügbarkeit von Bildern und medialen Repräsentationen stelle, soll damit nicht gesagt sein, dass diese Repräsentationen Abbild oder gradliniger Ausdruck sozialer Verhältnisse seien. Wohl aber wird ein Zusammenhang zwischen sozio-subjektiven Lebensmöglichkeiten, Selbstrepräsentationen und öffentlicher Artikulation bzw. dem kulturellen Archiv verfügbarer Bilder behauptet, der mit dieser Arbeit ausgelotet werden soll. Ich gehe davon aus, dass dementsprechend mittels des Bildmaterials nicht nur etwas über die Formen gesellschaftlicher Integration diverser sexueller Lebensformen ausgesagt werden kann, sondern sich auch die visuellen Strategien verschiedener kultureller Politiken herausarbeiten und auf ihre Bedeutung hinsichtlich gesellschaftlicher Transformationen befragen lassen. ›Gesellschaftliche Transformation‹ umfasst hierbei sowohl dominanzgesellschaftliche Integrations- und Normalisierungsangebote als auch minoritäre sexualpolitische oder queere Interventionen. Sie sollen jeweils daraufhin betrachtet werden, ob und inwiefern sie dem Abbau gesellschaftlicher Hierarchien und Normalitätsregime und der Erweiterung gesellschaftlicher Artikulations- und Gestaltungsmacht dienen. Dies ist es, was ich unter dem Begriff ›Politik der Repräsentation‹ (Engel 2002) fasse oder hier als ›kulturelle Politiken‹ bezeichne.

Mein besonderes Interesse und die Neugier, die dieses Buch motivieren, gelten der Frage, ob spätmoderne, neoliberale Gesellschaften von queeren kulturellen Politiken beeinflusst sind, und wenn ja, welche Relevanz diese entfalten – sei es im Hinblick auf individuelle und kollektive Lebenspraxen, sei es im Hinblick auf die Organisation gesellschaftlicher Verhältnisse oder nicht zuletzt auf die Absicherung oder

Veränderung von Macht- und Herrschaftsrelationen. Der Untertitel dieses Buches, ›Queere kulturelle Politiken im Neoliberalismus‹, ist hierbei bewusst mehrdeutig gesetzt: Ebenso wie es die Möglichkeit gibt, queere kulturelle Politiken als Produkt neoliberaler Entwicklungen zu verstehen, können sie als Anfechtung des Neoliberalismus verfasst sein und/oder als Aspekt einer Vielzahl kultureller Politiken, die Überlappungen, Verstärkungen, aber auch Konflikte untereinander aufweisen. Unklar ist auch: Sind queere kulturelle Politiken an bestimmte Akteur_innen gebunden – kann beispielsweise ein heterosexueller Werbefachmann keine queere Reklame entwerfen? Lassen sich queere Inhalte und/oder Ästhetiken bestimmen – aus denen sich dann idealerweise ein Handbuch queerer Programmatiken und Strategien extrahieren ließe? Oder sind sie über eine Prozessualität, einen Prozess des queering gekennzeichnet, der in je konkrete heteronormativ verfasste Kontexte verändernd eingreift? Diesen Fragen geht das vorliegende Buch nach, trachtet sie jedoch weder im Vorfeld noch ein für alle Mal zu beantworten, sondern macht Vorschläge, die sich aus konkreten Bildlektüren speisen, anhand derer Strategien und Wirkungsweisen kultureller Politiken auf queere Dimensionen hin untersucht werden sollen.

Queer Theory und die Komplexität der Herrschaft

Queer Theory befasst sich mit der Frage, wie wir Körper, Geschlecht und Sexualität so denken – und leben – können, dass sie nicht immer wieder an eine rigide Zwei-Geschlechter-Ordnung und die Norm der Heterosexualität rückgebunden werden. Analytisch-kritisch bezeichnet der Begriff Heteronormativität das Ineinandergreifen von Geschlechternormen und heterosexueller Dominanz, die ein Regime ausbilden, durch das Macht-, Ungleichheits-, Herrschafts- und teilweise auch Gewaltverhältnisse gerechtfertigt und durchgesetzt werden. Dies bezieht sich beispielsweise auf das Fortdauern einer geschlechterhierarchischen Organisation von Arbeits- und Einkommensverhältnissen oder die Privilegien, die mit ehevertraglich regulierter Heterosexualität einhergehen; auf die Sanktionen und Diskriminierungen, die diejenigen erfahren, die nicht in die kulturell vorherrschenden Geschlechterraster passen; aber auch darauf, dass Geschlechter- und Sexualitätsnormen aufs Engste verflochten sind mit Ethnisierungsprozessen und Rassismen, dass sie in Migrationspolitiken aktiviert werden, Wirtschaftsprozesse und Produktionsweisen beeinflussen und in

Ausbeutungsverhältnissen wirksam werden.[7] Soll Queer Theory dementsprechend herrschaftskritisch ausgerichtet werden, so gilt es, das komplexe Ineinandergreifen vielfältiger, unterschiedlich zueinander angeordneter Differenzkonstruktionen zu erfassen und gegen sämtliche Unterdrückungsrelationen anzugehen. Positiv gesprochen bedeutet dies, sich für eine Heterogenität von Subjektivitäten und Lebensformen einzusetzen, hierbei jedoch anzuerkennen, dass diese nicht als isolierte Einheiten nebeneinander stehen, sondern in Machtrelationen, und entsprechend potentiell konflikthaft, miteinander verflochten sind. Hinsichtlich politischer Kämpfe stellt sich je konkret die Frage, welche Art sozialer Beziehungen sich ausbilden und ob sie Hierarchiebildungen, normative Zurichtungen, Ausschlüsse oder Privilegien unterstützen. Entgegen diesen gilt es dann treffende soziale und politische Praxen zu entfalten, statt sich an übergeordneten Idealen oder einer vorgeblichen Gemeinsamkeit queerer Subjektivität und Praxis auszurichten (Cohen 2005).

Da ich Queer Theory somit als eine Kritik an jeglicher Form von Identitätskonstruktion verstehe, erscheint mir der Begriff nicht zur Bezeichnung von Individuen oder sozialen Gruppen geeignet, sondern wird von mir – eher im Sinne von queering – zur Bezeichnung von Praxen sowie verändernden Eingriffen in Normalitätsregime gebraucht. Für diejenigen, die sich dieser Perspektive in ihren politischen und Alltagspraxen verschreiben, verwende ich im Folgenden den anti-identitär gemeinten Namen ›Polymorphe‹, während minderheitenpolitische Positionen mit dem Kürzel lgbti (lesbian gay bisexual transgender/transsexual intersexual) erfasst bzw. als schwul oder schwul-lesbisch bezeichnet werden, wenn sie eine entsprechend begrenzte Lobby-Politik betreiben. Mit der Entscheidung für den Begriff ›Polymorphe‹ möchte ich zum einen verstärkte Aufmerksamkeit auf die queeren Kämpfe gegen rigide Zweigeschlechtlichkeit lenken und zum anderen Judith Butlers (1995) Überlegungen zur Umarbeitung des morphologischen Imaginären und Beatriz Preciados (2003) ›Dildotektonik‹ aufgreifen, die (hetero-)normativ verfasste Morphologien der Körper gezielt zu deformieren trachten.[8]

7 Bezüglich eines auf komplexe soziale Differenzierungen ausgerichteten Heteronormativitätsbegriffs vgl. Engel et al. (2005), Haschemi/Michaelis (2005), Eng et al. (2005), Hartmann et al. (2007).

8 Zunächst hatte ich mit dem Begriff der ›Polymorphperversen‹ gespielt, weniger um Freud und den freudomarxistischen Emanzipationsbewegungen zu huldigen denn als Hommage auf das ›Polymorph-perverse Referat‹ der Uni Hamburg. Dieser Name eines teilautonomen Referats des AStA

Um aus queer/feministischer Perspektive auch mit den Herrschaftseffekten umzugehen, die sich im neoliberalen Individualisierungsversprechen, in scheinbar offenen Normalisierungsangeboten und Integrationspolitiken entfalten, gilt es Formen der Hierarchisierung und Differenzierung zu erfassen, die weniger durch Zugehörigkeit zu sozialen Gruppen als über individualisierte Kriterien wie Leistung, Gesundheit, Bildung, soziale und kulturelle Kompetenz etc. bestimmt sind. Eine Pluralität geschlechtlicher und sexueller Existenzweisen ist dann daraufhin zu befragen, inwiefern sie auf höchst ausdifferenzierten und hierarchisierten Formen der Integration beruht, oder umgekehrt, welche Praxen, Lebensformen und politischen Maßnahmen dazu beitragen, Hierarchien, normative Zurichtungen sowie die hierarchisierenden und normativen Effekte von Normalisierungen abzubauen. Die Kriterien der Enthierarchisierung und der Denormalisierung (Engel 2002) geben Maßstäbe an die Hand, um konkrete soziale Kontexte oder kulturelle Praxen politisch zu kritisieren und zu verändern, ohne dass sie ihrerseits eine vereinheitlichte, normative Zielperspektive festlegen, die keine Konflikte um politische Perspektiven anerkennen könnte.

Diesbezüglich ist entscheidend, dass der Begriff der Heteronormativität das Regime binär-hierarchischer, hetero-komplementärer Geschlechterdifferenz in einen gesellschaftstheoretischen Kontext einbettet: Geschlecht und Sexualität entfalten demnach ihre Relevanz nicht allein im Hinblick auf die Herausbildung von KörperSubjektivitäten und intimen sozialen Beziehungen, sondern Heteronormativität organisiert staatliche Institutionen und Prozesse, zivilgesellschaftliche Organisationsformen und Bürger_innenschaft und schreibt sich in politische, ökonomische, rechtliche und symbolisch-kulturelle Ordnungssysteme ein.[9] Wenn ich nicht ausschließlich oder von vornherein von Heteronormativität spreche, sondern den allgemeinen Begriff Sexualität verwende, dann deshalb, weil ich der Heteronormativität keinen totalisierenden Status zusprechen möchte. Zwar gibt es womöglich

war eine Umbenennung des ehemaligen Schwulenreferats, mit dem die Gruppe 2005 eine queer-politische Setzung machte. Vor dem Hintergrund AStA-interner politischer Kämpfe, in deren Rahmen es zu massiven Mittelkürzungen, zur Anfechtung des teilautonomen Status verschiedener Referate und zur Auflösung des Frauenreferats durch den AStA-Vorstand kam, wurde das Referat 2008 in Queer-Referat umbenannt. Vgl. http://www.lesbischwultransm.uni-hamburg.de/ (13.07.2008).

9 Vgl. quaestio (2000), Cooper (2002), Cruz Malavé/Manansalan (2002), Hark/Genschel (2003), Beger (2004), Eng et al. (2005), Hartmann et al. (2007).

keine gesellschaftlichen Felder, in denen die zweigeschlechtliche Unterscheidung von Menschen keine Rolle spielt (Hartmann et al. 2007), das heißt aber nicht, dass diese das gesamte Feld möglichen Bedeutens und sozialen Lebens abdeckt. Gerade deshalb erscheinen mir Repräsentationen (visuelle und/oder textuelle), die als Prozesse der Bedeutungsproduktion und Wirklichkeitskonstruktion wirken, höchst geeignet, um sie daraufhin zu befragen, wo und wie sich Formen entfalten, die Geschlecht und Sexualität nicht in die Vorgaben normativer Heterosexualität und rigider Zweigeschlechtlichkeit rückverweisen: Wie werden Stolpersteine und Unterbrechungen in diese Prozesse eingefügt? Wie trägt die Zirkulation kultureller Produkte dazu bei, dass sie in unterschiedlichen Rezeptionskontexten und dort auf unerwartete Weise aufgegriffen werden können?

Im Hinblick auf den gesellschaftlichen Umgang mit Differenzen, der den Einstieg für die hier formulierten Überlegungen bot, erscheint es mir entscheidend, dass Queer Theory aktiv mit dem umgeht, was ich als ›Aporie der Differenz‹ bezeichne: Während einerseits Differenzkategorien zurückgewiesen werden, insofern sie das Ergebnis identitärer Vereinheitlichungen und Ausschlüsse sind, wird andererseits darauf beharrt, Differenzen zu artikulieren und gesellschaftlich anerkannt zu finden – sei es im Sinne der Singularität jeder geschlechtlichen und sexuellen Existenz oder im Sinne anti-essentieller kollektiver subkultureller Identitäten (Probyn 1996; Perko 2004; Engel 2005a). Zweischneidig wird die Situation dadurch, dass eben diese Singularitäten und Partikularitäten auch das Interesse neoliberaler ökonomischer Kräfte wecken und Plädoyers für Individualität, Selbstbestimmung und Freiheit Überlappungen zwischen queeren und neoliberalen Diskursen bedingen. Lassen sich diese Überlappungen politisch produktiv machen? Oder verweisen sie auf eine Normalisierung, die Queer als herrschaftskritisches Projekt disqualifiziert?

Besonders interessant erscheint mir hinsichtlich dieser Frage eine paradoxe Gleichzeitigkeit von Privatisierung und Veröffentlichung, die als Anforderung an die Individuen sowohl in neoliberalen als auch in queeren Diskursen vertreten wird und die meiner Ansicht nach die Normalisierung divergenter sexueller Lebensformen in spätmodernen Gesellschaften anleitet: Während einerseits eine Entpolitisierung sexueller Lebensformen propagiert wird, so dass sexuelle Devianz oder Dissidenz als Privatangelegenheiten erscheinen, wird gleichzeitig die Vervielfältigung und Zirkulation öffentlicher Bilder gefördert. Mich interessiert, welche gesellschaftlichen Funktionen diesen Bildern zukommen und wie diese sie erfüllen. Um dies zu beantworten, gilt es zum einen – bildanalytisch – zu fragen, welche Motive, Rhetoriken und

Darstellungsweisen eingesetzt werden, zum anderen – diskursanalytisch –, wie Zusammenhänge mit neoliberalen sozio-ökonomischen Transformationen zum Ausdruck kommen oder gebracht werden können. Wenn ich hierbei Bilder aus dem Feld queer/feministischer Kulturproduktion und aus der kommerziellen Werbung zueinander in Bezug setze, will ich keine klare Grenzziehung zwischen beiden suggerieren. Vielmehr interessieren mich die diskursiven Überlappungen, das heißt, ich frage, wo sich queere Diskurse in dominanzgesellschaftlichen Repräsentationen, wo sich neoliberale Diskurse in queeren Bildproduktionen finden und wie sich sexuelle und ökonomische Symboliken, Codes und Rhetoriken verflechten. Mit Blick auf diese Überlappungen lässt sich meiner Ansicht nach ein komplexes, wechselseitiges Bedingungsgefüge spätmoderner Sexualität und Ökonomie plausibel machen, statt einfache Ableitungs- oder Vereinnahmungsthesen zu formulieren.

Hiermit möchte ich an bisherige Auseinandersetzungen um die Zusammenhänge zwischen neoliberalen Transformationen und der Normalisierung divergenter geschlechtlicher und sexueller Lebensformen anknüpfen,[10] aber zugleich Perspektivverschiebungen ermöglichen. Nicht zuletzt geht es mir darum, Anregungen zu geben, um das Feld des Ökonomischen stärker in den Blick der Queer Theory zu rücken. Was kann es bedeuten, aus queerer Perspektive sexualpolitische Interventionen in ökonomische Verhältnisse zu leisten? Meiner Ansicht nach ist es notwendig, Sexualität und Ökonomie zusammenzudenken, um die Bedeutung neoliberaler Transformationen für die Veränderung spätmoderner Machtverhältnisse und Herrschaftsformen zu verstehen. Doch was meine ich eigentlich, wenn ich den Begriff ›neoliberal‹ verwende? Was rechtfertigt es, die Kategorie Sexualität diesbezüglich ins Spiel zu bringen? Und woraus speist sich die These, dass queere Bewegungen nicht einfach als Effekt neoliberaler Transformationen oder als Instrumente ihrer Durchsetzung, sondern auch als Stolpersteine und kritische Anfechtung fungieren können?

---

10 Vgl. Engel (2002: 199ff.; 2007c) sowie aktuelle queer/feministische Kritiken, an die ich anknüpfe: Woltersdorff (2007), Lorenz/Kuster (2007), Groß/Winker (2007), Mönkedieck (2008), Habermann (2008).

Queering Neoliberalism?

»[...] [P]ro-business activism, the foundation of late twentieth century neoliberalism, was built out of earlier ›conservative‹ activism. Neoliberalism developed over many decades as a mode of polemic aimed at dismantling the limited U.S. welfare state, in order to enhance corporate profit rates. The raising of profit rates required that money be diverted from other social uses, thus increasing overall economic inequality. And such diversions required a supporting political culture, complient constituencies, and amenable social relations. Thus pro-business activism in the 1970ies was build on, and further developed, a wide-ranging political and cultural project – the reconstruction of the everyday life of capitalism, in ways supportive of upward redistribution of a range of resources, and tolerant of widening inequalities of many kinds.« (Duggan 2003: xi)

Beim Neoliberalismus handelt es sich um ein komplexes Projekt, in dem ökonomische, politische und subjektivierende Prozesse ineinandergreifen, indem Diskursformationen und die Organisation gesellschaftlicher Ressourcenverteilung miteinander verschaltet werden.[11] Neoliberale Diskurse richten soziale Gerechtigkeit am ökonomisierten Leistungsprinzip aus und forcieren die Ausbildung sozialer, und das heißt auch geschlechtlicher und sexueller Subjektivität als flexibler, an Marktprinzipien und individueller Leistung orientierter Arbeitskraftunternehmer_in. Die Ressourcenverteilung bewirkt eine systematische Konzentration gesellschaftlichen und globalen Reichtums in wenigen ›Händen‹ (zumeist multinationaler Konzerne), was sich auf die Verfügungsmacht der Einzelnen über die materiellen Ressourcen ihrer Existenz auswirkt. Sowohl aus kritischer als auch aus affirmativer Perspektive lautet die entscheidende Praxis-Frage, wie die zunehmende Umverteilung des Reichtums von unten nach oben bewirkt und abgesichert wird. Während aus hegemonietheoretischer Perspektive

11 »[Wir, ae] verstehen unter dem neoliberalen Projekt vor allem solche Prozesse, die eine Universalisierung von Marktmechanismen vorantreiben und damit die Ausrichtung möglichst vieler Bereiche an kapitalistischen Verwertungsinteressen zur Folge haben. [...] Damit verbunden sind neoliberale Politiken des Regierens, die mit dem Abbau sozialer Leistungs- und Sicherungssysteme, der Kostensenkung für Reproduktionsaufgaben und der Re-Familiarisierung dieser Tätigkeiten einhergehen. Diese ökonomischen und politischen Entwicklungen werden von Diskursen begleitet, die immer wieder aufs Neue die Eigenverantwortung der Individuen betonen.« (Groß/Winker 2007: 8)

untersucht wird, wie Zustimmung zu und Beteiligung an neoliberalen Transformationen gewonnen wird, kann aus queer-politischer Perspektive gefragt werden, welche Rollen sexuelle Wünsche, Phantasien und Praxen hinsichtlich der Konstituierung neoliberaler Subjektivitäten wie auch der Durchsetzung der Umverteilung spielen und wie die politischen und ökonomischen Diskurse, Maßnahmen und Technologien durch Begehren bewegt sind. Im Folgenden sollen diese beiden Anliegen miteinander verbunden werden.

Von entscheidender Bedeutung hinsichtlich der Durchsetzungskraft neoliberaler Diskurse ist das Versprechen individueller Freiheitsgewinne. Individualisierung und Privatisierung befördern angeblich die Überwindung einschränkender, hierarchisierter sozialer Positionierungen. Die Vorstellungen von Individualisierung und Freiheit bleiben jedoch gebunden an eine an privaten Besitzrechten ausgerichtete Marktwirtschaft (Kreisky 2001; Duggan 2003; Harvey 2005). Entsprechend gilt der kapitalistische Markt, orientiert an Angebot, Nachfrage und Spekulation, als Garant einer Fortschrittsdynamik, die den Weg zu globalem Wohlstand ebnet, der Befriedigung jedes erdenklichen Bedürfnisses dienlich ist und noch dazu soziale Anerkennung verleiht. Abstinenz von staatlichen Regulierungen der Wirtschaft und das Rückschrauben steuerlicher Finanzierung öffentlicher Institutionen wird als Befreiung von staatlicher Gängelung und erzwungenen Solidarpakten präsentiert. Gemäß dieser Auffassung funktioniert der Markt als Modernisierungs- und Pluralisierungsmaschine, die einen kontinuierlichen Fluss neuer Bedürfnisse und Produkte sowie die entsprechenden Produzent_innen und Konsument_innen hervorbringt. Angesichts dieser Versprechen lautet ein verbreiteter Imperativ, dass die Marktdynamik keinesfalls zu stören, sondern durch den persönlichen Einsatz der Einzelnen zu forcieren sei: Willige Konsument_innen, Produzent_innen, die der Erwerbsarbeit grenzenlose Definitionsmacht über ihr Leben zugestehen, oder einsatz- und risikofreudige Spekulant_innen genießen aus dieser Perspektive gleichermaßen Anerkennung. Der homo oeconomicus, dessen Handeln angeblich rationalen Entscheidungen und Kosten/Nutzen-Kalkülen folgt, reklamiert den Status einer anthropologischen Grundannahme, auch wenn er weiterhin nach maskulinistischem Modell geformt ist (Michalitsch 2006; Habermann 2008). Persönliche Bekenntnisse zu Autonomie, Selbstverantwortung und ›Selbstunternehmertum‹ können sich innerhalb dieses diskursiven Rahmens des Lobes sicher sein (Rose 1999; Peters 2001; Pühl 2003). Soziale Hierarchien werden als adäquater Ausdruck persönlicher Leistung rationalisiert; Diskriminierungen entsprechend entweder als selbstverschuldet legitimiert oder es wird zumindest in die persönliche

Verantwortung der Einzelnen gelegt, ihnen entgegenzutreten.[12] Staatliche Anti-Diskriminierungspolitik gelangt in den Ruf, paternalistische Gängelung, Eingriff in private Freiheitsräume oder unangemessene Bevorzugung zu sein.[13]

Ich möchte die These vertreten, dass neoliberale Diskurse eine Pluralisierung sexueller Subjektivitäten und Lebensformen forcieren, weil damit eine Ideologie der freien Gestaltbarkeit des eigenen Lebens, inklusive Körper und Selbst, versinnbildlicht werden kann. Insofern diese Gestaltungsmacht als ›Befreiung von repressiven Regulierungen‹ gepriesen wird, dient sie dazu, gesellschaftliche Verantwortung in Eigenverantwortung zu übersetzen und Zustimmung zum Leistungsprinzip sowie zum Abbau sozialstaatlicher Absicherungen schmackhaft zu machen. Entsprechend behaupten die neoliberalen Diskurse eine Konvergenz oder quasi natürliche Stimmigkeit zwischen sexuellem Pluralismus und Marktpluralismus, zwischen sexueller Freiheit und Marktfreiheit. Diese Konvergenz beruht auf einem Lob der Privatisierung, dem gemäß die Sexualität als Aspekt des Persönlichen und in der Sphäre des Privaten besonders gut floriert, ähnlich wie die Wirtschaft von staatlichen Eingriffen befreit, ungebremst private Profitinteressen unterstützen könne. Wenn die Thesen sexueller Selbstbestimmung und Selbstgestaltung forciert werden, geht es jedoch nicht nur darum, neue Konsument_innengruppen zu erschließen und nicht-normkonforme Sexualitäten als Arbeitssubjekte zu integrieren, sondern sexuelle Subjektivitäten zu konstituieren, die der Konsolidierung der neoliberalen Ordnung dienlich sind.[14] So verweist Volker Woltersdorff auf entsprechende mediale Diskurse, in denen Klischeebilder von Schwulen als Idealfiguren neoliberaler Transformation geschaffen werden: »[...] [Z]eitgenössische Medienberichte und Politikstrategien versuchen Schwule (und in geringerem Maße auch Lesben) und den ihnen zugeschriebenen gay lifestyle als Musterschüler des Neoliberalismus und als prestigeträchtige Konsum-Avantgarde in die Mitte der

12 Zur Kritik am Topos der Eigenverantwortung inklusive der These, dass dieser im Angriff auf Solidarverhältnisse letztendlich Autonomie untergräbt, vgl. Nullmeier (2006). Vgl. Krebs (2002) für eine Kritik von Gerechtigkeitstheorien bezüglich ›Arbeit‹ und ›Liebe‹ und eine Problematisierung von Leistungsgerechtigkeit. Zu letzterem vgl. auch Walzer (2000: 203ff.)

13 Bezüglich feministischer und queerer Kritik an neoliberaler Ökonomie vgl. Gibson-Graham (1996), Hennessy (2000), Kreisky (2001), Duggan (2003), Wagenknecht (2003), Pühl/Sauer (2004), Ernst (2005), Michalitsch (2006), Ludwig (2006), Groß/Winker (2007), Lorey (2007b), Woltersdorff (2008).

14 Vgl. Hennessy (2000), Duggan (2003).

Gesellschaft einzuschreiben.« (Woltersdorff 2004: 146). Es fragt sich jedoch, ob dies wishful thinking von Seiten neoliberaler Kräfte ist bzw. inwiefern sexualpolitische Bewegungen tatsächlich darauf setzen, dass sozio-politische Integration als ökonomische Integration erfolgt, und wer von dieser Strategie profitiert (Gluckman 1997; Pellegrini 2002).

Wenn es darum geht, die Reichweite kultureller Politiken für die Kritik und Anfechtung neoliberaler Transformationen einzuschätzen, gilt es zu bedenken, dass Neoliberalismus über die diskursive, ideologische Formation hinaus auch einen Komplex politischer und ökonomischer Maßnahmen, Alltagspraxen sowie ein Ensemble von Wissen, Technologien und Apparaten bezeichnet (Foucault 2000: 219f.; Lemke 2000; Harvey 2005).[15] Diese umfassen die Regulierung nationaler Ökonomien durch Weltbank-Politiken ebenso wie die Entscheidung eine_ 16-Jährigen, durch eine Schönheitsoperation in die persönliche Zukunft zu investieren. Soziale, politische und ökonomische Akteur_innen produzieren Wahrheits- und Wirklichkeitseffekte gemäß den Formen, in denen sie sich innerhalb der neoliberalen Diskurse bewegen und/oder diese mit anderen Diskursen konfrontieren. In dem Maße, wie sich der Einfluss kapitalistischer Ökonomie auf alle Bereiche des Sozialen und des Gesellschaftlichen ausdehnt, verstärkt sich die systematische Umverteilung von Kapital und Ressourcen nach oben, so dass die Schere ökonomischer Ungleichheit zunehmend weiter aufklappt. Während zum einen die Steigerung von Profitraten die ökonomischen Entscheidungen anleitet, werden zum anderen Ressourcen gemäß herkunfts- und leistungsorientierten statt sozialen Kriterien verteilt. Eva Kreisky (2001) nennt dies eine Politik der Ungleichheit, die nicht nur Massenarbeitslosigkeit und Armut in Kauf nimmt, sondern den Abbau politischer Institutionen forciert, die auf egalisierende Umverteilung zielen. Dass hierbei – entgegen aller Rhetorik der Geschlechtergerechtigkeit oder der Vereinbarkeit von Erwerbsarbeit und Familie – mittels staatlicher Maßnahmen (wie ›Hartz 4‹ oder Erziehungsgeld, um zwei Beispiele jüngster deutscher Politik zu nennen) geschlechterhierarchische Arrangements verstärkt und mit anti-egalitärer Klassen- und Migrationspolitik verschaltet werden, hat vielfache Kritik erfahren (Kreisky 2001; Pühl 2003; Ernst 2005; Ludwig 2006; Michalitsch 2006). Eine Ausweitung dieser Überlegungen, insbesondere hinsichtlich

15 Vgl. auch Leidinger (2003), die den Zusammenhang zwischen neoliberalen Diskursen, Finanz- und Konzernkonzentration und Medieninhalten in der sich globalisierenden Medienlandschaft – und zwar aus feministischer Perspektive – bearbeitet.

der Auswirkungen spezifischer Policies, ins Feld der Queer Studies steht allerdings weitgehend aus (Groß/Winker 2007; Woltersdorf 2008). Staatliche und transnationale politische Maßnahmen bilden ein verzahntes, wenn auch nicht widerspruchsfreies Geflecht mit den im engeren Sinne ökonomischen Entscheidungen und Institutionalisierungsformen der Börsen, Banken, Wirtschaftsverbände, Unternehmen und Konzerne, mit Handlungsweisen und Alltagspraxen von Individuen sowie weiteren gesellschaftlichen Kräften (Wissenschaft, Medien, kulturelle, soziale und religiöse Organisationen, Vereine, Verbände, soziale Bewegungen) (Lemke 2000; Wagenknecht 2003; Gibson-Graham 2005; Stäheli 2007 u. 2008). Dieses Zusammenspiel ist unweigerlich auf sprachlich-diskursive Vermittlung angewiesen, durch kulturelle Vorstellungen und Gewohnheiten unterfüttert und wird mittels kultureller Politiken aktualisiert. Kultur und Ökonomie stehen sich nicht als getrennte Sphären gegenüber, sondern das Ökonomische artikuliert sich als ›cultural economy‹ (Stäheli 2008) und das Kulturelle ist niemals ›merely cultural‹ (Butler 1998b), sondern ein Effekt kontingenter, sozio-ökonomisch bedingter Materialisierungen. Oder, wie David Ruccio schreibt: »[…] [T]he capitalist economy is ›saturated‹ by and cannot exist apart from cultural meanings and identities. From this perspective, each moment of capitalism, from the existence of commodity exchange to the export of capitalism is simultaneously economic and cultural.« (Ruccio 2007: 36) In diesem Sinne liegt der Fokus dieses Buches auf den kulturellen Politiken, die von verschiedenen Kräften mit Bezug auf neoliberale Ökonomien entwickelt werden. Das besondere Interesse richtet sich hierbei darauf zu verstehen, welche Rolle Sexualität und speziell eine Diversifizierung geschlechtlicher und sexueller Existenzweisen in diesem Kontext spielen. Um dieser Frage genauer nachzugehen sollen nun mögliche Zusammenhänge zwischen Sexualität und Ökonomie durchdacht werden.

Sexualität in der Ökonomie in der Sexualität

Der von mir verwendete Sexualitätsbegriff knüpft an Michel Foucaults Untersuchung Der Wille zum Wissen (1983) an. Foucault stellt dort Sexualität als einen Diskurs und ein Produkt historischer Macht/Wissenskomplexe vor, mittels derer sich die Konstituierung einer spezifischen modernen Form des Subjekts vollzieht. Sexualität fungiert hierbei als Scharnier zwischen Individuum und Gesellschaft, über das die Disziplinierung individueller Körper und die Regulierung der Bevölkerung organisiert wird. Ein Dispositiv der Sexualität, bestehend aus medizinischen und juridischen Diskursen, familiärer und pädagogischer Überwachung, Geständnispraxen, Selbsttechnologien, Produktions- und Reproduktionsverhältnissen, bewirkt eine Anreizung sexueller Diskurse, mittels derer die Einzelnen in der Sexualität die ›Wahrheit ihrer Selbst‹ erkennen sollen, sich sexuelle Identitäten, insbesondere ein Spektrum sexueller Perversionen, herausbilden und gesellschaftliche Verhältnisse sich als Formierungen dieser Subjekte in Familien, Fabriken, Kliniken, Gefängnissen etc. gestalten. Feministische, queere und antirassistische Theorie hat die bei Foucault nur andeutungsweise thematisierte Problematik der Ausbildung von Subjekten als geschlechtlichen, zweigeschlechtlichen, heterosexualisierten, rassifizierten und ethnisierten Identitäten aufgegriffen und entsprechend macht- und herrschaftskritisch zugespitzt (vgl. Engel/Schuster 2007).

Im Hinblick auf spätmoderne Gesellschaften erfährt das Sexualitätsdispositiv insofern eine Veränderung, als es nicht mehr unbedingt darum geht, eine ›Wahrheit des Selbst‹ im Sinne einer Identität zu entdecken, sondern die ›Wahrheit‹ in der durch Selbsttechnologien bewirkten permanenten Gestaltbarkeit und Umarbeitung des Selbst zu sehen oder auf einen Wahrheitsanspruch zu verzichten (Lorenz/Kuster 2007; Engel 2007a). Entsprechend verändert sich das Dispositiv, insofern die Sexualität nicht mehr einfach als Scharnier zwischen Individuum und Bevölkerung funktioniert, sondern ›Durchquerungen‹ (Lorenz 2007a/b, 2009) unterschiedlicher sozialer Positionen inspiriert.

Eine foucaultsche Sicht auf Sexualität als soziale Regulierungs- und Subjektivierungsinstanz schließt keineswegs aus, Sexualität zugleich aus psychoanalytischer Perspektive als Bedingung und Effekt einer Strukturierung (unbewusster) Phantasien und Wünsche zu verstehen, entlang derer sich ver(zwei)geschlechtlichte Subjektivitäten und (hetero-)sexualisierte Beziehungen herausbilden. Feministische und queere Theorie hat deutlich gemacht, dass diese Prozesse keineswegs als universell anthropologisch, essentialistisch oder gar biologistisch aufzufassen sind, sondern dass die unbewussten psychischen Prozesse, mit denen sich die Psychoanalyse befasst, sehr wohl als strukturiert durch und konstitutiv für geo-historische Macht- und Herrschaftsverhältnisse verstanden werden können (Lauretis 1987; Butler 1991; Silverman 1996; Lummerding 2005). Im Kontext der Queer Theory sind mittlerweile insbesondere die Prozesse der Identifizierung und des Begehrens, das Verständnis der Phantasie und der Fetische als Zeichen des Begehrens so umgearbeitet, dass Sexualität nicht länger an der normativ heterosexuellen, rigide zweigeschlechtlichen Ordnung ausgerichtet bleibt und das Monopol des Phallus als alles organisierendem Prinzip gebrochen ist.[16] Die Kombination beider Perspektiven, der foucaultschen und der psychoanalytischen, lässt Sexualität zudem als Feld performativer kultureller Praxen erscheinen, in dem semiotisch-diskursive Prozesse, Phantasiebildungen und körperliche Performanz zusammenspielen und das, was als Sexualität erfahrbar wird, in geteilten Praxen fortwährend hervorbringen (Butler 1995; Lauretis 1996). Die Bilder, die im Rahmen dieses Buches in den Blick genommen werden, können zugleich als Produkte und als Produktivkräfte dieser psycho-sozial gelebten kulturellen Prozesse aufgefasst werden. Wird dann, wie zuvor erläutert, auch die Ökonomie in ihren kulturellen Dimensionen thematisiert, lässt sich zeigen, dass ökonomische und sexuelle Vorstellungen und Praxen ineinandergreifen, sich gegenseitig beeinflussen und Subjektivitäten hervorbringen, die als Verkörperungen eines Konglomerats sexueller und ökonomischer Logiken erscheinen.

So charakterisiert beispielsweise Foucault in der Einleitung zu Der Wille zum Wissen das mit der Repressionshypothese vertretene Verständnis bürgerlicher Sexualität als eines, das der Ökonomie des Mangels und den Prinzipien der Verknappung folge (vgl. Foucault 1983: 22). Interessanterweise ersetzt er es sodann durch ein anderes, nämlich konsumistisches Bild der Ökonomie/Sexualität, das heißt eines der kontinuierlichen Produktivität und fortwährenden Anreizung (ebd.: 23). Angesichts der Ähnlichkeit dieses Bildes mit der spätkapitalistischen Logik permanenter Differenzproduktion ließe sich von heute aus betrachtet auch argumentieren, dass Foucault die Durchsetzung neoliberaler Dynamiken vorwegnimmt – oder sie entgegen seinem kritischen Anspruch gar unterstützt. Nichtsdestotrotz ermöglicht es Foucaults diskursanalytischer Ansatz, eine reflexive Distanz gegenüber den im Umlauf befindlichen Sichtweisen einzunehmen, die die Relation von Sexualität und Ökonomie zu erklären trachten. Diesbezüglich sind, um bei den ökonomischen Metaphern zu bleiben, zwei konkurrierende Modelle im Umlauf: Entweder Sexualität wird als Gegenspieler_in des Ökonomischen figuriert, die zwecks reibungsloser ökonomischer Produktion diszipliniert oder unterdrückt würde, jedoch als ›befreite‹ eine potentiell revolutionäre, antikapitalistische Kraft entfalten könne (Reich 1972; Marcuse 2004). Oder Sexualität wird als Paradigma, Triebkraft oder konstitutives Moment der (kapitalistischen) Ökonomie aufgefasst: sei es, dass in der fortwährenden kapitalistischen Wunschproduktion

16 Bezüglich heteronormativitätskritischer Umarbeitungen der Psychoanalyse vgl. Butler (1995; 2004), Fuss (1995), Lauretis (1996), Lummerding (2005), Engel (2006c).

ein nicht zu befriedigendes Streben oder ein ödipaler Mangel ausgemacht wird (Žižek 2001; Lyotard 2007), oder, dass eine genuine Produktivität des Begehrens angenommen wird, die vom kapitalistischen Prozess angeeignet wird bzw. im Sinne antikapitalistischer Politiken diesem zu enteignen ist (Deleuze/Guattari 1997). Im Anschluss an Foucault oder aus der Perspektive kritischer Kulturwissenschaften geht es nicht darum, sich zwischen diesen Modellen zu entscheiden. Werden sie als Produkte diskursiver Prozesse betrachtet, die aus gesellschaftlichen Machtdynamiken und hegemonialen Kämpfen hervorgehen und in diesen wirksam werden, so lässt sich fragen, welches dieser Modelle von welchen gesellschaftlichen Kräften hinsichtlich der Durchsetzung oder Anfechtung neoliberaler Transformationsprozesse zum Einsatz gebracht wird.

Im Rahmen dieser Arbeit geht es mir darum zu verstehen, welche Bedeutung diesbezüglich queeren kulturellen Politiken zukommt, inwiefern sie die vertrauten Motive aufgreifen, die bestehenden Modelle modifizieren oder neue Vorschläge hinsichtlich der Relation von Sexualität und Ökonomie einbringen. Meiner Ansicht nach greift es hierbei zur kurz, wenn lediglich gefragt wird, ob die Denaturalisierung normativer Heterosexualität und rigider Zweigeschlechtlichkeit eine Infragestellung ökonomischer Produktivität bewirkt oder sich perfekt in neoliberale Verhältnisse einfügt. Interessanter erscheint mir die Frage, ob sich spezifisch queere Verständnisse von Ökonomie entwickeln lassen und inwiefern diese Auswirkungen auf Verständnisse der Sexualität oder sexuelle Subjektivitäten, Beziehungen und Praxen haben könnten. Diese Frageperspektive möchte ich gerne in das Feld queerer kultureller Politiken im Neoliberalismus einführen und anhand der Bildlektüren verfolgen. Doch was begründet meinen Optimismus, dass kulturelle Bilder und/oder Bildlektüren diesbezüglich von Relevanz sein könnten? Wie lässt sich eine transformatorische und herrschaftskritische Perspektive queerer kultureller Politiken plausibilisieren?

Bilder als Agenten der Gouvernementalität

Aus repräsentationskritischer Perspektive betrachtet sind Bilder niemals isolierte Gebilde, sondern Teil komplexer Produktions-, Rezeptions- und Zirkulationsprozesse. Bedeutungsproduktion spielt sich demnach relational ab, in Prozessen, die sich zwischen Bild und Betrachter_in, zwischen Bild und Produzent_in sowie Bild und Präsentationsort vollziehen – all dies Verhältnisse, die jeweils durch soziokulturelle Bedingungen und Formen gestaltet sind (vgl. Hall 1997;

Mirzoeff 1999). Soll das Bild, als das ich hier einen zweidimensionalen Gegenstand bezeichne, der bestimmte Formen, Farben und Texturen aufweist, nicht als passives Objekt der Lektüre, als Geniestreich eines kreativen Geistes oder als Ware des Marktes verobjektiviert werden, gilt es ihm eine Eigenmächtigkeit in diesen Prozessen zuzugestehen, von einer Interaktion auszugehen: »an interaction of the visual sign, the technology that enables and sustains that sign, and the viewer« (Mirzoeff 1999: 13), oder sogar das Bild als aktives Moment oder Agenten anzus^ehen, so dass in »einer spezifischen Interaktion zwischen Bild und Subjekt [...] das Bild zum Ereignis wird, das heißt, dasjenige ist, was handelt« (Adorf 2007:16). Renate Brosch (2004) schlägt einen Umgang mit Bildern vor, der nicht an einem harmonischen Dialogmodell ausgerichtet ist, sondern Lektüren als Machtverhältnisse versteht, die mit der Gefahr einer Vereinnahmung oder Unterwerfung des Bildes einhergehen können. In Anerkennung dieser Machtgesättigtheit bieten für sie ›ekphratische Lektüren‹, die durch eine sorgfältige Beschreibung des Bildes ein gegenseitiges Konstituierungs- und Anfechtungsverhältnis zwischen Bild und Betrachter_in produzieren, die Möglichkeit, Bilder in der Bedeutungsproduktion und Wirklichkeitskonstruktion handlungsmächtig werden zu lassen. Das Modell der ekphratischen Lektüre werde ich im Rahmen dieses Buches weiter ausarbeiten, indem ich in die kulturwissenschaftliche Bildlektüre sozio-politische und queer/feministische Diskurse eintreten lasse (vgl. auch Engel 2008b). Darüber hinaus erscheint es mir im Hinblick auf die Frage nach der sozialen Produktivität von Bildern notwendig, geo-politische Kontextualisierungen der Bedeutungsproduktion und der Repräsentationspolitik vorzunehmen (Rogoff 2000), das heißt, die Zirkulation der Bilder, ihr Auftauchen an bestimmten Orten, vor bestimmten Augen, die Weise ihrer Präsentation und ihres Auftritts sowie die sich dort entfaltenden Interaktionen aufzuzeigen. Um zu erklären, wie Bilder in diesem Zusammenhang politisch wirksam werden, möchte ich vorschlagen, sie als Instrumente und Agenten der Gouvernementalität zu verstehen.[17]

17 Vgl. Tom Holert (2008), der nach den Formen des ›Regierens im Bildraum‹ fragt und dort eine Manipulation von Sichtbarkeit und Evidenz als charakteristischen Elementen der Gouvernementalität visueller Kultur des 21. Jahrhunderts diagnostiziert, nicht aber die Bilder selbst als Medien der Gouvernementalität bezeichnet. Linda Hentschel (2007) spricht von ›Bildern als Regierungstechnologien‹, verwendet hierbei allerdings den Begriff der Gouvernementalität zunächst synonym zu dem der Bio-Macht und verengt ihn dann auf ein historisch spezifisches Sicherheitsdispositiv. Der Effekt ist, dass die Bilder darin aufgehen, funktional für dieses Dispositiv

Im Sinne Michel Foucaults hieße dies, dass durch sie oder dass mit ihnen die Bedingungen und Möglichkeiten des Handelns anderer beeinflusst werden.

Michel Foucault hat den Begriff der Gouvernementalität eingeführt, um das gesellschaftliche Zusammenspiel von Subjektivität und Herrschaft zu bezeichnen. Das dynamische Geflecht der sich wandelnden Machtrelationen kann damit auch in seinen Verfestigungen betrachtet werden und erhält eine gewisse Strukturiertheit, ohne dass die Subjekte der Herrschaft ausgeliefert sind oder diese voluntaristisch gestalten könnten. Der Gouvernementalitätsbegriff erfasst, wie sich Herrschaftsverhältnisse über Formen von Subjektivität konstituieren und wie sich zugleich die Subjekte mittels spezifischer Subjektivierungsweisen in Herrschaftsverhältnisse einschreiben (vgl. Foucault 1987, 2000; Lemke 1997; Engel 2003). Den Zusammenhang stellt Foucault über die Einführung des Begriffs der Regierung her, der Formen der ›Regierung des Selbst‹ mit der ›Regierung anderer‹ verknüpft, wobei Regierung sich dadurch auszeichnet, dass sie die Bedingungen des Handelns (anderer) beeinflusst: »Regieren hieße in diesem Sinne, das Feld eventuellen Handelns anderer zu strukturieren« (Foucault 1987: 255). Es bedeutet jedoch auch, durch Selbsttechnologien und Formen der Selbstsorge die Bedingungen des eigenen Handelns zu gestalten. Während Foucault die Bedeutung von Diskursen und Technologien hervorhebt, möchte ich vorschlagen, auch Bilder hinsichtlich ihrer gouvernementalen Wirkungsmacht zu betrachten, also zu fragen, wie sie die Bedingungen des Handelns beeinflussen, mithin Agenten sind, oder zu eben diesem Zwecke als Instrumente genutzt werden.

Foucault hat den Begriff der Gouvernementalität im Rahmen seiner Überlegungen zum Neoliberalismus ins Spiel gebracht. Er erlaubt es, das neoliberale Individualisierungsparadigma als ein subtiles Zusammenspiel von Selbsttechnologien, institutioneller politischer Herrschaft und ökonomischen Abhängigkeits- und Ausbeutungsrelationen zu verstehen. Charakteristisch ist, dass Subjektivität und Herrschaft sich nicht klar geschieden den Sphären des Persönlichen und des Staates zuordnen lassen. Spätmoderne Formen der Regierung beruhen laut Foucault darauf, dass die Einzelnen in der Gesamtheit ihrer Lebensäußerungen in das Feld des Gouvernements eingeladen

zu sein. Meinerseits möchte ich hingegen herausstellen, dass die Gouvernementalität der Bilder sich in darin zeigt, dass sie implizit wirksam wird, indem sie Wahrscheinlichkeiten produziert, die davon abhängen, die die Handlungsmächtigkeit von Subjekten zu aktivieren (vgl. Kap. 6: 219f.).

werden. Nicht einfach die aktive Partizipation als politisches Subjekt, sondern wie die Individuen ihr Leben leben und welche Formen der Subjektivität sie ausbilden, wird über den Begriff der Gouvernementalität in die Herrschaftsanalyse einbezogen. Statt Staatssouveränität stellen Bevölkerungspolitik und Bio-Macht den Fokus dar (vgl. Rose 1999). Im Sinne der aktiven Verwicklung der Individuen und der Verwobenheit von Subjektivität und Herrschaft kann Gouvernement auch als eine Form der Hegemoniebildung bzw. das Konzept der Gouvernementalität als hegemonietheoretisches gedeutet werden (vgl. Giesser/ Ludwig 2008). Bilder wären dementsprechend, wie zu Beginn dieser Einleitung vorgeschlagen, als Teil hegemonialer Kämpfe zu deuten.

Kulturelle Politiken hegemonietheoretisch

Ein an Hegemoniebildung orientiertes Verständnis von Herrschaft geht davon aus, dass diese nicht primär durch Zwang, Repression oder Gewalt operiert, sondern dadurch, dass ›Zustimmung‹ zu den Herrschaftsverhältnissen errungen und ein, wenn auch prekärer, womöglich kompromisshafter oder umkämpfter gesellschaftlicher Konsens hergestellt wird. Diese ›Zustimmung‹ ist nicht unbedingt als rationale Entscheidung zu verstehen, sondern kann sich auch durch Alltagspraxen oder durch Nicht-Anfechtung dessen, was als ›normal‹ erlebt wird, manifestieren. Vor allem aber wird sie von verschiedenen sozialen Positionen aus, die miteinander durch Macht- und vielleicht Unterdrückungs- und Ausbeutungsrelationen verbunden sind, unterschiedlich ausgedeutet und artikuliert; was immer auch die Chance birgt, dass die darin angelegten Konflikte zur Politisierung und zur Umarbeitung der Herrschaftsverhältnisse führen. Diese Anfechtungs- und Veränderungsprozesse nennt Antonio Gramsci, auf dessen Gefängnistagebücher (1927-1935; dt. 1991-2002) dieses Hegemoniekonzept zurückgeht, hegemoniale Kämpfe. Sie spielen sich maßgeblich in dem Feld ab, das Gramsci in Erweiterung eines verengten Staatsbegriffes die Zivilgesellschaft nennt und damit all diejenigen sozialen Akteur_innen, Praxen und Institutionen bezeichnet, die in mehr oder weniger organisierter Form öffentlichen gesellschaftlichen Raum gestalten – Medien, Erziehung und Bildung, Religion und Gesundheitswesen, Produktionsverhältnisse und Arbeitsteilung, aber auch viel begrenztere Praxen wie Streiks, Demonstrationen, eine queere Filmreihe, das lesbisch/feministische Straßenfest oder die Dorfkneipe gehören dazu. Kulturelle Politiken, also diejenigen Politikformen, die sich journalistischer, künstlerischer oder alltagskultureller Darstellungsformen bedienen und diese, sei es in pädagogischer und/oder propagandistischer, informierender und/oder werbender, subtiler oder demonstrativer, autonomer oder kommerzieller Weise, öffentlich artikulieren, sind explizit darauf gerichtet, ›Zustimmung‹ zu gesellschaftlichen Verhältnissen herzustellen, anzuzweifeln oder aufzukündigen und sind in diesem Sinne für die Hegemoniebildung von entscheidender Bedeutung.

Eine im engeren Sinne an Gramsci orientierte Hegemonietheorie fasst hegemoniale Kämpfe so, dass sie auf Universalisierung zielen, dass also gegen-hegemoniale Bewegungen darauf aus sind, ihrerseits Hegemonie zu erringen und das politische Feld zumindest vorübergehend zu dominieren. Entgegen einer solchen letztlich auf Konsensproduktion abzielenden Version beziehe ich mich auf eine poststrukturalistisch gewendete Hegemonietheorie, die im Anschluss an Ernesto Laclau und Chantal Mouffe (1991) den fortwährenden politischen Dissens hervorhebt und genau darin das demokratische Potential eines heterogenen Gesellschaftlichen und einer ›offenen Zukünftigkeit‹ sieht.[18] Insbesondere aus postkolonialer und queer- theoretischer Perspektive ist hervorgehoben worden, dass dies zudem ein Verständnis des Politischen eröffnet, in dem auch Gruppen, die nicht die Möglichkeit haben oder nicht darauf aus sind, Hegemonie zu erringen oder von einer Position der Subalternität aus agieren, als politisch handelnd und handlungsmächtig wahrgenommen werden können.[19]

Poststrukturalistisch informierte Hegemonietheorie arbeitet mit einer Unterscheidung des Politischen von der Politik.[20] Das Politische ist demnach durch ›Unabschließbarkeit‹ gekennzeichnet, die sprach- und subjekttheoretisch darin begründet liegt, dass keine Bedeutung je

18 Mouffe (1993) prägt für ein dissensorientiertes Verständnis des Politischen den Begriff des agonalen Pluralismus (agonistic pluralism). Vgl. auch Rüdiger (1996), Marchert (1998), Butler et al. (2000), Moebius (2003), Lummerding (2005), Laclau (2005).

19 Vgl. Wilson (1997), Smith (1998), Butler (2004), Castro Varela/Dhawan (2005; 2007). Spivak (2007) macht darauf aufmerksam, dass die Anerkennung der politischen Handlungsmächtigkeit der Subalternen in einer Paradoxie gefangen ist, insofern eine advokatorische Arroganz entsteht, wenn welche sich herausnehmen, das ›Für-sich-selber-Sprechen‹ anderer zu repräsentieren, bzw. Handlungsmächtigkeit nur dann wahrgenommen werden kann, wenn sie nach dem Muster des Bewusstseinssubjekts konstruiert, sprich Subalternität überwunden wird. In Engel (2007b) habe ich ausgearbeitet, wie queere Handlungsmächtigkeit unter Verzicht auf den Status als politisches Subjekt und ohne Universalisierungsanspruch gedacht werden kann.

20 Vgl. Moebius (2003: 191ff.), Mouffe (2005), Lummerding (2005).

endgültig zu fixieren ist und keine Identität jemals eine stabile Kohärenz ausbilden kann.[21] Die Unabschließbarkeit stellt – quasi im ›Inneren‹ der Politik – die Bedingung der Möglichkeit dar, dass überhaupt politische Entscheidungen getroffen werden können. Insofern diese nicht durch Sachzwänge oder überhistorische Wahrheiten vorherbestimmt sind, wird die Unabschließbarkeit auch als eine prinzipielle Unentscheidbarkeit bezeichnet (vgl. Marchert 1998; Moebius 2003). In diesem Sinne bedeutet Politik, dass ›Entscheidungen in der Unentscheidbarkeit‹ getroffen werden. Diese Entscheidungen sind notwendig kontingent und können die Unabschließbarkeit des Politischen nicht unterlaufen. Geschieht dies dennoch, so ist dies als Herrschaftseffekt zu verstehen, der die prinzipielle Offenheit durch Verobjektivierung (›das Gesetz des Marktes‹) oder Naturalisierung (›das Faktum heterosexueller Anziehung‹) einer bestimmten Ordnung stillstellt und ein Phantasma der Kohärenz (der Kapitalismus, die Gesellschaft, die Frau) produziert. Nichts kann jedoch verhindern, dass diese Phantasmen politisch angefochten oder auch einfach nur in sozialen Praxen unterlaufen werden (vgl. Butler et al. 2000).

Wenn sich somit eine Diversifizierung geschlechtlicher und sexueller Existenzweisen im Feld öffentlicher Repräsentationen ausprägt, so lassen sich darin widerstreitende Kräfte identifizieren: Sexualpolitische Diskurse, die ein minderheitenpolitisches Integrationsverlangen ausdrücken; queer-politische Diskurse, die das glatte Funktionieren heteronormativer Normalität zu unterlaufen trachten; neoliberale Diskurse, die soziale Differenzen zur Privatangelegenheit erklären, um sie aus der öffentlichen Regulierung (Disziplinierung oder gar Förderung) auszuschließen, oder Diskurse, die affirmativer Diversity-Politik verschrieben sind und Differenz als Ressource feiern. Die Affinitäten und

21 Sprachtheoretisch erklärt sich die Unabschließbarkeit des Politischen damit, dass es keine stabile, absolute Bedeutung geben kann, da Bedeutung den Zeichen, Ideen oder Objekten nicht inhärent ist, sondern nur durch Unterscheidung von anderen Zeichen, Ideen oder Objekten, also notwendig kontextabhängig, entsteht. Susanne Lummerding ergänzt dies psychoanalytisch und sieht die Voraussetzungen des Politischen in der »Unmöglichkeit, das Verfehlen der Sprache sprachlich zu erfassen« (Lummerding 2008: 179), eine Unmöglichkeit, die das kennzeichnet, was Lacan ›das Reale‹ nennt. Diese Unmöglichkeit begründet erst, dass Identität und Kohärenz unmöglich sind und Bedeutung nicht fixiert werden kann. Sie begründet aber auch, dass es notwendig ist, ins Symbolische einzutreten, also nicht im Verfehlen der Sprache zu verharren – und das heißt, Entscheidungen zu treffen und Politik zu betreiben, obwohl das Verfehlen der Sprache nicht umgangen werden kann.

Konflikte, die sich zwischen diesen Kräften entwickeln, interessieren mich weniger im Hinblick darauf, welche Machtkonstellation vorläufig hegemonial geworden ist und die aktuelle Herrschaftsformation bestimmt, als im Hinblick auf die Dynamiken der politischen Kräfte, die darum ringen, soziale Felder zu besetzen und zu (re)organisieren.

Figuren der Ambiguität und der Paradoxie erscheinen mir diesbezüglich von besonderem Interesse. Wie ist es einzuschätzen, wenn Uneindeutigkeit, Ambiguität und Paradoxie eine Normalisierung erfahren und privilegierte Orte im hegemonialen Feld einnehmen können? Neoliberale Diskurse formulieren paradoxe Anforderungen, z.B. zugleich individuelle Besonderheit und soziale Anpassung oder Autonomie und sorgende Verantwortung zu leben; so findet sich die Konsument_in von Werbebildern mit uneindeutigen Geschlechtern oder Begehrenskonstellationen beglückt; so stehen die Drag Kings in den hegemonialen Medien Seit an Seit mit der heteronormativen Idealkleinfamilie, oder sexuelle Befreiung bedeutet zugleich Prekarisierung (Woltersdorff 2007). Aus hegemonietheoretischer Perspektive ist dies interessant, weil die Dynamik hegemonialer Kämpfe durch Antagonismen gespeist ist, also dadurch, dass ein Widerspruch zwischen politischen Positionen artikuliert wird. Zu fragen wäre nun, ob Ambiguitäten und Paradoxien die Ausbildung von Widersprüchen verhindern und damit die hegemoniale Dynamik zähmen. Oder bilden sich womöglich neue Formen der Politisierung heraus, die nicht mehr der Logik des Widerspruchs folgen? Oder verändert der Widerspruch selbst seinen Charakter?

Diesbezüglich ist zu bedenken, dass in der Hegemonietheorie gemäß der Unterscheidung von Politischem und Politik auch zwischen dem Antagonismus (Singular) und Antagonismen (Plural) unterschieden wird (Laclau/Mouffe 1991).[22] Antagonismen bilden sich als Gegensätze im gesellschaftlichen Feld aus. Sie sind das Organisationsprinzip politischer Artikulationen, die ihre Spezifik (und das kann auch eine Allianz unterschiedlicher Positionen unter einem gemeinsamen Namen sein) gewinnen, indem sie eine antagonistische Gegenposition konstruieren. Hingegen ist der Antagonismus die strukturelle Grenze des Gesellschaftlichen, die durch dessen prinzipielle Unabschließbar-

22 Laclau (2005) nimmt die Unterscheidung von Antagonismus und Antagonismen zum Anlass, um Heterogenität zu theoretisieren, die Abhängigkeit des Politischen von irreduzibler Heterogenität herauszustellen und, jenseits von Ableitungsverhältnissen oder der Universalisierung hegemonialer Herrschaft, eine Heterogenität politischer Kämpfe anzuerkennen.

keit bestimmt ist und die bewirkt, dass auch die politischen Identifizierungen, die notwendig sind, um soziale Antagonismen aufzubauen, ständig aufgebrochen werden. So betrachtet können Paradoxien und Ambiguitäten auch als Teilhabe des Antagonismus an den Antagonismen verstanden werden (vgl. Laclau/Mouffe 1991; Moebius 2003; Lummerding 2005). Da der Antagonismus selbst durch Unabschließbarkeit gekennzeichnet ist, löst sich die Figur eines glatten Widerspruchs auf, was sich auch darin bestätigt, dass die Formulierung, dass Entscheidungen unter Bedingungen der Unentscheidbarkeit getroffen werden, selbst ein Paradox ist.

Um einzuschätzen, was es bedeutet, wenn Uneindeutigkeit, Ambiguität und Paradoxie eine Normalisierung erfahren und mittlerweile privilegierte Orte im hegemonialen Feld einnehmen, lasse ich mich im Folgenden von der These leiten, dass neoliberale Transformationen spätmoderner Gesellschaften mit einer neuen Form der sozialen Integration von Differenzen einhergehen, die ich als ›projektive Integration‹ bezeichne. Über den Modus der projektiven Integration entsteht ein neuer hegemonialer Konsens, der bestimmte Formen insbesondere homosexueller Existenz nicht nur als integrationsfähig ansieht, sondern sie als Vorbilder zivilgesellschaftlicher, konsumkapitalistischer Bürger_innenschaft figuriert und eine Allianz derjenigen begründet, die ihre (geschlechtliche und sexuelle) Subjektivität als Projekt individueller Gestaltung und fortwährender, flexibler Umarbeitung verstehen.[23] Diese Vorbildfigur und der Mechanismus der projektiven Integration, aus der sie hervorgeht, sind herrschaftstheoretisch interessant, weil sie eine klare Hetero/Homo-Opposition in Frage stellen und durch eine Allianz dominanzgesellschaftlicher und minderheitenpolitischer Zustimmung zum neoliberalen gesellschaftlichen Projekt ersetzen. Methodisch begründen sie meine Frage nach der sozialen Produktivität der Bilder, weil Projektion ein visuell-imaginärer Prozess ist, mittels dessen Bilder in den sozialen Raum ›geworfen‹ werden. Welche Bedeutung kommt diesen Bildern im Hinblick auf neoliberale sozio-ökonomische und sexualpolitische Transformationen zu?

23 Zum Vorbildcharakter schwuler Subjektivität vgl. Hennessy (2000), Pellegrini (2002), Wagenknecht (2003), Woltersdorff (2004; 2007). Zur Allianzbildung mittels der Figuren der Selbstgestaltung und Selbstverantwortung vgl. Pühl (2003), Ha (2005), Lorey 2007, Mönkedieck (2008).

1 Technik und Taktik der projektiven Integration

›Diversity heißt Vielfalt‹

»Was vor wenigen Jahren noch Unverständnis, Kopfschütteln und Abwehr bewirkt hätte, ist heute zu einem Teil des normalen politischen Geschäfts geworden: Die Gesellschaft hat zur Kenntnis genommen, dass es lesbische Mütter und schwule Väter gibt, dass Eltern ihr Geschlecht verändern oder sich mit Menschen mal des einen, mal des anderen Geschlechts zusammentun. Im Zuge der enormen Veränderungen, denen das System Familie ausgesetzt ist, ist dies eine unter vielen – wenn auch eine, die immer noch Ängste und moralische Ablehnung hervorruft.« (Schöttler 2001: 11)

So schreibt die Berliner Senatorin für Arbeit, Soziales und Familie 2001 im Vorwort der Senatsamts-Broschüre *Regenbogenfamilien. Wenn Eltern lesbisch, schwul, bi oder transsexuell sind.* Ohne mit den Begriffen lesbisch, schwul und transsexuell zu hantieren, aber gleichermaßen von einem Gestus der Toleranz getragen, präsentiert auch die Website des *Ministeriums für Generationen, Familie, Frauen und Integration* (MGFFI) in Nordrhein-Westfalen gleichgeschlechtliche Lebensweisen als eine der möglichen Versionen von Familie. Über die familienpolitische Dimension hinaus verbindet das Ministerium gleichgeschlechtliche Lebensformen auch mit den Themen Integrations- und Anti-Diskriminierungspolitik und vor allem mit dem ökonomischen Interesse an Diversity:

»Diversity heißt ›Vielfalt‹. Gemeint ist damit, die Unterschiedlichkeit von Menschen wertzuschätzen. [...] Zunehmend finden diese Themen auch Einzug in den Non-Profit-Bereich wie z. B. Verwaltung, Universitäten und

Nicht-Regierungsorganisationen. Dabei wird die Verschiedenheit als Potenzial betrachtet, um Effektivität und Effizienz in Unternehmen zu steigern. [...] Nordrhein-Westfalen nimmt das Thema Diversity konsequent auf. Fragen nach der Wirkung und Übertragung von Diversity-Strategien von Wirtschaftsunternehmen auf die öffentliche Verwaltung und Nicht-Regierungsorganisationen stehen hier im Mittelpunkt.«[1]

Nicht zuletzt hat auch die deutsche Bundeskanzlerin die Lesben und Schwulen entdeckt:

»Angesichts der heute anzutreffenden Vielfalt der Lebensentwürfe und Lebensstile der Menschen – insbesondere in den großen Städten – ist es für die politische Arbeit unverzichtbar geworden, diese Pluralität anzunehmen und ihr gerecht zu werden. Dazu trägt die LSU durch ihr Engagement bei. Gerne sage ich dem Verband deshalb ein herzliches Wort des Dankes.«[2]

Diese Danksagung der Bundeskanzlerin Angela Merkel gilt der *Lesben und Schwulen Union* (LSU) der CDU, die sich entgegen offizieller Regierungspolitik für die »gesetzliche Vollendung des Lebenspartnerschaftsgesetzes« einsetzt, auf dass Lebenspartnerschaften als »eigenständige, aber gleichwertige Säule« (URL s. Fn. 2) neben der heterosexuellen Ehe existieren können, und sich zugleich zur Politik der CDU/CSU »auf der Basis gemeinsamer Überzeugung und Grundwerte« (ebd.) bekennt.

Mit diesen Zitaten möchte ich zeigen, dass, auch wenn weiterhin homophobe Äußerungen die parlamentarischen Debatten durchwirken und die deutsche Regierungspolitik von der heteronormativen Grundannahme der Höherwertigkeit heterosexueller Ehen und Familien bestimmt ist, kein grundsätzlicher Antagonismus zwischen staatlicher Politik und lesbisch-schwuler Lobbypolitik mehr besteht.[3] Wahlfreiheit

1 Vgl. http://www.mgffi.nrw.de/familie/vielfalt-lebensformen/diversity/index.php (28.04.2008).

2 Dr. Angela Merkel in ihrem Grußwort zur Bundesmitgliederversammlung 2004 der *Lesben und Schwulen Union* (LSU), http://www.lsu-online.de (07.10.2007).

3 Dies stimmt auch für konservative Parteipolitik: Manche_ CDU-Politiker_in präsentiert sich der Öffentlichkeit lesbisch oder schwul (Karin Wolff 2007), läuft an der Spitze des Hamburger CSD (Ole von Beust 2006) oder verteidigt auf seiner Website das Adoptionsrecht von Lesben und Schwulen (Rolf Ohler 2007) – hierbei sexuelle Lebensweisen als Aspekt ihrer Privatautonomie, nicht als Politikum setzend. In offiziellen Reden wird auch von heterosexueller Seite eine aufgeklärte Geisteshaltung demonstriert, indem

hinsichtlich persönlicher Lebensentscheidungen und Schutz der Privatsphäre sind Kriterien, die Toleranz gegenüber Lesben und Schwulen begründen, so diese ihre Lebensweise nicht als Infragestellung, sondern als Erweiterung der heterosexuellen Norm verstehen. Die genannten Beispiele können als Ausdruck toleranzpluralistischer Integration gemäß einem multikulturellen Modell gelesen werden, das soziale Anerkennung für Minderheiten schafft, zugleich aber den normativen Wertehorizont der Dominanzgesellschaft als unangefochten bestätigt. Interessant ist in diesem Zusammenhang, dass sich die staatliche Öffnung gegenüber gleichgeschlechtlichen Lebensweisen zeitgleich mit dem migrationspolitischen Integrationsparadigma der Bundesrepublik und dem Bekenntnis zum Einwanderungsland entwickelt. Während sich dies einerseits als eine Verschiebung von der Marginalisierung zur Normalisierung in staatlicher Differenzpolitik diagnostizieren lässt, erwächst hieraus andererseits auch die Gelegenheit, Toleranz gegenüber Lesben und Schwulen für rassistische Abgrenzungen gegenüber Migrant_innen zu funktionalisieren, die entsprechenden Communities gegeneinander auszuspielen bzw. eine Konkurrenz um die vorbildlichere Normalisierung und Verkörperung bürgerlich-abendländischer und staatsbürgerlicher Werte zu eröffnen (vgl. Heidenreich 2005; Petzen 2005; Castro Varela/Dhawan 2006). Okzidentalismus, also die Überzeugung von der Höherwertigkeit christlich(-säkularer) abendländischer Kultur, die als Inbegriff von Aufklärung, Freiheits- und Menschenrechten codiert ist, wird damit zur Folie der Selbstbestätigung und der Abgrenzung, auf der sich ein zunehmend hoffähiger anti-islamischer Rassismus formt (Dietze 2006). Lobbypolitische Organisationen wie der *Lesben und Schwulenverband Deutschland* (LSVD) und die *Initiative Queer Nations* (IQN) reklamieren okzidentale Positionen für sich und streben danach, Anerkennung durch staatsbürgerschaftliche und verfassungspatriotische Bekenntnisse zu erringen.[4] Entsprechend

Homophobie geächtet und die Rede- und Versammlungsfreiheit von Lesben und Schwulen hervorgehoben wird (Holger Haibach, CDU, 25.05.2007 im Bundestag). Selbst in der CSU fand sich zwischenzeitlich eine implizite Anerkennung von Regenbogenfamilien, als Gabriele Pauli (mittlerweile *Freie Wählergemeinschaft*) in ihrem persönlichen Programm zur Kandidatur für den CSU-Parteivorsitz 2007 formulierte, Familie sei, wo Kinder sind.

4 Vgl. Engel (2009a) für eine diskursanalytische Auseinandersetzung mit Publikationen von IQN und LSVD, die verdeutlicht, wie Normalisierung qua bürgerlich-konservativer Rhetoriken erstrebt wird und diese zugleich Rassismen aktiviert, die sich durch okzidentale Überlegenheitsansprüche zu legitimieren trachten.

überrascht es nicht, wenn sich, beispielsweise im Hinblick auf Migrationspolitik, Positionen finden, die denen der Bundesregierung sehr ähnlich sind, und wenn das *Migrationspolitische Papier* des LSVD Formulierungen enthält, die nahezu wörtlich dem *Nationalen Integrationsplan* der Bundesregierung aus dem Jahr 2007 entsprechen.[5] Charakteristisch ist hierbei eine klare Identifizierung mit einem ›wir‹, dem die Macht zukommt, Integrationsbedingungen und Integrationsprobleme zu definieren und Ansprüche an ›die‹ Migrantinnen und Migranten zu formulieren, die selbstredend weder lesbisch, schwul oder transgender sind noch berechtigt, die Grundregeln gesellschaftlichen Zusammenlebens politisch umzugestalten.

Die Verbreitung toleranzpluralistisch-multikultureller Diskurse weist darauf hin, dass die staatliche und zivilgesellschaftliche Regulierung und Verwaltung von Differenzen heute nicht mehr überwiegend durch Ausschluss oder Assimilation, sondern durch Normalisierung und differenzierte Integration erfolgt. Ich frage mich jedoch, und das soll das Thema der folgenden Ausführungen sein, ob sich unter spätmodernen, neoliberalen Bedingungen nicht eine weitere Form der Integration ausbildet, die stärker an einer Norm der Individualisierung sowie einer Komplexität sozialer Positionierungen ausgerichtet ist. Können Diversity-Ansätze, die Differenz als kulturelles Kapital feiern, tatsächlich angemessen durch ein toleranzpluralistisches Integrationsparadigma erfasst werden? Meiner Ansicht nach gilt es eine weitere Neuformierung spätmoderner Herrschaft zu diagnostizieren, die Prozesse forciert, die ich als ›projektive Integration‹ bezeichnen möchte.

Projektive Integration: Differenz als kulturelles Kapital

Projektive Integration zeichnet sich durch eine positive, wertschätzende Haltung zur Differenz aus, die als kulturelles Kapital nutzbar erscheint und nicht mehr als das ›ganz Andere‹ eines angeblich stabilen, autonomen Selbst angesehen wird. Vielmehr wird sie u. a. im eigenen Selbst gesucht oder für dieses beansprucht – auf dass dieses die Anforderungen einer flexiblen, dynamischen, sich selbst gestaltenden, eigenverantwortlichen Subjektivität erfüllen kann. Wie in der Einlei-

5 Vgl. Nationaler Integrationsplan: http://www.bundesregierung.de/Webs/Breg/DE/Bundesregierung/BeauftragtefuerIntegration/NationalerIntegrationsplan/nationaler-intregrationsplan.html (17.04.2008) und LSVD-Migrationspapier: http://www.lsvd.de/615.0.html (17.04.2008).

tung bereits angedeutet, vertrete ich die Auffassung, dass durch projektive Integration bestimmte Formen homosexueller und polymorpher Existenz nicht nur als integrationsfähig angesehen, sondern als Vorbilder zivilgesellschaftlicher, konsumkapitalistischer Bürger_innenschaft figuriert werden. Meine These ist, dass sich entlang dieser Figur ein neuer hegemonialer Konsens herausbildet, der eine klare Hetero/Homo-Opposition in Frage stellt und durch eine Allianz dominanzgesellschaftlicher und minderheitenpolitischer Zustimmung zum neoliberalen gesellschaftlichen Projekt ersetzt.

In diesem Sinne biete ich projektive Integration als einen herrschaftsanalytischen Begriff an, der einen sozialen bzw. sozio-ökonomischen Prozess der Regulierung von Differenz bezeichnet. Zu analysieren ist, ob bzw. wie dieser Prozess zur hierarchischen Differenzierung des Gesellschaftlichen beiträgt, wie Differenz hierbei konzipiert und nutzbar gemacht wird und wie Individuen – in ihrer Unterschiedlichkeit – in Herrschaftsprozesse eingebunden werden. Herrschaft wird dabei im hegemonietheoretischen Sinne nicht primär als repressive Staatlichkeit, sondern als zivilgesellschaftliche Normalisierung gefasst. Interessant erscheint mir, dass projektive Integration nicht bruchlos in herkömmliche soziologische Integrationsmodelle einzufügen ist, denen gemäß eine integrierte Gesellschaft unbedingtes Ziel und (ein zumindest abstrakter, grundwerteorientierter) Konsens eine unhintergehbare Voraussetzung für das Funktionieren von Gesellschaft sind (vgl. Friedrichs/Jagodzinski 1999; Heitmeyer/Imbusch (2005). Da derartige Modelle vielfach dafür kritisiert worden sind, dass sie – selbst in pluralistisch oder konfliktuell angelegten Varianten – Alteritätspositionen aus der politischen Partizipation ausschließen, ist bezüglich projektiver Integration zu fragen, wie das Verhältnis von Differenz und Integrationsgesellschaft konstruiert ist (vgl. Engel 2006b; 2008e). Welche Bedeutung gewinnt Differenz, die in Form eines Projektionsbildes kulturellen Raum besetzt? Welche Formen der Differenz – seien es soziale Existenzweisen oder kulturelle Repräsentationen – bleiben womöglich weiterhin ausgeschlossen? Stößt da, wo Differenz die irreduzible Andersheit des Anderen meint, die Integrationsbereitschaft an ihre Grenzen? Und haben die Positionen, die Allianzangebote zurückweisen oder sich der Konsensbildung verweigern, dennoch Chancen, sich politisch zu artikulieren und gesellschaftlich zu partizipieren?

Lifestyle Finance-Werbeanzeige, 2003

Mehrfache Adressierungen und Allianzangebote

Das Werbebild, das dem Dubliner *lgbt*-Magazin *GCN – Gay Community News* (November 2003: 38) entstammt, zeigt eine Gruppe Männer in kurzen Lederhosen, die mit Cheerleader-Puscheln auf einer Wiese herumspringen. Die prall gefüllten Hosen, strammen Schenkel und Oberlippenbärte, die Mischung aus Lederszenen- und Camp-Ästhetik und die Bildüberschrift »Why are these people so happy and gay?« legen es nahe, die Jungs als schwul zu decodieren. Die Frage der Bildüberschrift vollzieht mit der hinweisenden Konstruktion »diese Leute« eine doppelte Adressierung: Sie adressiert sowohl diejenigen Schwulen, die nicht so verrückt sind, in Femi-Cheerleader-Manier herumzutollen, als auch Heteros, denen der dezent-explizite Hinweis auf die *gayness* eine sympathisierende Abgrenzung ermöglicht, während ihnen zugleich Neugier und Freude am Spektakel zugestanden wird. Für beide Adressat_innengruppen ist die Szene durchaus einladend gestaltet: Ein schwules Publikum (und vielleicht auch so manche Hetera, so mancher Hetero) findet erotische Männerkörper präsentiert; ein heterosexuelles Publikum kann sich an einer gewagten sexuellen Selbstrepräsentation erfreuen, die zugleich von allem Bedrohlichen befreit ist: Die Männer berühren sich nicht, sondern sind mit ihren je eigenen

Puscheln beschäftigt; die Sportplatzwiese bietet ein legitimes Umfeld für männliche Homosozialität; sie stellen keine entblößten männlichen Geschlechtsteile zur Schau, sondern schmücken sich mit weiblich codierten Cheerleader-Accessoires. Somit ist das hetero-maskuline Potenzmonopol nicht in Frage gestellt. Präsentiert wird eine Version des Schwulseins, die der Mainstream-Gesellschaft als reizvoll und unbedrohlich erscheinen kann.

Den hier beschriebenen Mechanismus einer doppelten oder mehrfachen Adressierung sehe ich als ein charakteristisches Moment projektiver Integration an. Bilder einer attraktiven oder sogar gefeierten Differenz können dementsprechend in unterschiedliche Richtung wirken: Sie dienen majoritär-identifizierten Subjekten als Projektionsfläche eines imaginären Begehrens, und sie bieten minorisierten Subjekten an, sich als Avantgarde zu verstehen. Damit die mehrfachen Adressierungen, die sich im obigen Beispiel gleichermaßen an Hetero- und Homosexuelle richten, jedoch im Hinblick auf die Herausbildung eines hegemonialen Konsenses bedeutsam werden können, müssen sie mit einem Projektionsprozess verbunden sein. Diesen möchte ich mit Arlie Hochschild (1999) als einen kennzeichnen, der den verschiedenen Adressat_innengruppen ein ›mögliches Selbst‹ anbietet. Das mögliche Selbst ist ein idealisierter, aber nicht realisierter Teil der eigenen Existenz, der zumeist mit sozial anerkannten kulturellen Bildern verbunden ist.[6] Das mögliche Selbst ist gerade in seiner Existenz als Potential höchst real – nur dass es durch einen fortwährenden Aufschub charakterisiert ist. Beispielsweise kann sich ein Selbstverständnis über das nie getragene Business-Kostüm oder den seit Jahren geplanten Besuch einer SM-Party definieren, vielleicht auch darüber, beim sonntäglichen Fußballspiel als Leder-Schwuler in Cheerleader-Manier über den Bolzplatz zu tänzeln. Entscheidend ist, auch wenn das mögliche Selbst virtuell ist, erweist es sich als wichtiges Moment des Selbstverständnisses. Im möglichen Selbst erfolgt das affektive Besetzen von oder Investieren in Differenz. Insofern diese wertgeschätzt, erstrebt oder begehrt wird, wird das mögliche Selbst zum Modus multipler Identifizierungen und Formierungen des Begehrens.

Die obige Werbeanzeige weist insofern eine Besonderheit auf, als Bild- und Textebene einander nicht glatt ergänzen, sondern recht un-

---

6 Während Hochschild (1999) allerdings im ›möglichen Selbst‹ eine Figur der »Unwahrheit« sieht und dies zum Problem erhebt, möchte ich die Produktivität dieser realitätsmächtigen Phantasie hervorheben, und zwar sowohl was deren hegemoniebildende als auch deren transformatorische Kraft betrifft.

terschiedliche, wenn nicht widersprüchliche Varianten des möglichen Selbst präsentieren. Diese lassen sich in den Spannungsfeldern zwischen Konventionalität und Besonderheit, zwischen Individualisierung und Bindung sowie zwischen Öffentlichkeit und Privatheit verorten. Im Aufeinandertreffen von Bildebene und Textebene wird die paradoxe Gleichzeitigkeit widersprüchlicher Anforderungen verhandelt, die spätmoderne, neoliberale Lebensbedingungen kennzeichnen, und es wird suggeriert, dass sich die Spannung beheben und die Widersprüche vermitteln lassen: So inszeniert das Bild die Integration von Differenz in die Gemeinschaft, vielleicht sogar in die Nation. Während die »Jungs« deutlich vom sozialen Mainstream abweichen, sind sie dennoch nicht Inbegriff individualisierter Differenz, sondern durch ihren uniformen Auftritt und die Konnotation des *cheerleading* mit militärischen Paraden Teil einer modernisierten Nation, die als Team auftritt, die sich durch Wettbewerbserfolge statt durch essentielle Eigenschaften auszeichnet und Differenz als Quelle des Glücks (»happy and gay«) zu integrieren weiß. Zugleich wird jedoch diese Gemeinschaftserzählung auf der Textebene individualisiert, privatisiert, und es wird ein Anschluss an neoliberale Diskurse hergestellt. Unter der Überschrift »lifestyle finance« wird Gemeinschaft als Lebensstil re-interpretiert und das Thema der visuellen Repräsentation verschiebt sich vom Gesellschaftlichen zu einer Paargeschichte im Setting privater Häuslichkeit: »Paul and Patrick borrowed Euro 150.000 to purchase a new house and enhance their lifestyle«, heißt es im Beitext.

Wenn somit sowohl hinsichtlich des Textes als auch des Bildes diverse Einstiege für die phantasmatische Konstruktion eines möglichen Selbst und deren affektive Besetzung bestehen, eröffnet die Werbeanzeige eine Komplexität von Möglichkeiten, die sozial nicht zu realisieren ist. Doch gerade indem die Anzeige eine Vereinbarkeit widersprüchlicher Möglichkeiten suggeriert, gewinnt sie Bedeutung hinsichtlich einer spätmodernen Pluralisierung geschlechtlicher und sexueller Existenzweisen. Denn für diejenigen, die von einer Position her einsteigen, die sie identifikatorisch mit dem Text verbindet, erfolgt die Adressierung als mögliches Selbst in Form eines Versprechens der Besonderheit: Die projektive Besetzung des Bildes ermöglicht ihnen die Vorstellung, dass sie individuell und außergewöhnlich sein können, ohne die Privilegien heteronormativer Behaglichkeit aufgeben zu müssen. Die wohl etablierten Ideale der Liebe und der Familie, des Zuhauses und der Statusobjekte lassen sich, so wird suggeriert, wunderbar durch eine gewagte sexuelle Subjektivität ergänzen. Indem kulturelle Bilder die Kombinierbarkeit von Individualität und Gemeinschaftlichkeit aufrufen sowie soziale Differenz als Bereicherung präsentieren, können sie als Beitrag zur ›Behandlung‹ diverser sozialer Ängste angesehen werden, die aus der neoliberalen Prekarisierung von Lebensverhältnissen resultieren. Sich mit Bildern vieldeutiger Geschlechter und Sexualitäten als möglichem Selbst zu identifizieren, erlaubt es, die entsprechenden, gesellschaftlich generierten Ängste zu umschiffen: die Angst, Autonomie zu verlieren und in Abhängigkeit zu geraten, oder umgekehrt die Angst, aus bislang verlässlichen Kontexten in die Selbstverantwortung entlassen zu werden, oder dramatischer, das gemütliche Dasein eines ›ganz normalen‹ Lebens in Devianz oder Verworfenheit umkippen zu sehen. Wenn, so die Überlegung, die Homos wissen, wie sich die widersprüchlichen Anforderungen von Individualität und Verantwortung kombinieren lassen, könnte ich mir dann nicht ihre Besonderheit als mein mögliches Selbst aneignen?

Parallel dazu finden Schwule, Lesben, Polymorphe bzw. all diejenigen, die über die visuelle Repräsentation in die Bedeutungsproduktion einsteigen, ihrerseits ein attraktives mögliches Selbst im Angebot vor – eines, das frei ist von Scham, Entwertung und sozialem Ausschluss, das sie einlädt, sich projektiv mit der Möglichkeit des Immobilienerwerbs, des Eigenheims und der Partnerschaft zu verbünden. Die begehrten oder gefeierten Bilder der Differenz inszenieren die Polymorphen als Idealbürger_innen und vorbildliche Steuerzahler_innen, Konsument_innen, Soldat_innen oder Schwiegerkinder. In der Identifizierung mit diesen Bildern kann die Wertschätzung als ›Musterschüler_in‹ genossen und damit das Anrecht begründet werden, endlich an den vormals von Hetero-Seite monopolisierten Institutionen der Ehe, der Elternschaft oder der Zivilbürger_innenschaft teilzuhaben. Wenn, so die Überlegung, Heteros wissen, wie sich Familienorientierung, Eigennutz und Liebesschnulz in soziale Anerkennung verwandeln lassen, warum nicht ihre Normalität als mein mögliches Selbst aneignen?

Ich möchte vorschlagen, die Werbeanzeige unter der Überschrift ›abgefedertes Investitionsrisiko‹ zu lesen. Dank des harmlos-freundlichen Images, das auf visueller Ebene präsentiert wird, ist es möglich, dass auf textueller Ebene das geheiligte Terrain liebender Partnerschaft und Häuslichkeit von einem schwulen Paar besiedelt wird. Durch die mehrfachen Adressierungen wird eine Allianz kreiert, die sich um das Phantasma formt, individuell und außergewöhnlich sein zu können, ohne die Privilegien familiärer Häuslichkeit, ökonomischer Abgesichertheit und sozialer Integration zu gefährden. Eine ›gewagte‹ sexuelle Subjektivität darf sich als integrationswürdig erfahren, so sie sich der Domestizierung und bürgerlichen Werten verschreibt. Dissidente Sexualität stellt somit keine Provokation kultureller Werte oder gelebte Kritik an einem gesellschaftlichen Modell dar, das Heteronormativität mit Besitz und Privilegien verbindet. Sie erscheint eher als eine Erfüllung individueller, wenn auch zuweilen etwas bizarrer, sexueller und sozialer Wünsche.

Damit die mehrfache Adressierung greift, muss die Anzeige so beschaffen sein, dass ein kulturelles Idealbild Anknüpfungsmöglichkeiten für unterschiedliche, möglichst individuell gestaltbare Formen des möglichen Selbst bereitstellt. In diesem Sinne wird hiermit auf einen Normalisierungsprozess verwiesen, der Integration nicht in Relation zum Durchschnitt oder zur Devianz formuliert, sondern zu einer Idealfigur ins Verhältnis setzt. Diese speist sich aus dem kulturellen Imaginären, also kulturell verfügbaren Vorstellungen und Repräsentationen, über die zugleich auch Werte, Wahrheiten und Normalitäten vermittelt werden (Gatens 1996). Meine These ist jedoch, dass das kulturelle Imaginäre in diesem Prozess auch umgearbeitet wird: zum einen, weil die Idealfigur durch eine Repräsentation aktiviert werden muss, die Einstiegsmöglichkeiten für unterschiedliche Rezipient_innen eröffnet, zum anderen, weil diese Rezipient_innen in der Lektüre des Bildes eventuell ein mögliches Selbst realisieren, das das Idealbild herausfordert.[7]

Projektion als politische Arbeit am und mit dem Bild

Indem im Kontext hegemonialer Repräsentationen auf strikte Identitätspositionen bzw. eine Homo/Hetero-Opposition verzichtet wird, kann sich eine Allianz herausbilden, die herrschaftstheoretisch betrachtet eine übergreifende Zustimmung zu neoliberalen sozio-ökonomischen Verhältnissen forciert. Dadurch, dass eine kommerzielle Werbung, noch dazu eine, die das statusträchtige Terrain des Immobilienbesitzes aufruft, die Anerkennung von *lgbti*-Lebensformen verficht und ökonomische Integration anbietet, wird eine direkte Verbindung zwischen neoliberaler ökonomischer Ordnung und Normalisierung von Differenz, bzw. plakativer formuliert, zwischen Marktfreiheit und sexueller Liberalisierung hergestellt. Deutlich wird in diesem Zusammenhang, inwiefern Normalisierung qua projektiver Integration an kulturelle Politiken gebunden ist. Hierbei kommt es zu einer Verflechtung semi-

7 Gatens (1996) weist zudem darauf hin, dass das kulturelle Imaginäre besser im Plural zu verstehen sei (*cultural imaginaries*) und dass sich gerade in den Brüchen und Widersprüchen zwischen diesen Imaginationen produktive Prozesse entfalten.

otischer, psychischer und sozialer Prozesse, die konstitutive Effekte auf Bedeutungen, KörperSubjektivitäten und soziale Verhältnisse entfalten. Die Vielseitigkeit und Vieldeutigkeit des Projektionsprozesses findet eine Gemeinsamkeit darin, dass Projektionen als Verschiebungen von Bildern funktionieren, bzw. genauer, darüber, dass Bilder produziert, semiotisch und affektiv besetzt, angeeignet, umgearbeitet und verschoben werden.

Sowohl aus sozialwissenschaftlicher als auch aus psychoanalytischer Perspektive wird Projektion überwiegend im Sinne einer Abwehr verstanden, die das, was abgelehnt wird, aus dem ›Eigenen‹ ausschließt und ›Anderen‹ zuweist (vgl. Laplanche/Pontalis 1994: 400; Hillmann 2007).[8] Der Begriff kann jedoch auch allgemeiner als psycho-soziale Operation des Nach-außen-Verschiebens und dort Lokalisierens gefasst werden, als ein »Wiederhinausverlegen von psychischen Innenvorgängen in die verursachende oder an den Vorgängen völlig unbeteiligte Außenwelt« (Hillman 2007: 708). Hierbei bleibt zunächst unbestimmt, ob und inwiefern dies mit Bewertungen und affektiven Besetzungen verbunden ist. Meiner Ansicht nach spricht nichts dagegen, dass das Projizierte auch positiv besetzt und wertgeschätzt sein kann – nicht zuletzt deshalb, weil ein Ideal eben gerade nicht das ist, was vom ›Eigenen‹ sowieso verkörpert wird.[9] Projektion in seinem klassischen Verständnis als Abwehrmechanismus würde zur Gegenfigur der Integration werden (vgl. Lorey 2007a), während sie in meinem Sinne als eine Form der Integration wirksam wird. Damit entpuppt sich Projektion, und darin ähnelt sie Isabell Loreys Modell der Integration als Immunisierung (vgl. ebd.), als eine spätmoderne Form normalisierender Herrschaft.

Wenn ich den paradoxalen Begriff der projektiven Integration einführe, der besagt, dass das, was nach außen verlagert zugleich integriert wird, möchte ich damit mehreres nahelegen: zum einen, dass integrie-

8 Schaffer (2008) verweist auf Adorno/Horkheimer (1991), die Projektion als einen Vorgang der Verschiebung bezeichnen, der ›stereotype Schemata‹ ausbildet und auf gleichzeitiger Aneignung und Abwehr beruht: »Sie bezeichnen damit einen Modus, der sich die Umwelt ähnlich macht (im Gegensatz zur echten Mimesis, die sich der Umwelt ähnlich macht) und ›Regungen, die vom Subjekt als dessen eigene nicht durchgelassen werden und ihm doch eigen sind, dem Objekt [zuschreibt]‹ (Horkheimer/Adorno 1991: 196).« (Schaffer 2008: 68)

9 In diesem Sinne weist Hillmann (2007) darauf hin, dass laut Ludwig Feuerbach auch das religiöse Gottesbild als eine Projektion zu verstehen sei, eine »Verleiblichung [der, ae] geheimsten Sehnsüchte und Wünsche in ein überirdisches Subjekt« (ebd.: 708).

ren tatsächlich heißt, etwas nach innen zu nehmen, was zunächst im Außen lokalisiert ist; zum zweiten, dass das Projizierte – selbst als Abgewehrtes – begehrt wird; und zum dritten, dass im Verlauf dieses paradoxen Prozesses die Unterscheidbarkeit von Innen und Außen verwischt.[10] Versteht tran Begehren als einen psychischen Prozess, in dem sich eine Verbindung zwischen Selbst und Andere_ herausbildet, so wäre projektive Integration ein Prozess, der eine Verbindung zwischen Identifizierung und Begehren knüpft – also die Ausbildung von Selbstverständnissen als Ausbildung einer Relation zwischen Selbst und Andere_ fasst. Im engeren Sinne der lacanschen Psychoanalyse sind Identifizierung und Begehren unhintergehbare Momente der Subjektkonstituierung, die darauf verweisen, dass sich das Subjekt nur bildet, indem es sich im Anderen erkennt/verkennt (vgl. Lacan 1991a). Hierbei wird der Prozess der Subjektkonstituierung als Spiegelung konzipiert, also als eine Projektion, die das Bild für die Identifizierung liefert und das Begehren weckt, die so imaginierte Ganzheit könne durch die Beziehung mit de_ Anderen hergestellt werden. Sigrid Adorf (2007) hebt hervor, dass dies ein über Bilder vermittelter, also medialer Prozess ist und sieht einen Gewinn darin, genau diese mediale Vermitteltheit der Subjektkonstituierung anzuerkennen. Am Beispiel der Rezeption einer Videoarbeit erklärt sie, die Projektion ermögliche, »dass das Subjekt seines Spiegeldaseins gewahr werden kann. Es erfährt darin die Bedingtheit, das heißt die mediale Vermitteltheit, seines imaginären Selbst(bildes)« (ebd.: 16). Das Medium Video stellt für Adorf hinsichtlich des Projektionsprozesses eine Besonderheit dar. Denn es erlaubt, eine Rückkopplungsschlaufe zu produzieren: Das Videobild kann im gleichen Moment, in dem es aufgenommen wird, an die Aufgenommene und die Aufnehmende rückgespiegelt werden. Das zu diesem Zwecke über einen Monitor projizierte Bild steht als Andere_ der Identifizierung und dem Begehren, der Disidentifizierung und der Abwehr zur Verfügung, während es zugleich als Spiegelbild des Selbst erfahren

10 Projektive Integration ist nicht als Kombination von Projektion und Introjektion zu verstehen, da es gemäß diesem psychoanalytischen Modell nicht das gleiche Objekt sein kann, das ausgelagert (abgewehrt) und eingelagert (erstrebt) wird (Laplanche/Pontalis 1994: 235). Durch die jeweilige Zuweisung positiver und negativer Wertungen wird die Paradoxie vermieden, die ich hervorheben möchte. Projektive Integration entspricht ebenfalls nicht dem von Melanie Klein geprägten Begriff der projektiven Identifizierung, denn dieser bezeichnet einen Prozess, der anderen Menschen oder Dingen umfassende Ähnlichkeit mit dem (entwerteten) Selbst zuschreibt, um ihnen Schaden zuzufügen oder sich ihrer zu bemächtigen (vgl. ebd.: 226f.).

wird. Zudem stellt es auch zwischen Aufnehmende_ und Aufgenommene_ eine Relation her, die medial vermittelt ist. Selbstverständnisse und soziale Beziehungen sind demnach bildhaft und so gestaltet, dass Bilder von Selbst und Andere_ nicht klar voneinander geschieden sind. Für Adorf lässt sich am Beispiel der Videoprojektion das psychoanalytische Verständnis der Subjektkonstituierung verdeutlichen, eines Subjekts, das immer schon ein_ Andere_ ist.

Entscheidend erscheint mir an dieser medientheoretischen Überlegung, dass die Prozesse der Projektion und der projektiven Integration als zugleich mediale, imaginäre und psychische Prozesse gefasst werden. Zu bedenken gilt es nun, dass diese sich unweigerlich auch in einem sozialen und gesellschaftlichen Kontext abspielen, der die Bedingungen der Bildproduktion, -rezeption und -lektüre bestimmt – sei es im Sinne des Archivs der verfügbaren Bilder und Medien, der sozio-ökonomischen Ressourcen, Prozesse und Institutionen der Produktion und Zirkulation oder der Diskurse und Macht/Wissenskomplexe, die das Verstehen anleiten. Wird die Medialität des Projektionsprozesses auch hinsichtlich der gesellschaftlichen Verhältnisse in Betracht gezogen, also auf die herrschaftsanalytische Dimension der projektiven Integration rückverwiesen, so lässt sich konstatieren: Die Projektion erfolgt nicht von einer sozialen Gruppe auf eine andere, sondern von beiden Gruppen aus auf ein imaginäres Bild. Das Problem, dass Menschen mit Bildern identifiziert werden oder sich selbst identifizieren, für diese einstehen müssen oder sich mühsam an ihnen abarbeiten, ist damit allerdings nicht aus der Welt. Wie problematisch oder bedrohlich dies ist, wenn es sich hierbei um ein negativ besetztes Stereotyp oder Klischee handelt, wird in Studien zu Rassismus, Antisemitismus sowie Homo- und Transphobie hervorgehoben, die auf die – nicht selten tödliche – Verletzungsmacht physischer, psychischer und symbolischer Gewalt verweisen (vgl. Hale 1998; Butler 1998a; Rommelspacher 2002; Liebsch 2007; Schaffer 2008). Die zunehmende Bedeutung projektiver Integration ändert nichts daran, dass es soziale Anerkennung verspricht, einem sozio-kulturell attraktiven Bild gerecht zu werden – oder die Verkörperung negativer Klischees an andere zu delegieren (vgl. Schaffer 2008). Dennoch erscheint es mir ein Gewinn, dass im Prozess der projektiven Integration die Bildhaftigkeit und die mediale Vermitteltheit von Subjektivität und sozialen Existenzweisen hervorgehoben werden und ein Abstand produziert wird, der möglicherweise eine ungebrochene Identifizierung mit dem Bild verhindert und die damit verbundene normative Forderung bzw. die Legitimation von Hierarchien und Ausschlüssen erschwert. Insofern herausgestellt wird, dass die Projektion ein Bild ist (medial oder virtuell, jedenfalls nicht authentisch), können Projektionen auf das Bild, also die Form, in der es mit Bedeutungen, Phantasien und Affekten aufgeladen wird, zum Ansatzpunkt für Veränderungen oder Anfechtungen werden. Dies ist der Moment, an dem queere kulturelle Politiken ansetzen. Ihre Wirksamkeit hängt davon ab, ob es gelingt, hegemoniale Prozesse der Bildproduktion anzufechten und vorherrschende kulturelle Politiken herauszufordern.

Differenz – gestaltet, gestaltbar und medial

So projektive Integration einen wertschätzenden Umgang mit Differenz unterstützt, bedeutet dies, dass Differenzen nicht abgewehrt, sondern im Gegenteil als Ressource oder kulturelles Kapital aufgewertet werden. Wird hierbei in Betracht gezogen, dass bzw. wie Differenzen durch Bilder vermittelt sind, so erklärt sich, dass Differenz im Kontext projektiver Integration nicht essentialisiert wird, sondern als gestaltet und gestaltbar erscheint. Sie gilt entweder als Produkt individueller Praxis oder als Ausdruck komplexer sozialer Subjektivierungsweisen – beides Tendenzen, die sich beispielsweise bezogen auf Geschlecht darin ausdrücken, dass es mittlerweile zum guten Ton gehört, körperliche Charakteristika und Fähigkeiten mittels Sport, Hygiene, Ernährung, Mode, plastischer Chirurgie und chemischer Substanzen vom Geschlechtshormon bis zum Potenzmittel zu gestalten und zu verändern. So beantwortet sich für viele Kinder, Jugendliche und Erwachsene auch die Frage, ob sie lesbisch, schwul, bi- oder heterosexuell leben oder welches geschlechtliche Selbstverständnis sie ausbilden, heute nicht mehr einfach im Rekurs auf Naturgegebenheiten, sondern wird als Herausforderung zu Selbstinszenierungen und zur Entscheidung für soziale Kontexte und Szenen verstanden – ohne dass diesen lebenslange Bedeutung zugesprochen würde.[11] Aus konstruktivistischer Perspektive, die sich im Alltagsverständnis als Überzeugung von der Gestaltetheit und Gestaltbarkeit der eigenen Selbst- und Lebensverhältnisse ausdrückt, verliert die schicksalhafte Gebundenheit an eine womöglich naturalisierte Differenz, sei es des Geschlechts, der Rasse

11 Vgl. Halberstam (1998; 2005), Sigusch (2005), Hartmann et al. (2007), Coffey et al. (2008). Insbesondere in Jugendkontexten findet sich heute auch das Begriffskürzel *lgbtiq*, wobei ›q‹ für questioning steht, für diejenigen, die Identitätszuweisungen und Identifizierungen als fragliche Angelegenheit verstehen.

oder des sexuellen Begehrens, an Bedeutung. Entsprechend erscheint es auch zunehmend weniger nötig, dass sich die Einzelnen an einer stabilen, gesetzesgleichen Norm ausrichten, das heißt sich anpassen oder den Status der Normabweichung identifikatorisch übernehmen oder inkorporieren. Vielmehr gilt es Selbsttechnologien zu erlernen, die es erlauben, sich die gesellschaftlichen Angebote der Normalisierung kulturell konstruierter Differenzen zu eigen zu machen. Diese ›Angebote‹ werden maßgeblich durch öffentlich verfügbare Bilder vermittelt, sei es in den Medien, der Werbung, der Kunst oder in Publikationen von Institutionen, Organisationen oder Firmen.

Projektive Integration entwickelt sich als Alternative zu assimilatorischen ebenso wie toleranzpluralistischen Modellen der Integration, die die ›Normalität‹ der Mehrheitsgesellschaft unangefochten lassen, weil eine klare Unterscheidung von Selbst und Anderen es ermöglicht, das ›Problem‹ auf Seiten der Differenz anzusiedeln und den ›Anderen‹ abzuverlangen, sich an- oder einzupassen. Im Unterschied dazu wird die Integrationsanforderung im Prozess der projektiven Integration nicht einseitig an Minorisierte delegiert. Subjekte werden von unterschiedlichen sozialen Positionen aus auf unterschiedliche Weise angerufen, so dass der Prozess, wenn nicht als gleichberechtigter, so doch zumindest als beid- bzw. mehrseitiger erscheint. Minorisierte wie auch dominanzgesellschaftliche Positionen investieren in Differenz, die auf je unterschiedliche Weise affektiv aufgeladen wird, in jedem Falle jedoch ›Versprechen‹ birgt. Differenz ist nicht länger das, was abgewehrt oder eingehegt werden muss, wenn auch der Begriff der Projektion sehr wohl eine Distanz markiert, die auf den Bildstatus des Projizierten verweist. Im Idealfall verliert eine advokatorische Haltung ihre Grundlage, so majoritäre Subjekte ihre Selbstgewissheit einbüßen und bereit sind, Differenz und Alterität im Selbst anzutreffen (vgl. Phelan 2001; Butler 2004b).

Mit dem Verweis auf die Mehrseitigkeit soll nicht gesagt sein, dass zwischen den verschiedenen sozialen Positionierungen eine horizontale Anordnung zu verzeichnen sei. Die suggerierte Symmetrie des psycho-sozialen Mechanismus bildet nichtsdestotrotz Hierarchien aus. Dass alle gleichermaßen ›angerufen‹ sind, heißt nicht, dass ihnen nicht unterschiedliche, hierarchisierte Subjektpositionen und soziale Funktionen nahegelegt werden. Sehr wohl können von den jeweiligen sozialen Positionierungen bestimmte Selbsttechnologien leichter oder weniger leicht aufgegriffen werden, was wiederum bedeutet, dass ungleiche Ressourcen zur Verfügung stehen, um den sozialen Anrufungen nachzukommen. Kritisch wäre zu fragen, ob bzw. für wen sich das Involviertsein in den Prozess projektiver Integration letztlich in privilegiertes Delegieren übersetzt.[12] Kann es sein, dass zwar für alle Beteiligten das mögliche Selbst eine entlastende Phantasie darstellt, dass aber diejenigen, die für sich den Status des majoritären Subjekts reklamieren, darauf verzichten können, Phantasien und soziale Praxen ñ in ihrer potentiellen Widersprüchlichkeit ñ miteinander zu vermitteln? Damit wäre zwar kein advokatorisches Verhältnis installiert, aber die Aktivitätsnotwendigkeit könnte wiederum an andere abgetreten werden. Die Frage ist: Für wen ist es möglich, Selbstzweifel und begrenzte Fähigkeiten an andere zu delegieren, die dann die neoliberale Flexibilisierung, die Vereinbarkeit von Individualisierung und sorgender Verantwortung, von Kreativität und Effizienz, von Differenz und Gemeinschaft zu demonstrieren haben?

Kien Nghi Ha (2005) entwickelt diesen Gedanken für den Kontext der Migrationspolitik, indem er zeigt, wie Differenzen, die nach dem Modell der Hybridität entworfen sind, in spätkapitalistischen Gesellschaften gefeiert und forciert werden, weil sie für deren politische und ökonomische Modernisierung nutzbar sind. Auch für Migrant_innen und ethnisierte Personen stehen im Mainstream anti-essentialistische Identitätsmodelle zu Verfügung. Ha zeigt auf, wie dadurch die paradoxe Situation entsteht, dass rassistische Hierarchie- und Ausbeutungsrelationen (z.B. ein segregierter Arbeitsmarkt oder differenzierte Aufenthaltstitel) mittels progressiven Differenzmodellen durchgesetzt werden. Unter dem Titel *Hype um Hybridität* diagnostiziert er die neuen Formen der Integration als eine zweischneidige »Entwicklung vom statischen Multikulturalismus zur hybriden Kulturdynamik« (ebd.: 32). Einerseits gelte es anzuerkennen, dass sehr wohl eine strukturelle Differenz zwischen einem prinzipiell offenen, unabschließbaren Hybridansatz und einem geschlossenen, normativen, wenngleich unerreichbaren Reinheitsgebot bestehe (47). Andererseits sei durchaus Skepsis angebracht gegenüber einem verbreiteten Diskurs, der Hybridität als Hoffnungsträger des technisch-zivilisatorischen und politischen Fortschritts feiert. Historische wie aktuelle Beispiele zeigen, dass kulturdekonstruktivistische und biologistisch-essentialistische Diskurse durchaus gleichzeitig auftreten können, ja der erste zum Kaschieren des zweiten eingesetzt werde (34).

Ich knüpfe an diese kritische Zeitdiagnostik an und schlage vor, projektive Integration als eine spezifisch spätmoderne Form der Integration zu verstehen. Sie kann als neoliberal bezeichnet werden, inso-

---

12 Vgl. Savigliano (1995), El-Tayeb (2003), Caixeta (2003), Castro Varela/Dhawan (2006), Lorey (2007a), Erel et al. (2007).

fern Integration gezielt als Ressourcennutzung und Bewältigung gesellschaftlicher Widersprüche eingesetzt wird. Wichtig erscheint mir, dass sie assimilatorische oder toleranzpluralistisch-multikulturelle Formen nicht ersetzt, sondern ergänzt, bzw. mit ihnen zwar nicht harmonisch, aber doch zeitgleich in diversen sozialen und gesellschaftlichen Kontexten auftritt. Zu unterscheiden ist, ob Integrationsprozesse an einer strikten Normativität (Standard/Abweichung; über-/untergeordnetes Wertesystem) ausgerichtet sind oder an flexiblen Normalisierungen, die ein Kontinuum (hierarchisierter) sozialer Positionen ausbilden (vgl. Engel 2002: 72ff.). Während Assimilation und Multikulturalismus die Norm stabilisieren, indem sie sich an ihr ausrichten oder klar definierte Nischen der Differenz bereitstellen, pluralisiert projektive Integration die Norm selbst. Mittels Normalisierungsprozessen wird Differenz in die Norm integriert, so dass Bilder hybrider, flexibler und ambivalenter Identitäten entstehen, die als Inbegriff erfolgreicher, kreativer Individualität projektiv aufgeladen werden. Sie sind deshalb attraktiv, weil sie Differenz als Besonderheit, aber eben nicht als das ganz Andere inszenieren.

Die Hegemonie der Diversität

Auch mittels projektiver Integration bilden sich also Hierarchien aus und werden gesellschaftliche Differenzierungen installiert. Erfolgt dies jedoch als komplexe Normalisierung, die durch diverse Faktoren (gleichzeitig, aber womöglich gegenläufig) hierarchisierte Positionen hervorbringt, liegt der entscheidende Herrschaftsmechanismus womöglich darin, unterschiedliche Versionen des möglichen Selbst und widerstreitende Bilder zusammenspielen zu lassen: Wenn es gelingt, diese Komplexität als Versprechen der Vermittelbarkeit oder Befriedung paradoxer Anforderungen erscheinen zu lassen, kann sich genau ob dieser Funktion ein neuer hegemonialer Konsens herausbilden. Indem nicht länger ein Regime definitiver Normen, sondern flexible Normalisierung die Individuen anleitet, sich einer sozial anerkannten Existenzweise zu unterwerfen, kann die Integration all derjenigen forciert werden, die sich dem privatisierten Leistungsindividualismus verschreiben und den neuen Formen sozialer Differenzierung und Hierarchisierung, die sich gemäß individualisierten Kriterien wie Bildung, Gesundheit, Flexibilität etc. ausbilden, zustimmen. Damit erscheint die projektive Integration ausgesprochen passend für einen sozio-ökonomischen Kontext, der sich dadurch auszeichnet, dass der Abbau sozialer Sicherungssysteme die Einzelnen in privatisierte Verantwortung unter prekären

Bedingungen treibt, die als Freiheit und Flexibilität decodiert werden sollen. Dass Lesben und Schwule in diesem Kontext gefeierte Subjektivitäten darstellen, resultiert somit nicht so sehr aus der Tatsache, dass sie als bereitwillige Konsument_innen oder als ästhetisch-kulturelle Stilbildner_innen fungieren, sondern dass sie zu Bildträger_innen neoliberaler Vorstellungen werden. Sie gelten als Verkörperung einer privaten Lösung für ein sozio-ökonomisch bewirktes Problem. Als solche erscheinen sie als Vorbilder der Anpassung an die Herausforderungen neoliberaler Transformation – nicht etwa aufgrund ihrer sozialen Differenz, sondern weil sie vorgeblich wissen, wie Differenz zu managen und in kulturelles Kapital zu übersetzen ist.

Was die Ausbildung der Allianzen und insbesondere das dafür notwendige Überbrücken von Widersprüchen und Paradoxien betrifft, kommt Bildpolitiken entscheidende Bedeutung zu. Gundula Ludwig (2006; 2007) hebt unter Bezugnahme auf Antonio Gramsci hervor, dass Hegemoniebildung darauf beruhe, den ›Alltagsverstand‹ der Menschen zu durchdringen, also Zustimmung auf einer Ebene herzustellen, die sich auf Selbstverständlichkeit, Normalität und Natürlichkeit beruft. Dieser Alltagsverstand ist in spätmodernen Gesellschaften zunehmend dadurch bestimmt, das die Gestaltetheit und Gestaltbarkeit von Differenzen hervorgehoben und Ambivalenz und Hybridität als kulturelles Kapital gefeiert werden. Wenn Ludwig die Bedeutung von Erziehung und Sozialisation für die Hegemoniebildung betont, schreibt sie diesbezüglich vor allem staatlichen Institutionen und Praxen ein hohes Gewicht zu. Ich hingegen würde vorschlagen, eine relative Autonomie von Medien, Werbung, Religion, Sub- und Jugendkultur, Kunst, Wissenschaft oder den Einfluss privater, gegenöffentlicher oder anarchistischer Äußerungen anzuerkennen. Damit stellten Hegemoniebildungsprozesse nicht unbedingt eine Vereinheitlichung des Alltagsverstandes dar, sondern zielten speziell darauf ab, dass in spätmodernen Gesellschaften heterogene Perspektiven ineinanderwirken.

Der hegemoniale Konsens könnte in diesem Sinne sowohl die zuvor besprochene Werbeanzeige aus einem *lgbt*-Szene-Magazin als auch die Annäherungsversuche konservativer Kräfte an homosexuelle Lebensstile integrieren, ohne sie gleichzuschalten. Eine Allianz ist nur da sinnvoll, wo unterschiedliche Positionen aufeinandertreffen. So erscheint es mir signifikant, dass die genannte Werbung trotz aller desexualisierten Harmlosigkeit mit einer deutlichen schwulen Ikonographie spielt. Hingegen arbeiten staatlich geförderte (visuelle) Repräsentationen bevorzugt mit der Figur der ›Gleichgeschlechtlichkeit‹ zur Kennzeichnung lesbischer und schwuler Begehrensrelationen. Typisch für diesen Verzicht auf sexuelle Konnotationen erscheinen mir beispielsweise die

Bildpolitiken der Referate für ›gleichgeschlechtliche Lebensweisen‹ der Städte Berlin und München. Deren Websites präsentieren strukturell sehr ähnlich aufgebaute Fotos, die auch aus anderen öffentlichen Kontexten vertraut sind und ob dieser Vertrautheit bereits den Status einer Ikone angenommen haben.

In diesem Zusammenhang möchte ich noch einmal auf die bereits

Foto: Monika Eberle, 2006. Screenshot der Web-site der Koordinierungsstelle für gleichgeschlechtliche Lebensweisen der Stadt München

Foto: Barbara Dietl, 2007. Website des Fachbereichs für gleichgeschlechtliche Lebensweisen der Senatsverwaltung Berlin

erwähnte Website des MGFFI Nordrhein-Westfalen zurückkommen, da dort die eingespielte Ikonographie auf interessante Weise aufgegriffen und verschoben wird. Es findet sich eine visuelle Politik, die Diversity und Integration in ihren verschiedenen Dimensionen verschaltet, zu diesem Zwecke allerdings ebenfalls auf Desexualisierung setzt. Das Themenfeld ›Integration‹, das auf der Website Fragen rund um Migration behandelt, wird – ganz im Sinne dieser Diversity-Philosophie – durch folgendes Foto repräsentiert:

Die Rubrik ›gleichgeschlechtliche Lebensweisen‹ verfügt über keine eigene visuelle Repräsentation und versteckt sich unter der Überschrift ›Familie‹, die durch das Foto einer weißen, heterosexuellen Kleinfamilie illustriert ist. Hingegen präsentiert sich ›Integration‹ bereits auf der

Foto: Unbekannt. Screenshot der Website des MGFFI des Landes Nordrhein-Westfalen

Index-Seite des Ministeriums als zärtliche, vertraute Begegnung einer schwarzen und einer weißen Frau. Die beiden liegen entspannt auf dem Boden – im Hintergrund ist vage ein flauschiger Teppich zu identifizieren –, der Kopf der einen ist zwischen Schulter und Nacken der anderen gebettet. Dadurch können sie einander zwar nicht anschauen, doch das strahlende Lachen und der Blick der schwarzen Frau, der der Betrachter_in zugewandt ist, signalisieren eine glückliche und entspannte Situation zwischen beiden. Die Szene ist frei von sexuellen Konnotationen, aber eröffnet doch für diejenigen, die dies sehen wollen, die Assoziation eines lesbischen Paares. Zugleich lassen sich jedoch auch Lesarten begründen, die ein harmonisches Miteinander schwarzer und weißer Menschen oder unterschiedlicher Migrationsherkünfte dargestellt sehen.

Mir erscheint die Bildpolitik des NRW-Ministeriums in zweierlei Hinsicht bemerkenswert. Zum einen wird sehr virtuos mit dem leitkulturellen Integrationsparadigma gespielt, das die Integrationsfähigkeit einer migrantischen Bevölkerungsgruppe an einem sogenannten emanzipatorischen Frauenbild und einer sogenannten Toleranz gegenüber Homosexualität misst. Zugleich wird jede diesbezügliche Provokation (z.B. eine sexualisierte Darstellung einander zärtlich verbundener Männer), jedes Aufrufen umstrittener Stereotype (z.B. das Kopftuch-Mädchen) und jeder Hinweis auf rassistische, sexistische oder homophobe Gewalt vermieden. Zum anderen wird jedoch Raum dafür geschaffen, dass die Website auf Text-Ebene unter der Rubrik ›gleichgeschlechtliche Lebensweisen‹ nahezu ausschließlich mit homophober Diskriminierung und Gewalt bzw. den Schutz- und Beratungsangeboten, die NRW zu bieten hat, operiert. Dieser Fokus könnte unmöglich durch das oben gezeigte Foto illustriert werden. Dennoch kann es gegebenenfalls als ›Beweis‹ einer anerkennenden Repräsentation lesbischer Lebensweisen angeführt werden und nimmt diesbezüglich auch einen prominenten Platz auf der Website ein. Auf diese Weise wird der Web-Auftritt mehreren Funktionen gleichzeitig gerecht: Während es möglich ist, unter der Überschrift ›Diversity, Toleranz und Integration‹ Texte und Bilder zu zeigen, die geeignet sind, eine leitkulturelle ›Einheit in der Vielheit‹ zu umreißen und zu einer Allianz all derjenigen einzuladen, die sich zu Humanismus und Menschenrechten bekennen und Gewalt ablehnen, kann doch zugleich vermieden werden, lgbti-Lebensformen als gleichwertige Alternativen zur heteronormativen Familie oder als positive Optionen darzustellen.[13] Darüber hinaus werden unterschiedliche Communities gleichzeitig angerufen, ohne sie gegeneinander auszuspielen oder in Konkurrenz zu schicken. Vielmehr kann die Anrufung als Versuch verstanden werden, minorisierte Communities auf ein spätmodern-neoliberales Differenzverständnis einzuschwören.

Die multifunktionale Komplexität scheint mir dadurch möglich, dass die Website des MGFFI eher an einem Diversity-Modell orientiert ist, das Differenzen als kulturelles Kapital nutzbar zu machen trachtet, als an einem multikulturellen Nischenmodell. Im Falle der Werbeanzeige mit den puschelnden Schwulen hatte ich argumentiert, dass diese ein ›abgefedertes Investitionsrisiko‹ signifiziert, insofern sowohl Homos eingeladen werden, sich an den Praxen familiärer Häuslichkeit zu beteiligen und damit integrationsfähig zu werden, als auch Heteros die Unangefochtenheit ihres Lebensmodells bestätigt finden, während zugleich dessen Erweiterung durch gewagte, kreative, individualisierende Praxen propagiert wird. Auch das Foto der Ministeriumswebsite bestätigt die Überschrift ›abgefedertes Investitionsrisiko‹, insofern verschiedenste Communities eingeladen werden, das Bild affektiv zu besetzen, ohne dass eine bedrohliche Differenz zu bewältigen wäre.

13 Ähnlich erscheint unter der Rubrik Integration eine migrantische Lebensweise überwiegend als Problem oder als ungenutztes Potential, nicht jedoch als Modell oder als erwägenswerte Perspektive für eine imaginäre Mehrheitsgesellschaft.

In ähnlicher Weise forciert die Anzeige durch ihre Textbotschaft die Normen von Paarbeziehung, Häuslichkeit, Besitz und hegt eine potentielle Bedrohlichkeit des Differenten sorgfältig ein. Sie verweist stärker als das ›private‹ und ›intime‹ Bild des Frauenpaares auf die gesellschaftlichen Kontexte, die eine – in diesem Falle sehr deutlich sozio-ökonomisch markierte – Integration ermöglichen: die Verfügbarkeit von Immobilienkrediten, die Förderung von Hauseigentum, eine paarorientierte Bevölkerungspolitik. Ohne Weiteres kann die Anrufung von Paul & Patrick sowie deren antizipiertes Handeln als Teil der Durchsetzung neoliberaler Herrschaft decodiert werden, die auf individualisierter, privatisierter Verantwortung für soziale Reproduktion beruht. Ganz in diesem Sinne leistet die Website des MGFFI ein klares ›Bekenntnis‹ zur Orientierung ihrer staatlichen Politik an den Grundsätzen neoliberaler Ökonomie, verweist allerdings auch darauf, dass ein hoher Aufwand betrieben werden muss, um das Diversity-Programm mit einer familienpolitischen und humanistisch-aufklärerischen Wertorientierung zu vermitteln.

Beide Beispiele machen meiner Ansicht nach überzeugend deutlich, dass queere, lobby-politische, ökonomische und staatliche Vorstellungsbilder und Diskurse nicht sauber voneinander getrennt, sondern integral verwoben sind. In diesem Sinne lässt sich nicht ohne Weiteres sagen, dass eine bestimmte diskursive Formation, sei es die Häuslichkeits- und Familienideologie, das neue Nationalbewusstsein oder die Diversity-Politik, den Diskurs dominiert, oder auch nur, für welche_ Betrachter_in welcher dieser Diskurse in den Vordergrund tritt, subtil bleibt oder keinerlei Relevanz gewinnt. Genau diese Vieldeutigkeit ist es, die die Voraussetzung dafür schafft, dass sich ein neuer hegemonialer Konsens ausbilden kann, in dem die binären Unterscheidungen hetero/homo, herkunftsdeutsch/migrantisch, weiß/schwarz, leistungsoptimiert/anders befähigt keine alles bestimmende Rolle mehr spielen. Dieser in sich heterogene Konsens kann herrschaftsanalytisch als Verfestigung der neoliberalen Ordnung verstanden werden. Er kann aber auch machtanalytisch als eine prekäre Allianz interpretiert werden, die auf Versprechen beruht, die sich beweisen müssen – so dass hegemonialer Konsens in einer Dynamik von Macht und Widerstand prinzipiell offen und veränderlich bleibt. Wie diese Offenheit durch queere kulturelle Politiken produktiv gemacht werden kann, möchte ich im Folgenden andeuten, indem ich dem Konzept der projektiven Integration Elspeth Probyns *Outside Belongings* (1996) sowie María do Mar Castro Varelas *Unzeitgemäße Utopien* (2007) zur Seite stelle.

Heterotopia: Integration oder *outside belongings*

Eingesetzt als ein macht- und herrschaftsanalytischer Begriff dient projektive Integration dazu, einen spezifischen Umgang mit sozialen Differenzen unter spätmodernen, neoliberalen Bedingungen zu beschreiben und zu zeigen, wie hiermit die Herausbildung eines neuen hegemonialen Konsenses befördert wird. Dies beruht auf einem Normalisierungsprozess, der Differenzen wertschätzt und integriert, jedoch Dissens und Widersprüche relativiert, insofern diese im Format reizvoller Ambiguitäten oder schicksalhafter Paradoxien präsentiert werden. Um die Momente der Anerkennung und Wertschätzung von Differenz nicht zu verwerfen, sie jedoch auch nicht unmittelbar mit der Zustimmung zu neoliberalen Transformationen des Gesellschaftlichen zu verbinden, ist es notwendig, einen weiteren Begriff einzuführen, der es erlaubt, die projektive Integration kritisch zu wenden. Diesbezüglich möchte ich Elspeth Probyns Konzept *outside belongings* vorschlagen. Die beiden Begriffe sind nicht als einander ausschließende Alternativen zu verstehen, sondern als Perspektivverschiebungen, die ein theoretisch-politisches Spannungsfeld eröffnen, in dem sich politische Praxen – im Sinne von Entscheidungen unter Bedingungen der Unentscheidbarkeit – entwickeln können.

Outside Belongings ist der Titel eines Buches, mit dem Elspeth Probyn (1996) ›Begehren als Bewegung‹ beschreibt; Bewegung, die nicht aus der Tiefe eines Subjekts entspringt und auf ein Objekt gerichtet ist, sondern Produktivität entfaltet, indem sie Verbindungslinien und Begegnungen auf den ›Oberflächen des Sozialen‹ schafft. Damit entkoppelt Probyn Begehren von der psychoanalytisch gespeisten Vorstellung, dass es im Mangel begründet sei und Identitäten stifte, die diesen Mangel in heterosexualisierten Paarkonstellationen oder kapitalistischen Konsumpraxen zu bewältigen trachten, indem sie sich Objekte aneignen. Wenn sie stattdessen den Blick auf die vielfältigen, durchaus widersprüchlichen Verbindungen und Bewegungen lenkt, die sich im Sozialen konkret entfalten, eröffnet Probyn Auswege aus den Vorgaben normativer Heterosexualität und rigider Zweigeschlechtlichkeit. Diese Auswege entstehen dadurch, dass sich Begehren in Bildern bewegt. Persönliche und kulturelle Bilder sind für Probyn die ›Transportmittel‹, mittels deren Begehren semiotisch-materielle Effekte produziert: »images as effecting and affecting movement« (ebd.: 59).

Die Bilder der projektiven Integration – mittels deren es gelingt, ein mögliches Selbst zu kreieren, sich ins Verhältnis zur Differenz zu setzen und Allianzen zu bilden – können also mit Probyn als Bilder verstanden werden, in denen sich Begehren bewegt und diese Bewegungen soziale Verhältnisse konstellieren und rekonstellieren. Damit entsteht ein neuer Fragehorizont, der sich dafür interessiert, wohin sich diese Begehren bewegen, welche ›Fluchtlinien‹ sie ausbilden (mit welchem Ausgangspunkt, welcher Richtung, welcher Intensität) und ob sich hierbei ein queering verzeichnen lässt – nicht, weil die Bilder als solche queer wären, sondern weil sie unerwartete Verbindungen stiften, die normative Erwartungen und eingespielte Hierarchien unterlaufen:

»images [...] work not in relation to any supposed point of authenticity, but in their transversal movement, in the ways they set up relations of desire. [...] To be absolutely clear about it, the image is queer not in and of itself but in relation to other images and bodies [...] causing changed relations of proximity.« (60)

Dies bedeutet für Probyn eine Auseinandersetzung mit gesellschaftlichen Macht- und Herrschaftsverhältnissen. Die durch Begehren bewegten Bilder verbinden individuelle, soziale, physische und virtuelle Körper miteinander. Hierbei werden gesellschaftliche Machtkonstellationen aufgegriffen, verstärkt oder auch verschoben. Probyn erklärt dies einerseits mit Foucault, insofern sie Begehren als Effekt soziohistorischer Machtverhältnisse fasst: »this is to render desire entirely social, as lubricating lines of governance and power, and those of subjectivation« (45). Doch andererseits beharrt sie darauf, dass Begehren nicht darin aufgeht, Effekt zu sein und Produktivität allein gemäß den vorherrschenden Machtrelationen zu entfalten. Vielmehr schlägt sie unter Bezugnahme auf Gilles Deleuze and Felíx Guattari vor, Begehren als Kraft zu verstehen, die innerhalb von Machtverhältnissen wirksam wird, die eingespielte kulturelle ›Verkettungen‹ von Objekten und Bedeutungen aufbrechen, also ›deterritorialisieren‹ kann, aber auch zur erneuten Ausformung verfestigter Konstellationen beitragen, also ›Reterritorialisierungen‹ bewirken kann.

Bilder und Begehren sind für Probyn immer einzigartig (Singularitäten), bewegen sich aber innerhalb und durch die spezifischen Machtkategorien, die einen geo-historischen Kontext ausmachen (Spezifitäten) (vgl. 22ff.). So umreißt Probyn Gesellschaft als Gefüge ›relationaler Singularitäten‹. Diese entstehen nicht jenseits dominanter Macht- und Herrschaftskategorien, sind diesen jedoch nicht ausgeliefert, sondern modifizieren sie, indem sie sie singulär ausleben:

»[T]he movement from specificity to singularity can be understood as processes that render the virtual actual – the way in which the general becomes realized by individuals as singular. [...] While there have been times when the imperatives of the category meant that individuals became subsumed under the rules of the identity category to which they wished to belong, it seems now that specificities of those identities may offer alternative modes of individuation that spill over the boundaries of the category.« (22f.)

Bezüglich des Umgangs mit Macht- und Hegemoniebildungsprozessen schlägt Probyn mit ihrer Rede von den *outside belongings* somit ein Konzept vor, das die Harmonisierungsbewegung umgeht, die die projektive Integration mit ihren Allianzbildungen vollzieht. Es erlaubt zu problematisieren, wo sich Differenzen zu differentiellen Hierarchien verfestigen. *Outside Belongings* versteht soziale Zugehörigkeiten (*belongings*) als Konstellationen des Sozialen, die ein *outside* im Sinne einer Oberfläche (nicht eines Außerhalb) herausbilden, in dem das Begehren nach Zugehörigkeiten (*longing for belongings*) einen Raum findet, ohne an Identitäten oder Besitztümer (*belongings*) gebunden zu sein (vgl. 6f.). Der Integrationsbegriff der projektiven Integration wird damit von der Innen/Außen-Dichotomie gelöst, wie dies durch den Begriff der Projektion bereits angedeutet war, und in eine permanente Bewegung versetzt, die von allen möglichen Formen des Begehrens angetrieben sein kann. Integration geht damit nicht länger mit dem Versprechen einher, irgendwann im ›Innen‹ der hegemonialen sozialen Ordnung anzukommen und eine verlässliche Identität ausgebildet zu haben. Wohl aber können anhand der Bilder, in denen sich Begehren bewegt und die von Begehren bewegt sind, Deterritorialisierungs- und Reterritorialisierungsprozesse aufgezeigt werden bzw. können Bilder dazu beitragen, Macht- und Herrschaftskonstellationen in Bewegung zu versetzen.

»Again against a certain logic of identity which proceeds through division and designation, ultimately producing polarization, the concept of heterotopia provides an analytic space in which to consider forms of belonging outside of the divisiveness of categories.« (Ebd.: 10)

Hier verschaltet Probyn *outside belongings* mit Michel Foucaults Begriff der Heterotopie. Dieser bezeichnet Un-Orte innerhalb der gesellschaftlichen Raumordnungen, in denen deren Regeln unterlaufen werden; doch bestehen diese Un-Orte, weil sie durch dynamische Kräfteverhältnisse mit dem Umraum vielfältig verwoben sind. Insofern Heterotopien also sehr wohl sozial existieren, schlägt María do Mar Castro Varela vor, sie als ›verwirklichte Utopien‹ zu verstehen. In ihrem Buch *Unzeitgemäße Utopien* (2007) nutzt sie den Begriff Heterotopie, um benennen zu können, wie Migrantinnen unter Bedingungen des strukturellen und sozialen Rassismus, die ihren Status als politische

Subjekte untergraben, dennoch politische Handlungsmächtigkeit entwickeln – und welch entscheidende Bedeutung utopisches Denken und das Reklamieren heterotopischer Räume diesbezüglich hat. Während Probyn für das Geflecht von Kräften, in denen jeder Punkt zugleich singulär ist als auch in Relation zu allen anderen Punkten steht, den Begriff Oberfläche (*surface*) verwendet (vgl. Probyn 1996: 11), schreibt Castro Varela, entsprechend dem Titel des Aufsatzes, in dem Foucault seine Überlegungen zu den Heterotopien entwickelt, von »Andere[n] Räume[n]« (Castro Varela 2007: 57f.; vgl. Foucault 1991). Diese dreidimensionale Konzeption der Heterotopie erscheint mir insofern interessant, als sie es ermöglicht, nicht nur horizontale, sondern auch vertikale Anordnungen, also Hierarchien, zu thematisieren.[14] Wobei Probyns Strategie allerdings genau darin besteht zu zeigen, dass das, was traditionellerweise als hierarchische Formation gefasst wurde (z.B. rassisierte oder Geschlechter-Verhältnisse), in horizontale Machtrelationen übersetzt werden kann. Damit wird es möglich, und hierin treffen sich Probyn und Castro Varela, *outside belongings* oder Heterotopien als etwas zu verstehen, was im Inneren bestehender Verhältnisse wirksam wird, ohne deshalb an dessen Regeln ausgerichtet zu sein: »Es ist ihr Vermögen, Unmögliches zusammenzubringen, zu verbinden, in Austausch zu bringen, was sie gegenüber Homotopien auszeichnet.« (Castro Varela 2007: 59). Worauf ich hinaus will, ist die Möglichkeit, projektive Integration auch als einen Prozess der Heterotopieproduktion zu verstehen, so dass nicht von vornherein klar ist, ob die Integration womöglich ins *outside belongings* mündet und *outside belongings* die Hierarchien und Hegemonien der Homotopie unterlaufen.

Mit diesem Hinweis auf widerständige oder queerende Potentiale, die eine Ambiguität der projektiven Integration auszubeuten trachten, möchte ich Bewegungen des Begehrens einladen, in den folgenden Kapiteln Heteronormatives zu denormalisieren und aus der Allianzbildung auszuscheren. Wie lassen sich anhand von Bildern oder Bild-

---

14 Castro Varela (2007) macht am Ende ihres Buches einen Vorschlag, wie dies ohne Rückgriff auf soziale Identitätskategorien und verallgemeinernde Gruppenbildungen möglich ist. Und zwar, indem ›Verletzlichkeitsstrukturen‹ aufgezeigt werden, die das Sprechen und Handeln von unterschiedlichen sozialen Positionen aus mit einem komplexen Geflecht unterschiedlicher, teilweise gegenläufiger Risiken oder Widerstandspotentiale ausstattet, ohne dass damit die Subjekte (z.B. als Privilegienträger_innen oder Opfer) markiert werden müssten: Sie handeln unter unterschiedlichen Bedingungen der Verletzlichkeit, aber das macht die Verletzungsstrukturen nicht zu Identitätsmerkmalen (vgl. ebd.: 261ff.).

lektüren Alternativen zum ›abgefederten Investitionsrisiko‹ formulieren? *Outside belongings*, die abenteuerlustig sind, ohne das Risiko zu verherrlichen? Die der Investition frönen, aber den Profit verweigern? Die die Prekaritäten abfedern, jedoch Singularitäten und Differenzen hofieren?

Dieses Kapitel hat den Prozess der projektiven Integration als eine typisch spätmoderne Form des gesellschaftlichen Umgangs mit Differenzen präsentiert, der sich besonders gut mit den Anforderungen neoliberaler Regierung und ökonomischer Diskurse verbindet. Assimilatorische, toleranzpluralistische und multikulturelle Formen gesellschaftlicher Integration werden nicht ersetzt, sondern ergänzt – wobei dies allerdings gewisse Spannungen provoziert. Insofern sich projektive Integration dadurch auszeichnet, dass sie Differenz nicht als das ganz Andere der Identität fasst und die klare Grenzziehung zwischen Selbst und Anderem auflöst, wird die Verlässlichkeit des hegemonialen normativen Horizonts, auf den sich Assimilation und Multikulturalismus berufen, fragwürdig und die Norm selbst der Vervielfältigung ausgesetzt. In diesem Sinne erscheint mir der Begriff der projektiven Integration nicht einzig zur Herrschaftsanalyse brauchbar, sondern kann als Teil einer ›Analytik der Gegenwart‹ (Foucault) auch zum Anlass kultureller Politiken werden, die auf gesellschaftliche Umgestaltung zielen.

Hinsichtlich solch herrschaftskritischer und transformatorischer Perspektive habe ich vorgeschlagen, die projektive Integration mit Elspeth Probyns Konzept des *outside belongings* zu kombinieren – nicht um die beiden Konzepte einander als Alternativen gegenüberzustellen, sondern um die viel versprechenden Aspekte der projektiven Integration aufzugreifen, aber die differentielle Hierarchisierung, die ich als problematischen Effekt dieses Integrationsmodus herausarbeite, anfechtbar zu halten. Der Anspruch, eine kritisch queere Perspektive in den Prozess der projektiven Integration einzuflechten, wird auch die folgenden Kapitel anleiten. Wenn hierbei anhand von Bildlektüren sozio-ökonomische Verhältnisse analysiert und queere kulturelle Politiken entworfen werden, zeigt sich, dass der Begriff der projektiven Integration es erlaubt, sozialwissenschaftliche und kulturwissenschaftliche Ansätze miteinander zu verbinden. Dies ist deshalb möglich, weil der Prozess der projektiven Integration zugleich semiotische, psychisch-imaginäre und soziale Mechanismen bezeichnet, die sich der Bilder bedienen und Bilder produzieren.

2 Verführung in die privatisierte Verantwortung

Mediendarstellungen von ›Homos‹ präsentieren mitnichten einzig das hippe, autonome, allein der Arbeit und dem Konsum verschriebene Subjekt, das als einsamer Held, Manager, Star seinen Erfolgen frönt. Vielmehr finden sich zahlreiche Repräsentationen von schwulen oder lesbischen Paaren, Freundeskreisen oder Familien, die einander umsorgen und nähren, in denen Unterstützung geleistet oder Kompetenzen vermittelt werden. Der neoliberale Diskurs des Sexuellen zeichnet sich, so meine Beobachtung, durch eine paradoxe Verbindung von Unabhängigkeit und Verantwortlichkeit aus. Parallel zu Forderungen nach sexueller Selbstbestimmung werden Ideale der Treue, des *commitment*, der Sorge und Verantwortung in Paar- und Familienkonstellationen aktiviert (vgl. Engel 2005b). Es ist also nicht einfach die Individualisierungsnorm, sondern das Kombinieren von Autonomie und Bindung, das den neoliberalen Zugriff aufs Sexuelle kennzeichnet. Dank der verbreiteten Bereitschaft, Geschlecht und Sexualität als Inbegriffe des Persönlichen vor öffentlichem Zugriff zu schützen, kann über den Bezug aufs Sexuelle das Bekenntnis zur privatisierten Verantwortung in den individuellen Freiheitsdiskurs eingeführt werden. Entsprechend erweist sich auch die verstärkte Offenheit gegenüber sogenannten Homo-Ehen und Regenbogenfamilien als durchaus funktional:

»Im Zuge des neoliberalen Umbaus der Familie zu einer Absicherungsgemeinschaft, an die sich vormals sozialstaatliche Funktionen delegieren lassen, geraten auch homosexuelle Partnerschaften in die Aufmerksamkeit. [...] Die gesellschaftliche Entsolidarisierung ist damit die historische Bedingung für die Anerkennung einzelner nicht-heterosexueller Lebensweisen – nach der Devise: du darfst so leben, wie du bist, wenn du damit erfolgreich bist und selbst dafür die Verantwortung übernimmst.« (Woltersdorff 2004: 146)

Integration vollzieht sich somit in einem sozio-ökonomischen Kontext, der sich dadurch auszeichnet, dass der Abbau sozialer Sicherungssysteme die Einzelnen mit widersprüchlichen Anforderungen von Individualisierung und privatisierten Verantwortungsbezügen beglückt. Das bedeutet einerseits, dass staatlicherseits eine verstärkte Anerkennung und privatwirtschaftlicherseits eine verstärkte Adressierung nonkonformer Lebensweisen zu verzeichnen ist, da diese somit als eigenverantwortliche und ökonomische Akteur_innen angerufen werden können. Andererseits heißt es aber auch, dass den Einzelnen abverlangt ist, in den kulturellen Bildern erkennbar zu werden, die Sichtbarkeit und unter Umständen sogar Anerkennung versprechen. Diesbezüglich soll es in diesem Kapitel darum gehen, inwiefern Repräsentationen von Homosexualität an die Bedingung geknüpft sind, vertraute Vorstellungen von Männlichkeit und Weiblichkeit aufzurufen,[1] um über die Abweichungen von eben diesen sexuelle Nonkonformität oder Dissidenz zu bezeichnen. In diesem Zusammenhang stellt sich auch die Frage, inwiefern Geschlechterambiguität eine Repräsentation um ihrer selbst willen erfährt und auch Transgender-Subjektivitäten öffentlich sichtbar werden können oder ob gender-queere Repräsentationen immer an Sexualitätsbilder rückgebunden werden. Wie können die Polymorphen Eingang ins kulturelle Bildarchiv finden?[2]

---

1 Ich arbeite in den Lektüren dieses Kapitels zwar mit dem Unterstrich, um deutlich zu machen, dass die Kategorien Mann und Frau keine eindeutige Vergeschlechtlichung produzieren, verwende aber teilweise auch die Personenbezeichnungen Mann, Frau, Lesbe, Schwuler sowie die Personalpronomen er und sie, wenn ich die Reproduktion zweigeschlechtlicher Differenz sprachlich hervorheben möchte.

2 »Wie aber minorisierte Öffentlichkeiten beschreiben in den Begriffen einer dominanten Darstellungsgrammatik hegemonialer Öffentlichkeiten, wenn diese Begriffe genau die Instrumente der Abwertung und Minorisierung der minorisierten Öffentlichkeiten sind?« (Schaffer 2008: 117). Diese skeptische Frage beantwortet Johanna Schaffer im Verweis auf zwei künstlerische Strategien, die die Angewiesenheit auf die dominanten Darstellungsformen durch eine Aneignung umwerten, indem sie nämlich die Ehrerbietung, die in der bürgerlichen Porträtphotographie angelegt ist, und die Evidenzproduktion typisierender Photographie zum »Produzieren anerkennender Repräsentationen für Personen in transmännlichen Subjektpositionen« (ebd.: 123) nutzen.

Wer ist im Bilde?

Ein Plakat in einer WG-Küche zeigt die Photographie einer Person weißer Hautfarbe, die mit nacktem Oberkörper an einem Küchenherd steht und wie abwesend in einem Kochtopf rührt.[3] Der Blick ist in die Ferne gerichtet und entschwindet aus dem Bild, der Gesichtsausdruck ist ernst, die Handhaltung befremdlich, so dass das Rühren wie ein Kraftakt und der Kochlöffel wie eine Stichwaffe erscheinen. Im Hintergrund steht ein mit einem Laken verhangenes Regal, ein Besenstiel lugt hervor; in Kombination mit dem altmodischen Gasherd wirkt das Szenario ein wenig schäbig. Das strenge Gesicht mit Oberlippenbart, aber halblangen Haaren irritiert d_ Betrachter_in durch geschlechtliche Ambiguität. Obgleich der in Seitenansicht präsentierte nackte Oberkörper mit deutlich ausgeprägter Brust nahelegt, die Figur als weiblich zu decodieren, bleibt doch der Eindruck, dass hier zumindest keine traditionelle Form von Weiblichkeit gemeint ist. Das Bild widerspricht üblichen Repräsentationen von Sexiness, von Mütterlichkeit, aber auch von der Karrierefrau ebenso wie der hippen Lesbe.[4]

Ein zweites Bild, entdeckt beim Blättern in einem kostenlosen *lgbt*-Magazin, zeigt eine Person weißer Hautfarbe, ebenfalls in Seitenansicht, die wie abwesend in einem Kochtopf rührt; der Blick gesenkt, die Lider halb geschlossen und die rührende Hand auch in diesem Falle befremdlich: als führte sie sorgsam einen Pinsel. Der Hintergrund ist verschwommen, in hellen Pastellfarben gehalten, und d_ Betrachter_in assoziiert, obgleich der Topf auf glänzendem Ceranfeld eine Küche nahelegt, eher ein Krankenhauszimmer: klinische Reinheit, weiße Laken auf einem Bett. Da die Figur mit einem T-Shirt bekleidet ist, dient statt des nackten Oberkörpers der Kinnbart als sekundäres Geschlechtsmerkmal und legt d_ Betrachter_in nahe, auf einen jungen Mann zu schließen. Es entsteht zwar nicht der Eindruck einer geschlechtlichen Ambiguität, doch unterläuft auch diese Repräsentation

3 Die Lektüren dieses Kapitels sind eine überarbeitete und deutlich erweiterte Version von Engel (2005b).

4 Das hier beschriebene Plakat ist Teil der Plakatserie *Lick Before You Look* der Künstlerinnen Ines Doujak und Marth (Wien 1999). Die Serie besteht aus fünf doppelseitigen Plakaten, die darauf abzielen, vertraute Sehgewohnheiten bezüglich Sexualität und sexueller Körper zu brechen. Die Plakate wurden nicht ausgestellt oder veröffentlicht, sondern auf Wunsch verschickt, so dass sie überwiegend innerhalb der FrauenLesbenTransgender-Bewegung verbreitet sind.

Boehringer Ingelheim-*Werbeanzeige, 2004*

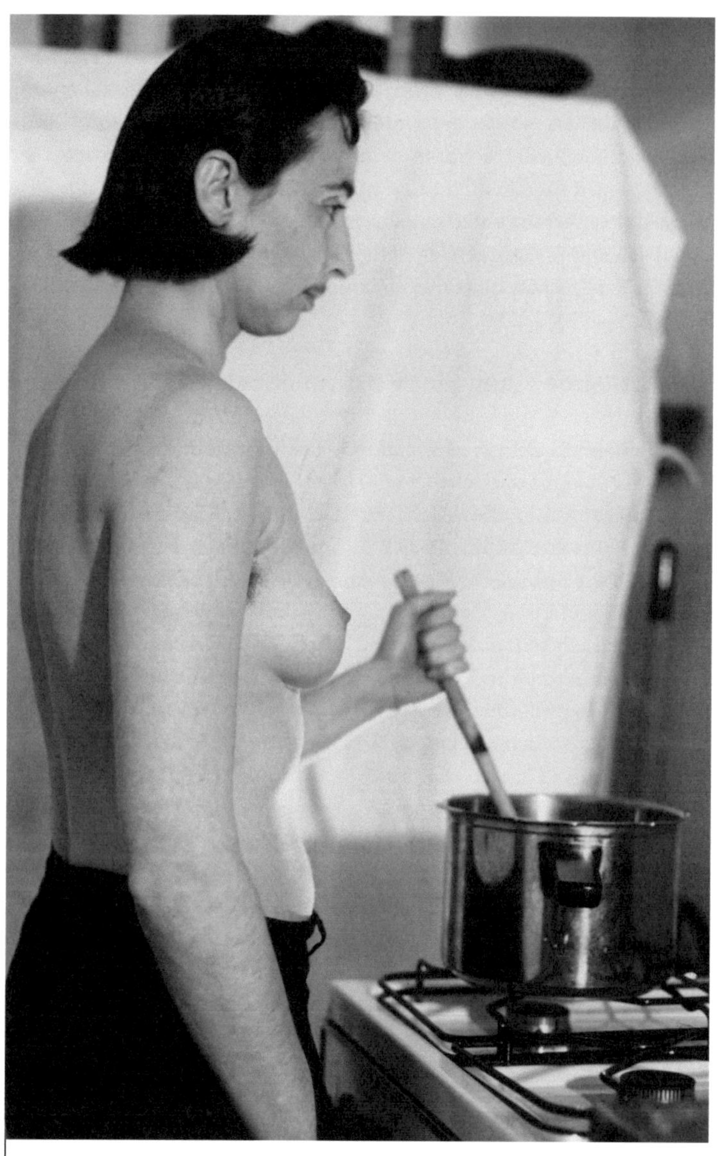

Ines Doujak/Marth, aus der Serie Lick Before You Look, *2000*

vertraute Muster der Maskulinität: weder Stärke noch Aktivität, kein Abenteurer, kein Karrierist und auch kein sexy Schwuler.[5]

Auf den ersten Blick weisen die Bilder erstaunliche Ähnlichkeiten auf, nicht nur was die Szene und den Bildaufbau betrifft, sondern auch bezüglich der selbstvergessenen Haltung, mit der die Menschen am Kochtopf stehen, sowie der Unterbrechung der Geschlechterstereotype. Bei näherer Betrachtung treten jedoch Unterschiede hervor, die, wie ich zeigen möchte, damit zu tun haben, wie diese Bilder in einen neoliberalen Diskurs eingebunden sind, der die Vereinbarkeit von Individualisierung und sorgender Verantwortung propagiert und der hier über die Repräsentation von Haus- und Sorgearbeit verhandelt wird.

Die ›sorgende Hand‹ der Pharmaindustrie

Das Werbebild zeichnet sich dadurch aus, dass über die Schulter der abgebildeten Figur der Schriftzug »Da sein« läuft, der sich in doppelter Bedeutung sowohl auf die Person selbst (und ihr Dasein) als auch auf die Hand beziehen kann, die sich von außerhalb des Bildrahmens der Person auf die Schulter legt. Diese ›sorgende Hand‹ bleibt unbestimmt: Sie kann einem Freund, einer Freundin, eine_ Freund_in, einem Liebsten, einer Liebsten, eine_ Liebsten, aber auch – insbesondere durch den weißen Ärmelrand konnotiert, einem Arzt, einer Ärztin oder eine_ Ärzt_in gehören. Die Mediziner_innen-Assoziation liegt insofern nahe, als es sich um eine Pharmawerbung handelt. Die ›sorgende Hand‹ verweist demnach eher auf die anerkannten Gefilde der Medizin denn auf profane Reproduktionsarbeit. Wieso aber wird die männliche Figur mit den Aufgaben der Hausarbeit belästigt? Sein entrückter Ausdruck, sein etwas desolater, zerzauster Zustand lässt ihn nicht gerade als Meisterkoch, als engagierten Liebhaber oder als den neuen Hausmann erscheinen. Vielmehr assoziieren wir Krankheit. Womöglich ist dies dem Kontext des Bildes geschuldet, das im CSD-2004-Magazin auf einer Doppelseite mit dem Artikel »Gut drauf und gesund« erschienen ist. Doch wird das gegenseitige Verweisen, das die Krankheit als HIV/Aids und die Figur als weißen Schwulen erscheinen lässt, auch durch die Semantik des Bildes aktiviert. Zum einen lässt ihn die ›sorgende

5 Bei diesem Bild handelt es sich um eine Werbung der Pharmafirma Boehringer-Ingelheim, veröffentlicht im *CSD-2004*-Magazin, der offiziellen Publikation zu den *Christopher-Street-Day*-Paraden in Deutschland und Österreich.

Hand‹ als schutzbedürftig und in der Verantwortlichkeit eine_ anderen stehend erscheinen. Zum anderen wird er in das Feld der ›Hausarbeit‹ hineingeschrieben.[6] Beides bewirkt eine Effeminierung, die als ›atypische‹ Vergeschlechtlichung zugleich auch eine ›verfehlte‹ Heterosexualität suggeriert. Das Bild verdeutlicht, wie stark das Stereotyp ist, das Reproduktion und care als weiblich konnotiert. Eine Umbesetzung oder Unmarkiertheit der Rollen reicht nicht aus, um diese Macht zu brechen. Vielmehr aktiviert die Hausarbeit über den Geschlechterdiskurs zugleich eine latent homophobe und sexistische Heteronorm. Die Darstellung weißer, schwuler Subjektivität ist an ein Moment entwerteter und entwertender Weiblichkeit gekoppelt.

Paradoxerweise kommt aber ausgerechnet über das Verrichten der Hausarbeit auch ein Moment der Unabhängigkeit ins Bild. Der Protagonist steht in einer Sorgebeziehung, die aber nicht als Versorgungsbeziehung gestaltet ist, denn sein Essen kocht er sich offenbar eigenständig. Die Botschaft der Pharmawerbung lautet: Dank der Medikamente lässt sich trotz Krankheit ein selbstständiges Leben führen.[7] In dieser Hinsicht repräsentiert die Werbung genau die paradoxe Mischung aus privatistischer Familiennostalgie und Unabhängigkeit, die ich als charakteristisch für einen neoliberalen Diskurs ansehe. Sie beinhaltet das Versprechen, dass Schwule sich von dem Bild befreien können, eine Bedrohung der Gesellschaft zu sein, und Anspruch auf Teilhabe erheben können. Im Anschluss an Lisa Duggan (2003), die herausarbeitet,

6 Beide Semantiken sind unmittelbar mit dem Weißsein der Figur verknüpft: So macht Cohen (1999) deutlich, dass mit HIV infizierte oder an Aids erkrankte Schwarze weder von Seiten staatlicher Politik noch innerhalb schwarzer Communities Organisationen oder Familien auf Sorge- oder auch nur Versorgungsdiskurse/-praxen hoffen dürfen. Repräsentationen von Hausarbeit nehmen schwarze und migrantische Communities überwiegend als solche wahr, die Hausarbeit als Lohnarbeit für andere vollziehen, so dass die Repräsentation von Hausarbeit als individualisierter Selbstversorgung als weißes Privileg angesehen werden kann. Bzw. zeigt McClintock (1995) historisch auf, wie bedeutsam es für die Konstituierung einer weißen, bürgerlichen Mittelschicht ist, Hausarbeit an andere delegieren zu können.

7 Dass die Pharmawerbung nicht zuletzt vermittels visueller Repräsentationen sogar ein Heilungsversprechen vermittelt, hat ihr vehemente Kritik der Aids-Hilfen eingebracht. Diese hat insofern gefruchtet, als dass einigen Werbebildern inzwischen der Hinweis beigefügt ist, dass HIV/Aids eine nicht heilbare Krankheit ist, die lebenslange Medikamenteneinnahme erfordert, welche entsprechende Nebenwirkungen birgt. Auch die hier besprochene Werbung ist auf besagte Weise ergänzt (vgl. *Siegessäule* Dez. 2004).

inwiefern die Neoliberalisierung der US-Gesellschaft daran geknüpft war, dass von Seiten konservativer Wirtschaftseliten liberale Forderungen verschiedener marginalisierter Gruppen unterstützt wurden, um deren Zustimmung zum neoliberalen Umbau zu gewinnen, ließe sich sagen, dass die Pharmaindustrie den Schwulen eine Allianz anbietet. Der Preis ist allerdings, dass Schwulsein ganz traditionell mit Effeminierung assoziiert wird, dass Weiblichkeit als Schwäche und Abhängigkeit codiert wird und dass Sorgerelationen, Häuslichkeit und *commitment* nur unter diesen Umständen möglich scheinen. Zudem ist eine Desexualisierung der Repräsentationen in Kauf zu nehmen. Denn sexualisierte schwule Körper sind mit Krankheit, Infektion, Ansteckung, Risiko konnotiert. Hingegen signalisiert der desexualisierte Körper Kontrolle und verspricht Sicherheit; ein Versprechen, das hier als Adressierung eines männlich-heterosexuellen, weißen Publikums geleistet wird. Eine erotisch unverfängliche Hand bietet Heteros, die sich gerne als letztes Glied der Infektionskette, aber nicht als aktiven Part verstehen, die Rolle des väterlichen Beschützers an. Doch auch einem erotisierenden Blick steht unter diesen Vorzeichen, die den jungen Mann als Sympathieträger_in und durchaus begehrenswert erscheinen lassen, nichts mehr entgegen. Insofern Sexualität aus dem öffentlichen Werbebild in eine unsichtbare Privatheit verbannt ist, werden konservative Diskurse wie schwule Normalisierungswünsche befriedigt. Dank der Pharmaindustrie ist die ›schwule Gefahr‹ domestiziert.

Der *homo oeconomicus* als Hausarbeiter_in?

Wenden wir uns hingegen dem anderen Bild zu, so zeigt sich, dass die Repräsentation der Hausarbeit Geschlechterstereotype zwar aktiviert, sie aber auch unterläuft, so dass statt einer Privatisierung der Sexualität eine aktive Sexualisierung der Arbeit vollzogen und die paradoxe Kopplung von Autonomie und Bindung auf provokative Weise herausgefordert wird. Während durch die ›Effeminierung des Schwulen‹ der klassische Konnex von Weiblichkeit und Hausarbeit erhalten bleibt, wird bei Doujak/Marth die scheinbar natürliche Nähe der Frauen zur Hausarbeit gebrochen. Verstehen wir Hausarbeit im Sinne von 150 Jahren feministischer Kämpfe als Teil der ökonomischen Sphäre, in der beachtliche Mengen an Arbeit geleistet und beachtliche Werte geschaffen werden,[8] so thematisiert benanntes Bild die Verbindung von weißer, bürgerlicher Geschlechtlichkeit, Sexualität und Ökonomie. Hausarbeit steht somit nicht für Häuslichkeit und nostalgische Familienideale, sondern bewirkt die Assoziation politischer Kämpfe, weiblicher

Verweigerung oder feministischen Widerstandes. Decodieren wir die dargestellte Person als Frau, so ist es eine, die nicht in der Hausarbeit aufgeht. Es lässt sich sogar zweifeln, ob das, was d_ Protagonist_in tut, überhaupt Hausarbeit ist, denn es fehlen nicht nur Zeichen einer freudigen Verpflichtung auf das Wohl anderer, es fehlen Zutaten und Utensilien zum Kochen, uns irritiert die ›falsche‹ Handhaltung beim Rühren und allzu offensichtlich ist sie_er ›nicht bei der Sache‹, sondern im Gegenteil auf etwas Unbekanntes, außerhalb der häuslichen Sphäre Liegendes konzentriert.

Während im Falle der männlichen Figur die soziale Eingebundenheit überrascht, ist es im Falle der weiblichen Figur gerade deren Ausbleiben. Das Bild verweist auf keinerlei Nutznießer_innen ihrer edlen Gabe: Weder die Familie noch das romantische *dinner-for-two* oder der ausgewachsene Freundeskreis kündigt sich an. Auf provokative Weise präsentiert uns das Bild von Doujak/Marth eine Verkörperung der Unabhängigkeit inmitten der Sphäre der Reproduktion. Das Moment der Autonomie, das sich im Falle des anderen Bildes als ›Autonomie dank der Pharmaindustrie‹ und ›Autonomie in der Bindung‹ darstellt, wird hier auf die Spitze getrieben: Nichts deutet an, dass d_ Protagonist_in in einer – sei es öffentlichen oder privaten – Beziehung steht. Angesichts dieser Verkörperung von Autonomie erfüllt d_ Protagonist_in somit alle Kriterien des *homo oeconomicus*: »Er ist weder von andern abhängig, noch für andere verantwortlich. Er ist nicht auf Beziehungen zu andern angewiesen, um das zu sein, was er ist. Er hat unabhängig von andern, eindeutige Vorstellungen darüber, was er will und wie er es bekommen kann, und entscheidet unentwegt aus rein instrumentellem Gesichtspunkt. Er ist voll erwerbs- und handlungsfähig, er ist nicht krank, er stirbt nicht und vor allem ist er schon erwachsen und er ist [...] weder alt noch kann er schwanger werden.« (Madörin 1999: 140f.) Entsprechend ist im Umfeld d_ Protagonist_in

8 Mascha Madörin (1999: 135) verweist auf Statistiken, denen gemäß die Wertschöpfung von Haus- und Familienarbeit in der Schweiz 1997 ca. 197 Milliarden Franken, die der Banken/Finanzhäuser ca. 39 Milliarden und die der Industrie ca. 91 Milliarden Franken betrug. Vgl. Angela Davis (1982: 212ff.) bezüglich der bürgerlichen Konstruktion von Hausarbeit als ›Frauenarbeit‹ und einer Kritik an der feministischen Forderung nach ›Lohn für Hausarbeit‹, die die Fortsetzung einer langen Tradition der Ausbeutung schwarzer Hausarbeiterinnen befördern würde. Kathrin Englert (2007) zeigt, dass Haushalts- und Fürsorgearbeit zunehmend von oftmals illegalisierten Migrantinnen verrichtet wird und wie staatliche Politik die Prekarisierung dieser Arbeitsverhältnisse befördert.

weit und breit niemand zu sehen, die_den sie versorgen oder die_der sie umsorgen könnte. Der zielstrebige Blick in die Ferne sowie die instrumentelle Nutzung des Kochlöffels sprechen dafür, dass sie_er »weiß, was sie_er will und wie sie_er es bekommen kann« (ebd.). Obwohl dem Bild direkte Hinweise auf eine ökonomische Ordnung fehlen, werden wir als Betrachter_innen dennoch auf diese verwiesen. Indem inmitten der häuslichen Abgeschiedenheit deren Überschreitung inszeniert wird, eine scheinbar bindungslose, aber auf äußere Ziele konzentrierte Person dargestellt wird, erfolgt eine Transformation im Verständnis sowohl von Hausarbeit als auch von weiblicher Subjektivität.[9] Während also im Kontext des Werbebildes die traditionell weibliche Konnotation der Hausarbeit dazu führt, dass die männlich decodierte Figur von den Geschlechterstereotypen eingeholt und in einen homophoben Diskurs hineingezogen wird, kann die Figur in Doujaks/Marths Plakat von einem feministischen Diskurs profitieren, der Reproduktion als Arbeit zu markieren weiß.

Auch das Plakatbild spielt auf das hegemoniale Interpretationsmuster an, das in der normabweichenden Vergeschlechtlichung, die durch die Zeichen der Maskulinität und das Fehlen ›weiblicher‹ Bezogenheit aktiviert wird, eine ›verfehlte Heterosexualität‹ ausmacht. Dieser Mechanismus wird jedoch der Reflexion zugänglich gemacht, indem eine Stillstellung der Geschlechterkategorien dauerhaft unterlaufen wird, so dass die dargestellte Figur zur Konstituierung einer traditionell heterosexuellen Begehrenskonstellation nicht zur Verfügung steht.[10] Zwar wird eine Maskulinisierung eingesetzt, um die zweige-

9 Ich verwende an dieser Stelle ›weibliche Subjektivität‹, ohne sie als ›weiß‹, ›bürgerlich‹ zu differenzieren, weil ich denke, dass der Topos weiblicher Verbundenheit so weit verbreitet ist, dass er, wenn auch auf unterschiedliche Weise, auch Vorstellungen der Subjektivität von Arbeiterinnen, Migrantinnen, schwarzen Frauen ergreift. Dennoch könnte sicherlich genauer herausgearbeitet werden, wie die Verhandlung von Geschlecht mit Rassifizierung und dem Indizieren von Klassenposition verbunden ist. Eine Möglichkeit wäre, diesbezüglich an McClintock (1995) anzuknüpfen, die zeigt, wie die Skandalisierung androgyner Kleidung und eines androgynen Habitus von Arbeiterinnen im Viktorianischen England zur Distinktion einer bürgerlichen Weiblichkeit dient. Demnach würde die Androgynie der Figur in Doujaks/Marths Bild einen Verweis auf die Überschreitung von Klassengrenzen beinhalten, was allerdings nicht automatisch auch eine Thematisierung von Arbeiterinnen-Subjektivität bedeutet.

10 Durch dieses Anliegen, heterosexuelle Repräsentationen zu unterbrechen, unterscheidet sich das Plakat aus der Serie *Lick before you look* von bisherigen feministischen künstlerischen Interventionen zum Thema Hausar-

schlechtliche Norm zu verunsichern und den Konnex von Weiblichkeit und Hausarbeit zu brechen. Doch wird diese Maskulinisierung nicht durch eine ›phallische Sexualität‹ heterosexuell komplementiert, denn dazu bräuchte es ein ›weibliches Objekt des Begehrens‹. Es gelingt dem Bild somit, die Heterosexualisierung auszubremsen. Ebenfalls werden stereotype Bilder des Lesbischen vermieden: Die erotisch-pornographische Sexualisierung als Objekt heterosexuellen Begehrens wird dadurch unterlaufen, dass die Androgynie der Figur die heterosexualisierte Konstellation mit einem schwulen Subtext unterlegt. Und auch der traditionellen Desexualisierung der Lesbe scheint das Bild nicht verpflichtet, insofern sich der nackte Oberkörper demonstrativ als erotischer darbietet. In diesem Sinne ließe sich das Bild als eine Repräsentation lesbischer Sexualität lesen, ist darauf jedoch keineswegs festzulegen. Stattdessen schafft es imaginären Raum für diverse, nicht identitär fixierte Relationen des Begehrens.

Bilder und Phantasien des kulturellen Imaginären

Die soziale Wirksamkeit dieses imaginären Raumes bzw. die Lebbarkeit der Begehrensrelationen beruht laut Teresa de Lauretis auf ›geteilten Phantasieszenarien‹ (vgl. Lauretis 1996: 121). Für Lauretis sind Begehren, Phantasietätigkeit und die Ausbildung sozio-sexueller Subjektivität unmittelbar miteinander verknüpft. Phantasien gelten ihr im psychoanalytischen Sinne als Formen sexueller Wunscherfüllung.[11] Diese sind jedoch, selbst als unbewusste, keine inner-subjektiven, sondern soziale Prozesse, in denen persönlich-biographische und kulturelle Phantasien in gemeinsamen Praxen miteinander vermittelt werden. Im Zusammenhang der hier entwickelten Bildlektüren sind Lauretis' Überlegungen von Interesse, weil sich geteilte Phantasieszenarien auch im Austausch mit kulturellen Produkten entwickeln und zum repräsentationspolitischen Schauplatz der Umarbeitung hegemonialer kulturel-

beit, z.B. von Cindy Sherman: *Untitled Film Stills* (#3, 1977; #10, 1978; #35, 1979), Chantal Akerman: *Jeanne Dielman* (35mm, Belgien 1975), Martha Rosler: *Semiotics of the Kitchen* (Video 1975).

11 Lauretis bezieht sich in diesem Zusammenhang auf Jean Laplanche/Jean-Bertrand Pontalis (1992), die Sexualität und Phantasie denaturalisieren, indem sie deren gegenseitiges Hervorbringen erklären. Demnach entsteht Sexualität dann, wenn mittels eines Phantasiebildes die Verschiebung eines Wunsches von einem realen Objekt der Bedürfnisbefriedigung zu einem phantasmatischen Objekt des Begehrens erfolgt.

ler Muster werden können. Aus ihrer feministisch-filmtheoretischen Perspektive schlägt Lauretis ein Modell der Zuschauer_innenschaft vor, dem gemäß d_ Rezipient_in eines kulturellen Produkts zugleich als subjektive Kraft in den semiotisch-diskursiven (Macht-)Prozess der Bedeutungsproduktion wirkt wie auch einer je spezifischen Adressierung durch das kulturelle Produkt ausgesetzt ist. So spielt Lauretis durch, wie bestimmte Filme qua ihrer semiotischen und narrativen Ausgestaltung ihre Zuschauer_innen, unabhängig von ihren subjektiven Selbstverständnissen, als Lesben adressieren (vgl. ebd.: 116f.).

Der Vorschlag, dass damit eine strukturelle Zuschauer_innenposition angeboten wird, die den Eintritt in ein geteiltes Phantasieszenario eröffnet, das nicht den Vorgaben der normativ heterosexuellen Ordnung entspricht, lässt sich auch für die hiesigen Bildlektüren übernehmen: So kann die Pharmawerbung als eine gelesen werden, die einlädt, sich mit der ›sorgenden Hand‹ zu verbinden und ein Phantasieszenario auszugestalten, in dem Begehren als phantasmatische Wunscherfüllung zwischen der Figur des Bildes und d_ Betrachter_in erscheint. Hierbei werden heteronormative Vorgaben insofern unterlaufen, als dass d_ Träger_in der Hand unbestimmt bleibt und mit allen möglichen geschlechtlichen und sexuellen Charakteristika versehen werden kann, während jedoch zugleich durch die semiotisch-narrative Anordnung die Hierarchie einer weißen und pater-/maternalistischen Sorgerelation sichergestellt ist.

Die Blickachsen sind so konstruiert, dass d_ Protagonist_in nicht zurückblickt, sondern sich hingibt – entweder der ›sorgenden Hand‹ oder einem voyeuristischen Blick, der das Gesamtgeschehen begehrlich besetzt. Hiermit ist nicht gesagt, dass eine Position der Hingabe passive Unterwerfung bedeutet oder passive Unterwerfung auf eine aktive, gestaltende Verwicklung in das Begehrensgeschehen verzichtet. Vielmehr zeichnen sich Phantasie*szenarien* für Lauretis gerade dadurch aus, dass darin niemand kontrollierendes Subjekt ist, sondern alle Beteiligten immer zugleich und ununterscheidbar sehen, gesehen werden und auf die Szene blicken (113; 126f.). Entsprechend wird die Zuweisung von Subjekt- und Objektpositionen des Begehrens obsolet bzw. kann nur darüber gelingen, dass entsprechende kulturelle Klischees einer hierarchisierten Opposition reaktiviert werden. Genau dies wird allerdings durch die Werbeanzeige in weit stärkerem Maße erleichtert, als dies bei dem Plakat von Doujak/Marth der Fall ist.

D_ Protagonist_in des Plakatphotos blickt zielgerichtet aus dem Bild. Ohne Weiteres kann sich der Blick, im Unterschied zur bisherigen Lesart, die ihm ein ökonomisches/politisches Ziel unterstellt hat, auch auf eine sexuelle Eroberung konzentrieren. Die semiotisch-narrative Struktur des Bildes lädt d_ Betrachter_in ein, sich als Objekt des Blickes zu phantasieren und ein Begehrensszenario auszuspielen. In diesem Falle ist jedoch völlig offen, mit welchen geschlechtlichen, sexuellen, rassifizierten, klassenspezifischen, körperlichen Charakteristika die Position besetzt wird, die vom Bild außerhalb des Bildrahmens eingerichtet wurde, wie viele Figuren dort angesiedelt werden, welche Praxen der Hingabe, Verführung, Unterwerfung, Bedrohung dort imaginiert werden und ob sich d_ Betrachter_in mit dieser Position identifiziert, sie_er das Begehren auf diese richtet oder das Gesamtgeschehen begehrend besetzt. Da die dargestellte Figur geschlechtliche Ambiguität verkörpert, wird zugleich die Stillstellung der sexuellen Relation als hetero- oder homosexuell verhindert und ein Changieren forciert. Auch im Austausch mit diesem Bild hat d_ Betrachter_in zweifelsohne die Macht, alle möglichen kulturellen Klischees einfließen zu lassen sowie das Geschehen, z.B. in einer heterosexuellen oder einer lesbischen Konstellation, stillzustellen. D_ Betrachter_in muss jedoch unweigerlich damit umgehen, dass die Narration des Szenarios sie_ihn einer Figur aussetzt, die weiß, wie sie den Kochlöffel als Instrument sexualisierter Macht und gleichzeitig die erotische Darbietung ihres Körpers zum Einsatz bringen kann – also, psychoanalytisch gesprochen, die Position von Phallus-Haben und Phallus-Sein virtuos miteinander vereinbart.

Für Lauretis ist das in geteilten Phantasieszenarien aufgeführte Begehren Teil eines Prozesses, den sie als ›sexuelle Strukturierung‹ bezeichnet (263ff.). Anstatt von Sexualität oder sexueller Identität zu sprechen, schlägt sie einen prozessualen Begriff vor, der sexuelle KörperSubjektivität als ein lebenslanges Sich-Entwickeln – bedingt durch sozio-kulturelle Machtverhältnissen und zugleich in Auseinandersetzung mit diesen – bezeichnet. Dieser Prozess verläuft maßgeblich darüber, dass äußere und psychische Realität durch Phantasiebilder miteinander vermittelt werden (vgl. 245).

Folgt die ›sexuelle Strukturierung‹ hegemonialen Normen, bringt sie Geschlechtskörper und -identitäten hervor, die sich gemäß heteronormativen Vorgaben zweigeschlechtlich voneinander unterscheiden und einander heterosexuell begehren. Doch insofern die Strukturierung sich interaktiv vollzieht und unendlichen, unvorhersehbaren Einflüssen ausgesetzt ist, können auch neue, normabweichende oder dissidente Strukturierungen entstehen. Lauretis macht sich diesbezüglich Charles Sanders Peirces semiotische Zeichentheorie und sein Konzept der ›Verhaltensänderungen‹ zunutze. Sie betont, dass Peirces Verständnis der Semiosis eine beständige Verquickung von Mentalem und Körperlichem, von Objekt, Zeichen, Phantasiebild und Verhaltensgewohnheit, von Außenwelt und Innenwelt darstellt, die für Lauretis alle in die sexuelle Strukturierung einfließen und dort zu einer Änderung von Verhaltensgewohnheiten führen können.[12]

Entscheidend ist, dass Lauretis Peirces zeichentheoretische Überlegungen mit den psychonanalytischen Begriffen der Phantasie und der affektiven Besetzung verknüpft, so dass Letztere als Prozesse der Repräsentation und Selbstrepräsentation verstanden werden können.[13] In der Ausdeutung der Phantasien in Form von Repräsentationen (Zeichen, Bildern, Szenen, Objekten/Subjekten), von Lauretis als ›Fetische‹ bezeichnet (vgl. 195; 200ff.), entsteht der Kontakt oder die Vermittlung zwischen Innenwelt und Außenwelt, die die Konstituierung des psycho-sozio-sexuellen Subjekts und dessen Einbindung in soziale Beziehungen und gesellschaftliche Verhältnisse bedingt. Die affektive oder libidinöse Besetzung einer Phantasie oder Repräsentation, also deren Verknüpfung mit einer psychischen Energie, die diese als erstrebenswert (positiv) oder als zu vermeiden (negativ) kennzeichnet, ist für Lauretis zugleich ein Prozess, mittels dem Normen auf Körper projiziert werden (vgl. 41).[14]

---

12 »Peirce bezeichnet die dynamische Struktur, die den Nexus von Objekt, Zeichen und Bedeutung sowie den Prozeß der Vermittlung selbst stützt, als den Interpretanten. [...] das heißt, jeder einzelne Moment dessen, was für das Subjekt ein unmerklicher Übergang vom Objekt (oder Ereignis der Außenwelt) zum Zeichen (zur geistigen oder physischen Repräsentation) und zur Bedeutungswirkung (in der Innenwelt) ist, wird von Peirce als Interpretant bezeichnet.« (Lauretis 1996: 259) Hierbei unterscheidet Peirce geistige, emotionale, energetische Interpretanten sowie logische Interpretanten: Ein emotionaler Interpretant, wie er vielleicht beim Hören eines Musikstückes oder beim Anblick eines Kunstwerkes zustande komme, könne (müsse aber nicht) zu einem energetischen Interpretanten, das heißt einer geistigen oder körperlichen Anstrengung (z.B. einer Verbalisierung des Gefühls oder einer tänzerischen Bewegung) führen oder auch in einen intellektuellen Interpretanten (eine Begriffsbildung) münden. Darüber hinaus könne jedoch auch ein logischer Interpretant, das heißt eine gelebte Konklusion in Form einer Verhaltensgewohnheit oder der Änderung/Modifikation einer Verhaltensgewohnheit zustande kommen (ebd.).

13 Repräsentation und Selbstrepräsentation sind für Lauretis nicht als Ausdruck einer vorgängigen Realität, sondern in Foucaults Sinne diskursiver Wirklichkeitskonstruktion bzw. gemäß Althussers Verständnis der ›Materialität der Ideologie‹ und ihrer subjektkonstituierenden Wirkung zu verstehen – und in diesem Sinne zutiefst mit gesellschaftlichen Machtverhältnissen verwoben (vgl. Lauretis 1987).

14 Vgl. Laplanche/Pontalis (1994: 92ff.) zum psychoanalytischen Begriff der Besetzung.

Hier stellt sich die Verbindung zu dem her, was ich als Projektion bezeichne, also nicht nur die Abwehr, sondern vor allem auch das positive Besetzen von Differenz, das die Voraussetzung projektiver Integration darstellt. Mit Lauretis wird die Bedeutung von Phantasien für solche Projektionsprozesse hervorgehoben und es werden deren semiotisch-materielle Effekte hinsichtlich der Konstituierung vergeschlechtlichter, sexualisierter, rassifizierter Körper verdeutlicht. Phantasien stellen Bilder der Identifizierung, der Ähnlichkeit oder Differenz zur Verfügung: Sie laden bestimmte Körperzonen erogen auf und befördern die affektive Zuneigung zu bestimmten Merkmalen oder die Abwehr gegen sie – vor dem Hintergrund kultureller Normen, Wertungen und Regulationsregime. Durch den Projektionsvorgang entstehen begehrende Körper, die immer zugleich imaginäre, soziale und subjektive Körper sind. Sie inszenieren ihr Verhältnis zu den Normen in ›geteilten Phantasieszenarien‹, in denen die Relationen von Norm und Begehren verhandelt, bestätigt oder verändert werden.

Die politischen Körper

Da Phantasie bei Teresa de Lauretis kein innerliches und persönliches, sondern ein aufgeführtes, sozial gelebtes Geschehen ist, in das diverse, womöglich inkohärente kulturelle und individuelle Phantasien einfließen, lässt sich nicht im Vorfeld sagen, ob eine Phantasie zur Durchsetzung dominanter Normen oder zu deren Umarbeitung oder Ersetzung beiträgt und welche Formen des Begehrens darin zur Aufführung gelangen (vgl. Lauretis 1996: 112; 267ff.). In jedem Falle aber wird immer auch eine Arbeit am Repertoire historisch verfügbarer Phantasien bzw. dem, was Moira Gatens (1996) ›kulturelles Imaginäres‹ nennt, geleistet. Das kulturelle Imaginäre stellt Vorstellungen und Bilder bereit, an denen sich Begriffsbildungen ebenso orientieren wie das Empfinden des eigenen Körpers oder technische, graphische, modische oder architektonische Entwürfe. Auch Gatens versteht das Imaginäre nicht als persönlich, sondern als historisch und sozio-kulturell:

»The term ›imaginary‹ will be used in a loose but nevertheless technical sense to refer to those images, symbols, metaphors and representations which help construct various forms of subjectivity. In this sense I am concerned with the (often unconscious) imaginaries of a specific culture: those ready-made images and symbols through which we make sense of social bodies and which determine, in part, their value, their status and what will be deemed their appropriate treatment.« (Gatens 1996: viii)

Wichtig erscheint mir Gatens' Hinweis, dass zum einen unbewusste und zum anderen selbstverständlich gewordene, vielleicht naturalisierte oder zum Symbol oder zur Ikone verfestigte Bilder wirksam werden – wirksam, insofern sie in die Konstituierung von KörperSubjektivitäten und Sozialem einfließen. Gatens führt den Begriff der ›imaginären Körper‹ ein und bezieht diesen sowohl auf individuelle Körper als auch auf den Gesellschaftskörper (*body politic*) oder soziale Gefüge (*corporate body*) (vgl. ebd.: x). Dies erlaubt ihr, Zusammenhänge zwischen diesen herzustellen und hierbei die Opposition von privat und öffentlich anzufechten. Ihr besonderes Interesse gilt hierbei der Frage, wie diese Körper als geschlechtliche und sexuelle Körper gefasst werden und wie diesbezüglich die Vorstellung einer einheitlichen, universellen sexuellen Differenz vermieden werden kann.

Der Gedanke, dass die geschlechtlichen und sexuellen Körper, die auf den von mir untersuchten Bildern dargestellt werden, immer zugleich imaginäre Körper sind und auf weitere imaginäre Körper, Gesellschaftskörper oder ökonomische Korporationen, Wissenskörper oder Maschinenkörper verweisen, ist hilfreich, um die Verschaltung queerer und neoliberaler Diskurse zu verstehen. In Kombination mit Lauretis' Ansatz, der Phantasien als mit Begehren aufgeladene Vorstellungen ansieht, die in geteilten Phantasieszenarien zur Aufführung kommen, wird es möglich, sowohl die gesellschaftspolitischen als auch die psycho-sozialen Effekte zu analysieren, die entstehen, wenn mittels kulturellen Politiken Zusammenhänge zwischen Sexualität und Ökonomie hergestellt werden. Darüber hinaus verwendet Gatens den Terminus *social and cultural imaginaries* im Plural, was ihr erlaubt, gleichzeitig die produktive und normative Kraft hegemonialer Bilder zu betonen, aber auch deren Heterogenität, Widersprüchlichkeit und Veränderbarkeit hervorzuheben:

»To acknowledge the diversity in, and dynamism of, our social imaginaries allows to focus on those aspects of present social imaginaries which are contradictory or paradoxical. This, in turn, allows to see that the system of linked social imaginaries is constantly being transformed and refigured.« (ebd: ix)

Während mit Gatens' Begriff des kulturellen Imaginären also zum einen die Schwierigkeit, kulturelle Vorstellungen von Hausarbeit und deren Verknüpfung mit Geschlechterstereotypen aufzubrechen, erklärt werden kann, wird zum anderen auch verständlich, mit welch Raffinesse das Plakatphoto von Doujak/Marth vertraute Vorstellungsmuster unterlaufen und neue Repräsentationsangebote ins kulturelle Bildarchiv einspeisen kann, die die Vorgaben der heterosexuell zweigeschlechtlichen Ordnung visuell unterlaufen. In diesem Zusammenhang stellt sich allerdings die Frage, inwieweit die heteronormativen Vorgaben genau deshalb unterlaufen werden können, weil die imaginären Körper von einer tendenziell machtvollen Maskulinität profitieren, die von nicht-autorisierter Position aus angeeignet wird. Bedeutet dies, dass es notwendig ist, ins Terrain der Maskulinität einzutreten, um die damit assoziierte Macht nutzen zu können? Ist es notwendig, ein Bild der Maskulinität zu aktivieren, um es überhaupt umarbeiten zu können? Oder reproduziert dies nichtsdestotrotz die traditionelle Geschlechterhierarchie und die damit einhergehende Abwertung von Weiblichkeit?[15] Viel versprechend erscheint mir das Plakatphoto insofern, als dass eine Maskulinität dargestellt wird, die nicht der Einschränkung auf Heteromaskulinität unterliegt und für die auch ›*female masculinity*‹ (Halberstam 1998) ein zu eng gefasster Begriff ist, um ihre Vieldeutigkeit bzw. Uneindeutigkeit zu erfassen.[16]

Wäre diese Diagnose einer nicht heteromaskulin verengten Maskulinität auch für die Werbeanzeige relevant? Oder bleibt diese in der Entwertung von Weiblichem gefangen? Um diese Fragen weiter zu verfolgen, möchte ich einen kleinen Umweg vorschlagen, der dazu dient herauszufinden, inwieweit ›Da sein‹ und ›sorgende Hand‹ im Kontext der Pharmawerbung zu einer Reartikulation oder zu einer Bestätigung traditioneller Vorstellungen von Maskulinität beitragen. Jacques Derrida (1988) sieht in Martin Heideggers Begriff ›Dasein‹ eine Chance, der Heteromaskulinität zu entkommen und sogar Raum für eine Multiplizität des Begehrens zu schaffen. Lässt sich diese optimistische, womöglich queere Lesart Heideggers durch das Bildmaterial bestärken? Oder mangelt es diesbezüglich, wie Susanne Lettow (2001) aufgrund ihrer Auseinandersetzung mit Heidegger problematisieren würde, an einer Politisierung des Konzepts der Sorge?

---

15 Dies sind, wie später im Kapitel genauer ausgeführt, Fragen, die sich auch Judith Butlers ›lesbischer Phallus‹ (1994) gefallen lassen muss. Um stattdessen eine repräsentationspolitische Aufwertung von Frauenkörpern, die libidinös besetzt werden können, zu forcieren, hat Teresa de Lauretis (1996) die phallische Referenz explizit durch eine Vielfalt der Fetisch-Zeichen ersetzt und die Ödipus-Erzählung vom Phallus entkoppelt. Zu den unterschiedlichen Strategien von Butler und Lauretis vgl. Engel (2002: 161ff.).

16 Beatriz Preciado gelingt mit dem *Kontrasexuellen Manifest* (2003) eine ähnliche VerUneindeutigung, wenn sie die phallische Logik durch eine ›Logik des Dildos‹ ersetzt, die jegliche Referenz auf ›natürliche‹ Körper in historisch-technologische Narrationen überführt.

Dasein als sorgendes Handwerk oder ...

›Dasein‹ ist der zentrale Begriff in Martin Heideggers Sein und Zeit (1963; Orig. 1926). Dasein bedeutet bei Heidegger nicht Existenz im Sinne von Vorhandensein (ebd.: 42), sondern bezeichnet ein Seiendes, das sich durch ein Engagement in der Welt, durch ein ›In-der-Welt-Sein‹ auszeichnet (ebd.: 41). Dasein ist damit weder Substanz noch Transzendenz. Es tritt nur im Konkreten, in seiner jeweiligen Faktizität auf. Entsprechend überraschend ist es, dass Heidegger diese Faktizität als ›neutral‹ bezeichnet und sogar eine Geschlechtsneutralität reklamiert. In einer Vorlesung von 1928 erklärt er: »Für das Seiende, das Thema der Analytik ist, wurde nicht der Titel ›Mensch‹, sondern der neutrale Titel ›das Dasein‹ gewählt.« (Heidegger 1978: 171, zitiert nach Derrida 1988: 17) Und er erläutert zusätzlich: »Diese Neutralität besagt auch, daß das Dasein keines von beiden Geschlechtern ist.« (Heidegger 1978: 172, zitiert nach Derrida 1988: 18). Jacques Derrida (1988; engl. 1991a)[17] entwickelt aus diesen Bemerkungen eine queer-politisch betrachtet sehr optimistische Lesart, die Heideggers Dasein als ein Konzept auffasst, das die duale Geschlechterordnung herausfordert. Hiermit wird Heidegger für Derrida interessant, um ein Denken zu forcieren, das eine »multiplicity of sexually marked voices« (Derrida 1991b: 455) wahrnehmen kann, die noch nicht oder nicht mehr der Zahl Zwei unterworfen sind. Nach einer kurzen, polemischen Bemerkung, dass Heidegger sich sicher zu sein scheint, dass es der Geschlechter zwei sind (›keines von beiden‹), beginnt Derrida herauszuarbeiten, dass Heideggers ›Geschlechtslosigkeit‹ Dasein keineswegs von jeglichem Sexuellen, sondern lediglich von den normativen Begrenzungen des dualen Geschlechtersystems abwendet, während zugleich eine ›Positivität‹, ein ›Reichtum‹, eine ›Mächtigkeit‹ das Dasein kennzeichnet (1988: 23). Hierin sieht Derrida einen sexuellen Subtext, der gerade durch eine aktive Neutralisierung der ›sexuellen Differenz‹ auftreten kann.

»If Dasein as such belongs to neither of the two sexes, that does not mean that its being is deprived of sex. On the contrary: here one must think of predifferential, or rather predual, sexuality – which does not necessarily mean unitary, homogenous, or undifferentiated. [...] Then, beginning with that sexuality, more originary than the dyad, one may try to think as its source a ›positivity‹

17 Da die englische Übersetzung (1991) sehr virtuos mit den Begriffen *sexed, sexual, sexualized* spielt, statt mit schwerfälligen Begriffen wie »geschlechtet/mit einem Geschlecht versehen« (1988: 29) zu operieren, und die

and a ›power‹ that Heidegger is careful not to call sexual, fearing no doubt to reintroduce the binary logic that anthropology and metaphysics always asign to the concept of sexuality.« (1991a: 387f.)

Auch die feministische Lesart von Susanne Lettow (2001) betont, dass Dasein, obwohl es von Heidegger als ›neutral‹ gekennzeichnet wird, einen deutlich sexuellen Subtext trägt. Abgesehen von dieser Übereinstimmung unterscheidet sich ihre Lesart erheblich von Derridas. Lettow hebt zunächst hervor, dass Heidegger eine Abhängigkeit des Daseins von einer weiblichen Ursprungsmacht anerkennt, die er in Anlehnung an die griechische Mythengestalt der Cura als ›Sorge‹ bezeichnet. Doch kann dies wirklich, so Lettows Skepsis, als Anerkennung von Natalität sowie der von Frauen verrichteten Reproduktions- und Sorgearbeit oder gar als Votum für eine gleichberechtigte Geschlechterordnung verstanden werden? Heidegger formuliert, dass Cura das Dasein von der Geburt bis zum Tod definiere: »Das Seiende wird von diesem Ursprung nicht entlassen, sondern festgehalten, von ihm durchherrscht, solange das Seiende ›in der Welt ist‹.« (Heidegger 1963: 198) In dieser Formulierung deutet sich für Lettow bereits an, dass Heidegger die Sorge als eine Befehlsgewalt konzipiert, die dem Dasein Unterwerfung abverlangt. Dies legt den rhetorischen Grund, um im weiteren Verlauf des heideggerschen Textes das Ideal eines ›soldatischen Selbst‹ zu installieren, das ein Modell maskulinistischer Subjektkonstituierung forciere und letztendlich die binäre Geschlechterdifferenz bestätige. Heidegger orientiert das Dasein explizit an der Figur des Soldaten: Es ist charakterisiert durch Heroismus und Entschlossenheit, die zugleich absolute Unterwerfungsbereitschaft erfordern, um aus dem ›Sein zum Tode‹ zur ›Eigentlichkeit‹ zu gelangen (Lettow 2001: 142f.). Für Lettow wird damit die von Derrida geschätzte Neutralität in Sachen Geschlecht zur Entnennung gesellschaftlicher Geschlechterverhältnisse, die über den ›neutralen‹ Aufruf, »die jeweilige Faktizität zu bejahen« (ebd.: 195), also das Dasein so anzunehmen wie es ist, zur Festschreibung traditioneller Geschlechterhierarchie wird: »So gibt es zwar keinen Ausschluss der Frauen durch die Konstruktion, doch indem alle Menschen auf die ›Übernahme‹ ihres faktischen Da verwiesen werden, wird sichergestellt, dass sie jeweils an ihrem Ort bleiben und die begriffliche Neutralität nicht in einen Anspruch auf Egalität mündet.« (Ebd.) Dennoch sieht

Infragestellung der Zweigeschlechtlichkeit in ihr nicht als philosophisches Gedankenexperiment, sondern als soziale Praxis lesbar wird, füge ich hier an einigen Stellen englische Zitate ein.

Lettow ebenso wie Derrida durch Heidegger die Chance eröffnet, Sorge und ›Mit-Sein‹ als Momente des ›In-der-Welt-Seins‹ anzuerkennen.

Mein Vorschlag wäre es, die beiden – obwohl so gegensätzlichen – Lesarten von Derrida und Lettow miteinander zu verknüpfen. Mit Lettow kann dann im Sinne der Androzentrismus- und Heteronormativitätskritik die Notwendigkeit der Benennung von Machtrelationen und Herrschaftsverhältnissen hervorgehoben werden, während mit Derrida ein offener Denkraum entsteht, der anschließend an Lettows Herrschaftskritik als eine Einladung zur Rekonzeptualisierung von Geschlecht und Sexualität jenseits des »Terrors der Zahl zwei« (Vasterling 1997: 141) verstanden werden kann. Damit kann der von Lettow formulierte ›Anspruch auf Egalität‹ dank Derridas Relektüre mit Heidegger, nicht gegen Heidegger, in einen »Anspruch auf Sexualität« erweitert werden, die sich der heteronormativen Regulierung entzieht.

Im Hinblick auf die hier vorgestellten Bildlektüren inspirieren die Ansätze von Derrida und Lettow einige überraschende Beobachtungen. So lässt sich argumentieren, dass die mit ›Da sein‹ überschriebene Werbung die heideggersche Erzählung unterläuft, insofern gerade keine Heldenrepräsentation oder soldatische Maskulinität zur Schau gestellt wird. Zugleich aber nimmt sie die Rede von der Neutralität des Daseins auf sehr besondere Weise ernst, insofern die Sorge eben gerade nicht feminisiert ist. Vielmehr ist in der Praxis der Nahrungsproduktion wie auch in der sorgenden Hand auf der Schulter ein ›neutrales‹ Besorgen und Umsorgen ausgedrückt, das ein schicksalhaftes ›Zum-Tode-Sein‹ bannen soll, ohne dies in eine Progression von der weiblichen Ursprungsmacht zum männlichen Heldentod einzuspannen. Demgegenüber kann das Foto von Doujak/Marth durchaus so gelesen werden, dass es ›Entschlossenheit‹ präsentiert und, indem der Kochlöffel wie eine Waffe eingesetzt ist, eine Virilität assoziiert, die den Tod nicht scheut und die Bindung an die weibliche Ursprungsmacht überwindet. Das neutrale Dasein hingegen kann, auch wenn es ›keines von beiden Geschlechtern ist‹, durchaus als eines gelesen werden, das keineswegs jenseits des Sexuellen ist, sondern ein Begehren ausdrückt. Auch wenn, oder vielmehr gerade weil dieses aus dem Bildrahmen ins Unbekannte entschwindet, kann es als Begehren verstanden werden, das nicht in der dualen Geschlechterordnung verfangen ist.

Die unterschiedlichen Erzählungen beider Bilder hängen maßgeblich von den dargestellten Händen ab, die damit im Sinne von Gatens als ›imaginäre Körper‹ fungieren. Auf welche kulturellen Imaginationen verweisen sie? Fügen sie unerwartete Vorstellungen ins kulturelle Bildarchiv ein? Auch diesbezüglich bietet Derrida einige Inspirationen, die mir vor allem deshalb interessant erscheinen, weil sie einen Zusammenhang zwischen Sexualität und Ökonomie herstellen, der nicht der kapitalistischen Produktions-, sondern einer Sorge-Logik folgt. In seinem Aufsatz »Heideggers Hand. Geschlecht II« (Derrida 1988: 45-117) zeigt Derrida, dass Heidegger die Hand als eine sprechende Hand und einen Modus des Denkens ansieht und zugleich Denken als Handwerk versteht (vgl. ebd.: 57f.). In diesem Zusammenhang seien die Hände »nicht jene Greiforgane oder jene als Werkzeuge benutzbaren Glieder« (80), sondern eine Gabe (vgl. 57). Derrida schlägt vor, an diesen Gedanken der Hand als Gabe, der Hand, die gebe und sich selber gebe, anzuknüpfen. Mehreres gelte es diesbezüglich allerdings zu bedenken: Zum einen gelänge die Idealisierung der Hand nur durch eine doppelte Abgrenzung, nämlich vom Animalischen (der Affe, für den die Hand lediglich Greifwerkzeug sei) und von der industriellen Produktion (die der Hand die Sinnlichkeit des Handwerkens nehme). Diese doppelte Überlegenheitsphantasie sei anzufechten, sollen nicht anthropozentristische, körper-normative, rassistische und Klassen-Hierarchien reproduziert werden. Entsprechend wäre zu fragen, inwiefern das Bildmaterial derartige Anfechtungen inspiriert. Zum anderen ist Derrida frappiert, dass die viel versprechende Vorstellung der Hand als Gabe mit deren Desexualisierung einhergeht. Warum, so fragt er, spreche Heidegger niemals über die zärtliche Hand oder die Rolle der Hand in der Liebe und im Begehren:

»Zum anderen, on the other hand, wird niemals etwas über die Liebkosung oder das Begehren gesagt. Macht man Liebe, macht der Mensch Liebe mit der Hand oder mit den Händen? Und wie steht es in dieser Hinsicht mit der sexuellen Differenz? Man stelle sich Heideggers Protest vor: diese Frage ist eine abgeleitete, das, was Sie Begehren oder Liebe nennen, setzt die Heraufkunft der Hand aus dem Wort voraus, und seit der Zeit, da ich auf die Hand, die gibt, sich gibt, verspricht, sich aufgibt, gewährt, aushändigt und im Bund oder Schwur verpflichtet, angespielt habe, verfügen Sie über alles, was Sie notwendig brauchen, um dieses zu denken, was Sie vulgär Liebe machen, liebkosen oder gar Begehren heißen. – Mag sein, aber warum sollte man es nicht sagen?« (Derrida 1988: 81)

Und warum, so wäre aus queer/feministischer[18] Perspektive zu ergänzen, nicht die Hand als erotische Zone, als Sexualorgan erwähnen,

18 Der Ausdruck queer/feministisch ordnet die beiden Terme gleichberechtigt nebeneinander an, ohne sie miteinander zu verschmelzen (vgl. Engel 2002: 10). Dies soll daran erinnern, dass eine Problematisierung der Geschlech-

sowie die Hand, die Haus- und Sorgearbeit verrichtet, aber auch die Hände, die jemanden halten, festhalten, kontrollieren oder strangulieren? Die gewaltsame Hand als konstitutiver Aspekt der Geschlechterhierarchie, der Heteronormativität und rigider Zweigeschlechtlichkeit wird auch von Derrida nicht bedacht. Was hieße es also, diese Zusammenhänge mit Bezug auf die Bilder zu denken, eine Sexualisierung der Hände zuzulassen, ebenso wie deren Verbindung mit funktionalen, instrumentellen, technologischen und gewaltsamen Praxen? Kann hierbei an der Idee der Gabe festgehalten werden? Die Unterscheidung von Gabe und Instrument, so haben die Bildlektüren verdeutlicht, ist nicht leicht aufrechtzuerhalten: Ist die Hand auf der Schulter womöglich zugleich professionelle und sorgende Hand? Erwächst der sexuelle Subtext des Bildes gerade daraus, dass zwischen Gabe und Instrument nicht klar zu unterscheiden ist? Welche Bedeutung kommt der Verwebung von Arbeit und Sexualisierung zu, die beide Bilder durch den Einsatz der Hände präsentieren? Handelt es sich hierbei um Sexarbeit oder um Handwerk – oder ist auch diese Unterscheidung nicht klar zu treffen?

... die Hand als Sexualorgan

Ich möchte vorschlagen, dass das Plakat von Doujak/Marth nicht nur Antworten auf diese Fragen anbietet, sondern dass es in diesem Rahmen auch eine Verschiebung des kulturellen Imaginären bewirkt, und zwar deshalb, weil es nahelegt, die Hand als Sexualorgan zu sehen: Die Hand, deren irritierende Haltung unsere Aufmerksamkeit bereits errungen hat, lässt sich als eine decodieren, die den Dildo greift, als Hand, die, gibt sie den Dildo-Löffel frei, sogleich zum Fingern oder Fisten bereitstünde. Disqualifiziert sie sich hiermit als eine Hand des Handwerks oder der Hausarbeit? Vielleicht ja, vielleicht nein – je nachdem ob die sinnlichen und lustvollen Dimensionen sexueller Praxis als vereinbar angesehen werden mit der Idealisierung sinnlicher Dimensionen von Handwerk und Hausarbeit, wie Heidegger und gewisse patriarchale oder matriarchale Ideolog_innen sie anbieten. In jedem Falle aber verknüpft das Bild, wie ich gezeigt habe, die Sexualisierung mit der

terhierarchie im Kontext der Queer Theory keineswegs selbstverständlich ist, sondern explizit gefordert und markiert werden muss (feministisch) Zugleich schreibt sich die feministische Perspektive direkt ins queere Feld hinein und unterordnende Formen (queer-feministisch oder feministisch-queer) werden vermieden.

Figur des *homo oeconomicus*. Gelingt dies deshalb, weil sich ein ›lesbischer Phallus‹ ins Geschehen einmischt? Butler (1994) führt die Figur des lesbischen Phallus ein, um die lacansche Psychoanalyse von ihrer letztendlich doch biologistisch begründeten ›Gesetzestreue‹ gegenüber der patriarchalen symbolischen Ordnung zu befreien und die von Lacan behauptete Mobilität des Phallus zu realisieren. Laut Butler ist es nicht der Monolith Phallus, sondern sind es lesbische Phalli, die als Zeichen des Begehrens fungieren: Die Hand, die den Dildo-Löffel greift, nimmt die Position des Phallus-Habens ein. Der entblößte Körper besetzt als ›Objekt des Begehrens‹ die Position des Phallus-Seins – ein Körper, der interessanterweise als bärtig und maskulin dargestellt ist und dennoch das Phallus-Sein für sich reklamiert. Das Plakat von Doujak/Marth unterstreicht Butlers These, dass die lacanschen Positionen des Phallus-Seins (›weiblich‹) und Phallus-Habens (›männlich‹) damit ihre Ausschließlichkeit verlieren und gleichzeitig eingenommen werden können. Deutlich zeigt sich, dass nicht nur die Begehrens-, sondern auch die Geschlechterpositionen mobil sind und gleichzeitig besetzt werden können. Somit entzieht sich der dargestellte Körper der heterosexualisierten, zweigeschlechtlichen Logik. In diesem Raster wird es möglich, auf die Setzung einer vorgegebenen Geschlechtlichkeit oder sexuellen Identität zu verzichten und die irritierende Ambiguität aufrechtzuerhalten. Dass dennoch eine Sexualisierung erfolgt, ist der Hand zu verdanken. Indem d_ Betrachter_in der Brust die vereindeutigende Aufmerksamkeit verweigert, verschiebt sich der Blick auf die Hand. Marion Herz stellt sie uns als Sexualorgan in ihrem Artikel »Fingern im Geschlecht« (2001) vor. Herz setzt sich mit den Möglichkeiten der Repräsentation lesbischer Sexualität im »Abseits der heterosexistischen zweigeschlechtlichen Ordnung« (ebd.: 182) auseinander und fragt »nach dem Geschlecht von Körpern, bei denen die Hand Geschlechtsmerkmal, erogene Zone und Sexualorgan ist« (ebd.).

> »Kommt die Hand [...] als Geschlechtsorgan ins Spiel, so löst sie die traditionellen Codes zur Herstellung von Geschlecht aus deren strukturellen zweigeschlechtlichen Rahmen. Die Hand ist also einerseits ein spezifisch lesbisches Geschlechtsorgan, insofern ihre Konstitution als Geschlechtsorgan von der Unmöglichkeit, in der herrschenden Geschlechterordnung so etwas wie den lesbischen Körper überhaupt zu entwerfen, mobilisiert wird, und andererseits genau nicht lesbisch, insofern diese Hand wiederum alles Lesbische auslöscht, das durch die zweigeschlechtliche Ordnung definiert wird.« (Ebd.: 183)

Folgen wir Herz' Vorschlag, dann zeichnet sich das Plakat dadurch aus, dass es eine Repräsentation lesbischer Sexualität artikuliert, die eben gerade nicht lesbisch ist, oder nur insoweit, wie sie die zweigeschlechtliche Ordnung herausfordert und durch die fortdauernde Nicht-Stillstellbarkeit des Geschlechts auch die Begehrensrelationen mobilisiert. Für den hier fokussierten Kontext ist entscheidend, dass hierbei auch die Figur des *homo oeconomicus* eine Umarbeitung erfährt, sprich zwar einer gewissen Maskulinisierung ausgesetzt ist, die jedoch, insofern sie durch den lesbischen Phallus motiviert ist, keine Heteromaskulinität darstellt.

Entsprechend könnte jedoch auch bezüglich des anderen Bildes die Frage nach der Hand als Sexualorgan gestellt werden. Unterläuft die Unverfänglichkeit der sorgenden Hand deren Status als Geschlechtsmerkmal und als Sexualorgan? Oder kokettiert sie womöglich genau mit dieser Unverfänglichkeit? Inwiefern unterschätzt die bisherige Lesart das Potential, das darin liegt, dass diese Hand geschlechtlich unmarkiert ist – und somit diverse Begehrensrelationen eröffnen kann? Unter der Prämisse der Mobilität der Begehrensrelationen kann die Effeminierung zugleich als Effekt heteronormativer Dominanz gesehen werden, aber auch als Indikator einer Position des Phallus-Seins, die es erlaubt, die Person als begehrtes Wesen zu decodieren. Ein begehrtes Wesen, das seinerseits über eine rührende Hand verfügt, die für sich die sexualisierende Kraft des Phallus beanspruchen kann. Während diese Lesart jedoch aktiv gegen die Desexualisierungsprozesse des Bildes zum Einsatz zu bringen ist, legt das Bild von Doujak/Marth eine entsprechende Mobilisierung der Geschlechter- und Begehrensordnung von sich aus nahe. Den Bildern unterliegen also unterschiedliche Bildpolitiken bzw. eine unterschiedliche Risikobereitschaft. Denn in Anbetracht hegemonialer gesellschaftlicher Machtprozesse verspricht die Desexualisierung Schwulen den Eintritt in soziale Anerkennung und Teilhabe am Öffentlichen. Hingegen riskiert die Sexualisierung der polymorphen Figur deren sozialen Ausschluss.

Ich möchte nun noch einmal auf die Frage zurückkommen, inwiefern die Idealisierung des Handwerks oder bestimmter Formen von Arbeit, insbesondere ihre Codierung als Gabe und Sorge, zur Reproduktion sozio-kultureller Hierarchien, Unterordnungen, Privilegien und Überlegenheitsansprüche beiträgt. Inwiefern ist es notwendig, das Handwerk auch als technologische Praxis, als Ausbeutung von Handarbeit in Fabriken, Haushalten, an Computern und auf Feldern und nicht zuletzt als Sexarbeit und sexuelle Arbeit zu verstehen? Praktisch heißt dies womöglich: »Man muss eher mit dem Dildo als mit dem Hammer philosophieren [...] Eine Operation, bei dem das, was als organisches Zentrum der Sexualität gilt, an einen außerhalb des Körpers liegenden Ort verschoben wird.« (Preciado 2003: 60f.)

Sexuell arbeiten an sexuellen Produktionsverhältnissen

Auch diesbezüglich lädt das Plakat von Doujak/Marth zu weiterführenden Überlegungen ein, denn es bricht gewissermaßen ein zweites Tabu, indem es nicht nur geschlechtliche und sexuelle Dissidenz, sondern auch Arbeit sexualisiert. Das Bild von Doujak/Marth vollzieht eine paradoxe Doppelbewegung: Im Feld der unsexy Hausarbeit wird über Sexualität verhandelt, ohne der Sexualisierung als Werbe- und Verkaufsstrategie zu verfallen; zugleich wird das Thema Hausarbeit als Arbeit präsent gehalten und über diese Kombination sichtbar gemacht, inwiefern Arbeit immer auch ›sexuelle Arbeit‹ bedeutet. Diese Kopplung von Sexualität und Arbeit kommt in der Werbeanzeige implizit ins Spiel, dann nämlich, wenn die sorgende Hand zugleich als professionelle Hand interpretiert wird. Wird diese Kopplung in den Blick genommen, wie dies im Folgenden mit Bezug auf das Konzept sexueller Arbeit erfolgen soll, eröffnet sich eine analytische Perspektive, die die Bildlektüre rückbindet an die Frage nach dem Verhältnis neoliberaler kapitalistischer Ökonomie und den entsprechenden Formen der Regulierung von Sexualität.

Der Begriff der ›sexuellen Arbeit‹, den Pauline Boudry, Brigitta Kuster und Renate Lorenz in ihrem Buch *Reproduktionskonten fälschen!* (1999) einführen und der mit *sexuell arbeiten* (Lorenz/Kuster 2007) spezifiziert wird, unterzieht die Verständnisse von Produktions- und Reproduktionsarbeit, von Öffentlichkeit und Privatheit, von Subjektivität und Herrschaft einer grundlegenden Umarbeitung, indem die Trennung von Arbeit und Sexualität in Frage gestellt wird. Sexuelle Arbeit, die sowohl am Arbeitsplatz als auch zuhause geleistet wird, infiziert das Zuhause mit vertraglich-monetären Tauschverhältnissen und entdeckt das Emotionale und Sexuelle in den Beschäftigungsverhältnissen.

Damit greifen Boudry/Kuster/Lorenz die jahrzehntelange feministische Kritik an unbezahlter Haus- und Beziehungsarbeit und geschlechtlicher Arbeitsteilung auf. Sie fordern aber nicht nur ein anderes Verständnis der Reproduktionsarbeit, sondern verweisen auch darauf, dass Arbeitsverhältnisse sehr grundlegend dadurch geprägt sind, dass dort gesellschaftliche Anforderungen der Weiblichkeit, Männlichkeit und Heterosexualität in Selbstverhältnisse und soziale Praxen umgesetzt werden. ›Sexuelle Arbeit‹ spielt darauf an, »daß Arbeitsverhältnisse Fähigkeiten und Emotionen in den Arbeitsprozeß integrieren, die dem Bereich des Persönlichen, der Subjektivität zugeordnet sind« (Boudry/Kuster/Lorenz 1999: 9), und fasst dabei Sexualität explizit als ein Feld sexueller wie auch sozialer Praxen auf.

Der Begriff sexuelle Arbeit verweist also sowohl auf die Arbeit als auch auf die Subjektivitäten. Das Argument ist ein doppeltes: Die Arbeitsverhältnisse benötigen für ihr Funktionieren ein bestimmtes Maß sexueller Arbeit und diese sexuelle Arbeit wirkt gleichzeitig subjektkonstituierend, insofern sie die Individuen aktiv und in enger Verbindung zu ihren persönlichen (emotionalen und sozialen) Fertigkeiten beteiligt. Somit erlaubt der Begriff, den Blick auf die neoliberalen Subjektivitäten zu richten, die die sozio-ökonomischen Transformationsprozesse stützen. Während die neoliberale Ideologie vorschlägt, die Paradoxie zwischen Autonomie und Bindung bzw. Individualisierung und Verantwortung zu lösen, indem sie sie als private Aufgabe der Individuen fasst, nehmen Boudry/Kuster/Lorenz die gegenteilige Bewegung vor: Sie holen die nicht thematisierte sexuelle Arbeit ins Feld öffentlicher Sichtbarkeit. Was lässt sich also mittels des Begriffs der sexuellen Arbeit zu den Bildern sagen? Was heißt es, die Produktions- und Konsumtionsverhältnisse in den Blick zu nehmen und danach zu fragen, wie die Bilder Produzent_innen und Konsument_innen inszenieren?

Da das Kochen im Werbebild eher eine nachgeordnete Rolle spielt, sprich dazu dient, die Unabhängigkeit d_ Protagonist_ zu signalisieren, kommt es als Moment der Produktion kaum zum Tragen. Wohl aber wird die dargestellte Figur, vor allem über das klinisch-technologische Umfeld ihres Auftretens, als Konsument_in markiert, und zwar als durchaus zahlungskräftige_, d_ es an ökonomischer Absicherung nicht mangelt. In diesem Sinne aktiviert das Bild Mechanismen einer differentiellen Integration. Diejenigen, für die aufgrund rassistischer oder klassistischer Positionierungen eine Anrufung durch die ideologische Figur der Unabhängigkeit nicht greift, sind entsprechend aus dem Repräsentationsraum verbannt. Stößt hier die projektive Integration an ihre Grenzen, weil es dem Bild nicht gelingt, heterogene Adressierungen zu realisieren? Oder bietet sich die Figur des ökonomisch privilegierten, weißen Mittelschichtssubjekts an, als mögliches Selbst zu fungieren? Wenn Projektion darauf beruht, Differenz affektiv aufzuladen, gibt es keinen prinzipiellen Grund, warum nicht auch d_ schwarze Jugendliche aus dem Internet-Café in Namibia, d_ das Bild online entdeckt, sich das Bild aneignen und ein geteiltes Phantasieszenario ausarbeiten könnte. Das heißt allerdings noch lange nicht, dass sie_er damit in einer Machtposition wäre, von der aus die Projektionsleistung auch den sozio-politischen Effekt hätte, eine projektive Integration leisten zu können. Geo-historische Positionierungen sind auf ihre relativen Privilegien, Benachteiligungen und ›Verletzlichkeitsstrukturen‹ (Castro Varela 2007) hin zu betrachten, um nicht »eine Beliebigkeit sozialer Unterschiede [zu] postulieren« (Erel et al. 2007: 246). Dies bedeutet, nicht nur die ökonomischen, politischen, sozialen und kulturellen Bedingungen zu analysieren, die für d_ Jugendliche_ das Leben in einem postkolonialen Land und die Un/Möglichkeiten der Migration prägen, sondern auch zu bedenken, dass sich Handlungsmächtigkeit (*agency*), wie Encarnación Gutiérrez Rodríguez (2003b) argumentiert, notwendig in Auseinandersetzung mit der »Nachhaltigkeit der kolonialen Macht« (ebd: 21) entfalten muss, die die Wissensproduktion über die Kolonien ebenso beeinflusst wie die Ausbildung »von Institutionen der Zivilgesellschaft, aber auch von Weltanschauungen, Selbstverständnissen und Selbstverhältnissen« (ebd.). Das heißt auch, wie Renate Lorenz (2007b) formuliert, dass von unterschiedlichen sozialen Positionen aus unterschiedlich viele, mehr oder weniger komplizierte ›Durchquerungen‹ nötig sind, um soziale Anrufungen aufgreifen oder gar umarbeiten zu können (vgl. ebd.: 141ff.) und einen imaginären sowie sozialen Raum der Polymorphen in all ihren Verschiedenheiten zu eröffnen.

Durchquerungen neoliberaler sexueller Ökonomien

›Durchquerung‹ bedeutet für Renate Lorenz (2007) eine Mobilisierung verschiedener kulturell oder habituell stabilisierter Identitätspositionen, die – so es gelingt, unterschiedliche Positionen ›gut genug‹ einzunehmen – erlaubt, nicht nur die mit diesen verbundene soziale Anerkennung zu erfahren, sondern auch die Anerkennung der Fähigkeit zur flexiblen Durchquerung – eine Fähigkeit, die unter neoliberalen Bedingungen zunehmend wertgeschätzt wird.[19] Allerdings, so hebt Lorenz ebenfalls hervor, birgt die Praxis der Durchquerung, so sie in sozialen Situation zur Anwendung kommt, immer auch das Risiko, den Anforderungen nicht zu genügen und für soziale Überschreitungen, insbesondere von Hierarchien, sanktioniert zu werden:

»So zeigt sich, dass die Mobilisierung der Positionen, die durch das Passing ermöglicht werden, keineswegs die Hierarchien außer Kraft setzt: das ›Passing‹ nach oben wird mit Anerkennung belohnt, die ›Entdeckung‹,

---

19 In Lorenz (2009) wird das Konzept der Durchquerungen genauer ausgearbeitet und eine Unterscheidung zwischen horizontalen (111ff.) und vertikalen (155ff.) Durchquerungen eingeführt, wobei erstere mit ein und derselben ›Pose‹ gleichzeitig unterschiedliche, womöglich widersprüchliche soziale Anforderungen erfüllt und letztere durch das Einnehmen unterschiedlicher ›Posen‹ soziale Positionen durchquert. In beiden Fällen

doch einer unteren sozialen Position anzugehören, ist als Drohung formuliert, die erhebliche soziale Konsequenzen mit sich bringt.« (Ebd.: 142)

Hinsichtlich des hier besprochenen Bildmaterials scheint mir zweierlei relevant: Zum einen, dass die Bilder bestimmte Durchquerungen, insbesondere bezüglich der geschlechtlichen Codierung von Hausarbeit und der Desexualisierung von Arbeit leisten, dass diese jedoch unterkomplex sind, was Prozesse der Rassifizierung sowie der Ausbildung oder Verschiebung von Klassenhierarchien betrifft. Zum anderen, dass beide Bilder mit einer Strategie arbeiten, die sich als Verweigerung des *passing* bezeichnen ließe. Wenn der wie ein Pinsel geführte Kochlöffel und das zerzaust-entrückte Aussehen der Figur in der Werbeanzeige sowohl das Bild des Meisterkochs als auch des Unternehmers-seiner-Selbst unterläuft oder wenn der Kochlöffel als lesbischer Phallus zum Einsatz kommt, scheitert sowohl das *passing* als heterosexuelle Männlichkeit und Weiblichkeit als auch das *passing* als Hausarbeiter_innen. Wohl aber, so ließe sich argumentieren, gelingt – ungewollt – ein *passing* als Mittelschichtssubjekte, sei es als zahlungskräftige Konsument_in oder als *homo oeconomicus*. Ebenfalls werden keinerlei Durchquerungsversuche hinsichtlich der weißen Rassifizierung vorgenommen, die eine Irritation der Privilegien des Weißseins bewirken würden.[20]

Lorenz' Begriff der Durchquerungen ermöglicht es also, eine Komplexität sozio-kultureller und geo-historischer Positionierungen in dynamische Gebilde gegenseitiger Verhandlung und Umarbeitung zu übersetzen, aber auch aufzuzeigen, wo diese begrenzt oder umgangen werden – und inwiefern dies bestehende Macht- und Herrschaftskonstellationen stützt. Für den Kontext dieses Buches und die Frage nach der sozialen Produktivität kultureller Politiken erscheint mir entscheidend, dass Lorenz die Durchquerungen nicht nur in öffentlichen sozialen Praxen, sondern auch in kulturellen Repräsentationen, welche unterschiedliche Bildarchive gleichzeitig aktivieren, und in kontrollierten sozialen Performances, die im privaten, halbprivaten

---

handelt es sich um eine »Mobilisierung [...] die die Einnahme und Differenzierung sozialer Plätze einschließlich der Privilegien/Deprivilegierungen, der Arbeitsteilung und der Machthierarchien sozusagen auf dem eigenen Körper austrägt.« (169)

20 Diesbezüglich wäre es interessant, McClintocks (1995) Überlegungen zur Konstituierung des weißen, bürgerlichen viktorianischen Subjekts einzubeziehen, das sich maßgeblich über die Durchrationalisierung von Hausarbeit und über eine virtuose Verschaltung von Häuslichkeit (*domesticity*) und imperialem Kolonialismus herausbildet. In diesem Sinne wäre das

oder subkulturellen Raum inszeniert werden (z.B. SM-Szenarien oder Drag-Performances), stattfinden sieht. Hier können Durchquerungen geleistet werden, die sozial (noch) nicht umsetzbar sind. In ähnlicher Weise lässt auch das Konzept der projektiven Integration zu, dass im Rezeptionsprozess komplexe Durchquerungen geleistet und ein mögliches Selbst entworfen werden kann, welche eingespielte Identifizierungen und Begehrensformen herausfordern und verschieben, ohne dass dies unbedingt in soziale Praxen umgesetzt werden müsste. Ob dies als hegemoniale Befriedungsstrategie zu kritisieren ist, die politische Kämpfe verhindert, oder gerade zur Politisierung beiträgt, lässt sich nur im konkreten Ergebnis beantworten. Lorenz ist einerseits durchaus skeptisch, ob Repräsentationen von Durchquerungen nicht als Fetisch funktionieren, der suggeriert, dass soziale Widersprüche in individuellen Praxen überwunden werden können, und zwar auf Kosten ihrer Politisierung (124). Andererseits hebt sie jedoch hervor, dass Repräsentationen und Inszenierungen eine Autorisierung vormals verworfener Positionen produzieren können und das Potential neuer kollektiver Verbundenheiten und Kompliz_innenschaft in der Grenzüberschreitung bergen – während sie aber »zugleich Teil eines neuen vorherrschenden Machtdispositivs [sind, ae], das einen großen Aufwand an sexueller Arbeit erzwingt« (150).[21]

Durch das Plakatphoto werden deutlich andere Formen sexueller Arbeit nahegelegt als durch das Werbebild. Insofern die Figur inmitten einer eher armseligen Ausstattung und ohne weiteren Verweis auf ein gesellschaftliches Umfeld positioniert ist, lassen die Informationen des Bildes auf Lebensbedingungen schließen, die ihre Bedeutung als Konsument_in eher irrelevant erscheinen lassen. Auch ihre ökonomische Funktion als Produzent_in bleibt unbestimmt. Insofern sie sich nicht in die traditionellen Bilder von Hausarbeit einschreiben lässt, kann ihre Praxis eher als ›sexuelle Arbeitsverweigerung‹ denn als Hausarbeit verstanden werden. Doch unklar bleibt, ob ihre Inszenierung als

---

Bild von Doujak/Marth keineswegs eine Verabschiedung der Klischees weiblicher Hausarbeit, sondern die Vereinigung von Hausarbeit und imperialer, ökonomischer Rationalisierung. Allerdings wäre entgegen McClintocks historischer Analyse zu bedenken, dass »sexuelle Devianz« und »rassische Devianz« heute nicht mehr unbedingt mimetisch miteinander verschaltet, sondern eher gegeneinander ausgespielt werden bzw. diverse Formen gegenseitiger Durchquerung zu finden sind.

21 Der Begriff des ›Aufwands‹ sexueller Arbeit wird zentral in Lorenz (2009), wo sie deren Potential darlegt: »Die Theoretisierung des ›Aufwands‹ stellt meiner Meinung nach eine Möglichkeit bereit, Hierarchisierung und

homo oeconomicus auf eine andere Arbeitstätigkeit verweist, wenn ja, welchen persönlichen oder gesellschaftlichen Nutzen diese hat und wer davon profitiert. Einerseits wird somit die Einverleibung des Bildes bzw. der Figur und ihrer Arbeit in den Horizont der kapitalistischen Marktwirtschaft unterlaufen. Andererseits ließe sich aber auch kritisch hervorheben, dass die dargestellte ›Arbeitsverweigerung‹ unreflektiert ein weißes Privileg beansprucht. Repräsentationsraum für diejenigen, die Hausarbeit als unterbezahlte Lohnarbeit verrichten (müssen), wird vom Bild nicht eröffnet. Dennoch lässt sich im Verweis auf die Möglichkeiten komplexer Durchquerungen und projektiver Integration argumentieren, dass es womöglich gar nicht unattraktiv, jedenfalls nicht unmöglich ist, dass d_ illegalisierte Hausarbeiter_in, d_ das Bild jede Woche in der WG-Küche hängen sieht, wenn sie_er dort putzt, ein mögliches Selbst in dem Blick verortet sieht, der den Bildrand des Plakats überschreitet und in einem nicht allzu fernen *outside belongings* einen Streik anzettelt. Auch der Einwurf, dass die Photographie von Doujak/Marth es umgeht, Formen dafür zu finden, wie Sorgerelationen in bzw. als Arbeit und Hausarbeit repräsentiert werden können, ohne sie zu feminisieren, sie der ökonomisch-instrumentellen Logik unterzuordnen oder zu desexualisieren, lässt sich durch den Verweis darauf kontern, dass affektive Besetzungen des Bildes ungeplante Durchquerungen bewirken können. Bezüglich der Frage, wie solche Durchquerungen zu initiieren sind, stellt der Begriff der sexuellen Arbeit – für beide Bilder – eine inspirierende Herausforderung dar.

Queering Sorge?

Dem neoliberalen Integrationsversprechen widersetzt sich das Plakat von Doujak/Marth dadurch, dass die Referenz auf eine Gesellschaft fehlt, in die ›integriert‹ werden könnte. Das Subjekt erscheint nicht als Konsument_in oder Produzent_in sexualisierter Produkte/Dienstleistungen, es gibt kein Umfeld, das auf ökonomischen Erfolg oder die Einbindung in den Familientraum verweist, und auch die Zeichen einer verdinglichten Individualität fehlen. Dem hingegen kann das ›umsorgte Dasein‹ durchaus als ein Bild gelesen werden, das Elemente des neolibe-

Arbeitsteilung nicht entsprechend fixer Identitätskategorien, sondern entsprechend der ›sexuellen Arbeit‹, die jeweils geleistet werden muss, zu kritisieren und so Differenzen auch in ihren Abstufungen, Widersprüchlichkeiten und in ihrere Intersektionalität zu fassen.« (14)

ralen Diskurses aktiviert, so z.B. die ökonomische Integration als Konsument_in oder das Unabhängigkeitsversprechen privatisierter Versorgungsleistungen. Doch geht auch das Werbebild nicht bruchlos in neoliberalen Diskursen auf, aktiviert es doch ein konservatives und nahezu unzeitgemäßes Bild des effeminierten, kränklichen Schwulen, das die Angebote der Integration als freies Wirtschaftssubjekt, sprich selbstbestimmter ›Unternehmer seiner selbst‹ unterläuft. Keines der beiden Bilder inszeniert das *sexy subject* der *pink economy* oder entspricht dem Klischee hipper, erfolgreicher Subjektivität. Wenn die Protagonist_innen träumend-selbstvergessen in ihren Töpfen rühren, scheinen sie vom Leistungsprinzip verschont und die Individualisierung schreibt sich ihnen keineswegs als beglückendes Erlebnis ein. Doch wenngleich sich die Bilder nicht nahtlos in den neoliberalen Horizont einfügen, bleiben doch die visuellen Angebote, neoliberale Politiken zu hintergehen, ungewollte Allianzen aufzubrechen oder Perspektiven sozioökonomischer Gerechtigkeit zu entwerfen, begrenzt.

Neoliberale Individualisierungsdiskurse verstehen Rassismus, Sexismus, Heteronormativität oder Klassenverhältnisse nicht länger als Formen sozio-struktureller Diskriminierung und entlassen den Staat aus der Verantwortung, gegen diese vorzugehen. Stattdessen wird darauf gesetzt, dass der Markt diejenigen, die die entsprechenden (Anpassungs-)Leistungen bringen, sozial integriert, bzw. wird den Einzelnen ›versprochen‹, strukturelle Ungleichheitsverhältnisse durch individuelle Praxen oder ökonomisches Vermögen überwinden zu können. Wem dies nicht gelingt, ist selber schuld. Die Verantwortung für die Integration – oder auch deren Scheitern oder deren Verweigerung – wird den zu Integrierenden aufgebürdet bzw. angelastet.

Im Grunde genommen erweist sich also das, was als Wahlfreiheit und Individualisierungsversprechen daherkommt, für viele als Individualisierungszwang. Doch wird es schmackhaft gemacht, indem es als ›Eigenverantwortung‹ oder persönliche, vorgeblich freie Entscheidung codiert wird (vgl. Lorey 2007). Darin greift jedoch ein Individualisierungsparadigma, das den Einzelnen abverlangt, sich aktiv um ihre Normalisierung zu kümmern, die Spannbreiten normalisierter Subjektivität mitzugestalten und Erfolg an eigene Leistung, nicht an soziale Bedingungen gekoppelt zu sehen. Soziale Gruppenzugehörigkeiten, ethische Werte oder unhinterfragte Gewohnheiten hebeln den individualisierten Leistungs- und Normalisierungsimperativ nicht aus. Wenn er greift, werden repressive und disziplinierende Formen der Herrschaft überflüssig: »Warum sollte es nötig sein, individuelle Freiheiten und Gestaltungsspielräume einzuschränken, wenn sich politische Zwecke wesentlich ›ökonomischer‹ mittels individueller ›Selbstverwirklichung‹ realisieren lassen.« (Bröckling et al. 2000: 30)[22]

Mit Hilfe der Bildlektüren habe ich zu zeigen versucht, dass diese Formen der Individualisierung und Eigenverantwortung nicht notwendig in Widerspruch zu Sorgerelationen geraten, sondern mit ihnen durch eine ›Verführung in die privatisierte Verantwortung‹ harmonisiert werden. Dennoch behauptet keines der Bilder, dass das Paradox aufzulösen wäre, auch wenn das Werbebild eine ›Weichzeichnung‹ betreibt, während das Plakat die Spannung auf die Bühne bringt. Deutlich wird, dass ein hohes Maß an sexueller Arbeit erforderlich ist, um mit dem Paradox umzugehen, und dass keineswegs ausgemacht ist, ob die paradoxen Anforderungen nicht doch zum Anlass von Durchquerungen widersprüchlicher sozialer Positionen werden, die das normative Raster neoliberaler Verhältnisse herausfordern. Insbesondere der in die Ferne gerichtete, entschlossene Blick der Figur in Doujaks/Marths Foto, der keine Hemmungen hat, den Bildrahmen zu verlassen und sich auf ein Ziel zu konzentrieren, das als ›offene Zukünftigkeit‹ verstanden werden kann, wäre diesbezüglich als durchaus viel versprechend anzusehen.

22 Zum Topos der Eigenverantwortung im Kontext neoliberaler Gouvernementalität vgl. Lemke (2000), Bröckling et al. (2000: 25ff.). Mit Fokus auf Geschlecht und Sexualität vgl. Pühl (2003), Wagenknecht (2003), Ganz (2007). Gutiérrez Rodríguez (2003a: 175) kennzeichnet den gegen Migrant_innen geäußerten Vorwurf der ›Integrationsunwilligkeit‹ als rassistische Version des Imperativs der Eigenverantwortung.

3 Die Widersprüche der Paradoxien

Paradoxien kommt ein prominenter Status in neoliberalen Diskursen zu. Mit diesem Buch zeige ich, dass das Auftreten der Paradoxien unmittelbar damit verbunden ist, wie Sexualität und Geschlecht diskursiv zum Einsatz gebracht werden. Im vorigen Kapitel stand diesbezüglich die widersprüchliche Anforderung im Mittelpunkt, sorgende Verantwortung an den Tag zu legen, aber zugleich individuelle Unabhängigkeit zu demonstrieren. Charakteristisch erscheint mir außerdem das verbreitete Insistieren darauf, Sexualität als Privatangelegenheit zu verstehen, sie aber in den Medien permanent zur Schau zu stellen und der öffentlichen Verhandlung auszusetzen. Zudem rufen insbesondere neoliberale Subjektivitätsvorstellungen dazu auf, Widersprüchliches miteinander zu vereinbaren, so z.B. gleichzeitig Leistungs- und Freizeitsubjekt zu sein, Besonderheit und Normalität zu vermitteln oder den eigenen Körper allen möglichen Technologien zu unterwerfen, ihn aber zugleich als Inbegriff des Natürlichen anzusehen. Ein geschickter und flexibler Umgang mit derartigen Paradoxien scheint nötig, um innerhalb neoliberaler Verhältnisse zu bestehen. Wenn es darum geht, entsprechende Bewältigungsstrategien zu entwickeln, zeigt sich, dass queere und neoliberale Diskurse nicht sorgfältig voneinander geschieden sind, sondern sich in Prozessen hegemonialer Allianzbildungen miteinander verflechten. Bilder vieldeutiger, widersprüchlicher oder hybrider Geschlechter- und Begehrensrelationen, wie sie aus queerer Perspektive entworfen werden, sind einerseits geeignet, heteronormative Vorstellungen des Sexuellen herauszufordern, können jedoch andererseits eine Virtuosität im Umgang mit neoliberalen Anforderungen unterstützen. Denn im Kontext neoliberaler Transformationen gesellschaftlicher Verhältnisse dienen Repräsentationen nonkonformer

Geschlechter und Sexualitäten dazu, paradoxe Spannungen bewältigbar erscheinen zu lassen, Gegensätze miteinander zu vermitteln, oder Paradoxien lustvoll zu besetzen – und Selbstrepräsentationen der Polymorphen sind nicht jenseits dessen zu verstehen. Nichtsdestotrotz ist queere Theorie und Politik maßgeblich an der Kritik neoliberaler Transformationen beteiligt. Hierbei nutzt sie Paradoxien, um eindeutige oder universalisierende Konstrukte in Frage zu stellen, und bringt sie damit in herrschaftskritischer Weise zum Einsatz (vgl. Mönkedieck 2008). In diesem Sinne lässt sich im Hinblick auf den Umgang mit Paradoxien ein wiederum paradoxes Spannungsverhältnis von gleichzeitiger Affinität und Abwehr zwischen queeren und neoliberalen Diskursen diagnostizieren.

»Interestingly, as the ›private‹ is ever more commodified and the body is more and more targeted as a site of global consumption, queer sexualities and cultures have come to occupy center stage in some of the most urgently disputed issues of our times. [...] queer sexualities and cultures have often been deployed negatively to ally anxieties about ›authentic‹ national belonging [...] and positively by nation-states in order to project an image of global modernness consistent with capitalist market exchange. [...] And yet this position occupied by queer sexualities and cultures in our globalized world as a mediating figure between the nation and diaspora, home and the state, the local and the global [...] has not only been a site of disposession, it has also been a creative site for queer agency and empowerment.« (Cruz-Malavé/Manalansan 2002: 1f.)

Inwiefern kann gerade aus diesen Spannungen eine Politisierung erwachsen, die die neoliberalen Paradoxien zum Anlass nimmt, queere Heteronormativitätskritik mit einer Kritik an und Umarbeitung von ökonomischen Verhältnissen zu verbinden? Für Volkmar Sigusch (2005) sind Paradoxien zentral, wenn es darum geht zu verstehen, wie sich Sexualität unter spätmodernen, neoliberalen Bedingungen gestaltet. Sogenannte ›Neosexualitäten‹, individualisierte Formen sexueller Subjektivität und damit einhergehende Beziehungsformen, gelten ihm als Inbegriff neoliberaler Paradoxien, insofern sie einerseits eine durch den Kapitalismus ermöglichte sexuelle Liberalisierung verkörpern, andererseits jedoch die Sexualität der Warenform und dem Konsumfetischismus unterwerfen. Während Sigusch hierbei in der Paradoxie eine Figur der Uneigentlichkeit sieht, der ein kritisches Bewusstsein eine klare Unterscheidung von Freiheit und Repression entgegenzusetzen habe (ebd.: 164), verfolgt Volker Woltersdorff (2007) in einer kritischen Auseinandersetzung mit Sigusch das Anliegen, das »Bewegungspotenzial neosexueller Paradoxien« (ebd.: 179) freizulegen. Woltersdorff verwendet den Begriff der Prekarisierung, der »das Nebeneinander von Individualisierungsgewinn und Unsicherheitszuwachs« (180) beschreibt, um bezogen auf »das Verschwinden der alten Perversionen in einem deregulierten sexuellen Markt, die Enttraditionalisierung und Prekarisierung der Geschlechterverhältnisse, die Implementierung einer kontraktuellen Aushandlungsethik und die Pluralisierung und Flexibilisierung der Familie« (179) zu zeigen, wie Handlungsmächtigkeit gerade dadurch entsteht, dass die Einzelnen mit den in diesen Prozessen angelegten Widersprüchen in unterschiedlicher und eigensinniger Weise umgehen.

Die Unterschiedlichkeit, mit der Sigusch und Woltersdorff auf die Paradoxien reagieren, also deren Übersetzung in klar geschiedene Widersprüche oder das Aufrechterhalten und Produktivmachen des paradoxalen Charakters bzw. das Hervortreiben der Ambiguität, scheinen mir auf differente Formen des politischen Umgangs mit Paradoxien hinzuweisen, die im Rahmen dieses Kapitels ausgelotet werden sollen. Die Frage, ob aus Prekarisierungen auch produktive Momente gesellschaftspolitischer Veränderung erwachsen können, übernimmt Woltersdorff von Renate Lorenz (2007), die den Begriff der ›Durchquerungen‹ einführt, um den aktiven Umgang und ›Aufwand‹ zu beschreiben, den die Einzelnen betreiben (müssen), um der Prekarisierung zu begegnen und widersprüchlichen Anforderungen gerecht zu werden (vgl. ebd. 141ff.).[1] Lorenz hebt diesbezüglich die Bedeutung kultureller Praxen und Produkte sowie Formen der (Selbst-)Repräsentation hervor, insofern diese persönliche und sozio-kulturelle Vorstellungen und Interessen vermitteln bzw. derartige Vermittlungen sich in kulturellen Produkten und Praxen materialisieren und dort untersucht werden können. In diesem Sinne befasse auch ich mich in diesem Buch mit

1 Vgl. auch die militanten Untersuchungen der queer-feministischen Gruppe *Precarias a la deriva* (Precarias 2007) und Gutiérrez Rodríguez (2007), die über den Prekarisierungsbegriff der *Precarias* schreibt, dass er »einerseits die Gewaltförmigkeit im Sinne von Verarmung, Ausbeutung, Unsichtbarmachung und Entrechtung benennt und andererseits die Potenzialität kollektiver Erfahrungen, durch die Formen kleinbürgerlicher Familiengefüge und nationaler Grenzregime verschoben werden. Jenseits der Modelle der Kleinfamilie, der Heteronormativität und der territorialen nationalen und europäischen Politiken der Zugehörigkeit bilden sich neue Lebens- und Arbeitsgemeinschaften, deren Alltag durch neue Verwandtschaftsbeziehungen wie der transnationalen und queeren Lebensgemeinschaften gekennzeichnet sind.« (Ebd.: 135)

visuellen kulturellen Produkten, wobei es mir darum geht, nicht nur politische Lektüren der ausgewählten Bilder anzubieten, sondern auch zu fragen, wie sie als Teil kultureller Politiken, als Formen der Politisierung und Medien politischer Veränderung verstanden werden können.

Was bedeutet es also, wenn Paradoxien als rhetorische, epistemologische und ästhetische Figuren in kulturellen Politiken zum Einsatz kommen? Wie können Paradoxien im Rahmen kultureller Politiken so zum Einsatz gebracht werden, dass sie die Einarbeitung in neoliberale Verhältnisse unterlaufen oder die Kritik an ihnen forcieren? Anliegen dieses Kapitels ist es, die Paradoxie als politische Figur zu diskutieren, die eine wichtige Rolle in neoliberalen Transformationsprozessen spielt. Dies bedeutet, die semiotisch-materiellen Formen zu untersuchen, die Paradoxien als rhetorische bzw. ästhetische Figuren in den kulturellen Produkten und Praxen annehmen.[2] Wie stehen diese in Relation zu sozio-ökonomischen Prozessen der Produktion, Zirkulation und Konsumption sowie ihren Technologien und Apparaten? Interessant erscheint mir vor allem, dass Paradoxien in neoliberalen Prozessen ihrerseits paradoxe Effekte ausbilden, insofern sie zugleich in Prozesse der Befriedung wie auch der Aktivierung münden. Paradoxien können sowohl Normalisierung, Zähmung von Widersprüchen oder Entschärfung von Konflikten als auch Politisierung bedeuten; die Politisierung kann ihrerseits entweder Widersprüche provozieren oder Ambiguität forcieren. Wie sind diese paradoxen Effekte zu beurteilen und welche politische Bedeutung kommt ihnen zu? Ist nur ein Forcieren antagonistischer Widersprüche politisch relevant oder kann auch eine virtuose Handhabung von Paradoxien, deren Harmonisierung oder deren lustvolle Besetzung provokante Effekte zeitigen? Kann Lust an der Paradoxie womöglich auch heißen, dass ›andere‹ Wünsche entwickelt werden, die der neoliberalen Normalisierung widersprechen oder heterogene Ökonomien erschaffen wollen?

Der Bedeutung von Paradoxien und der Frage, wie sie womöglich so politisierbar sind, dass sich Heteronormativitäts- und Neoliberalismuskritik miteinander verbinden, möchte ich anhand der Lektüre zweier

2 Mit diesem Interesse für ästhetische und rhetorische Figuren des Politischen schließe ich an das Projekt von Cruz-Malavé/Manalansan (2002) an, die statuieren, neoliberale Globalisierungsprozesse ließen sich im Hinblick auf die darin wirksamen Narrative und Tropen analysieren und seien »directed, indeed managed and normalized through multiple rhetorical operations« (ebd.: 4f.). Während die Aufsätze ihres Bandes die Figuren der Analogie, der Aneignung und der Teleologie untersuchen, stelle ich Ambiguität und Paradoxie in den Vordergrund.

Bilder nachgehen, die – mehr oder weniger explizit – auf die Spannungen und Verbindungen zwischen queeren und neoliberalen Diskursen verweisen. Mir erscheinen beide Bilder im Hinblick auf queere kulturelle Politiken interessant, weil sie eine ästhetisch-politische Arbeit innerhalb der Aporie der Differenz unterstützen: Sie tragen dazu bei, Differenz als Effekt klassifikatorischer und hierarchisierender Differenzierung zurückzuweisen, während sie gleichzeitig mit Möglichkeiten der Artikulation von Differenz als relationaler Singularität experimentieren (vgl. Engel 2008c: 339). Das Themenfeld Ökonomie wird über die Frage der Nahrungsversorgung eröffnet – die in beiden Fällen als eine der Überversorgung behandelt wird. Angesichts weltweiter Hungerkrisen und Armutstode ist dies eine Thematisierungsweise, die dazu auffordert, über die gleichzeitig auftretende weltweite Über- und Unterversorgung mit Nahrung nachzudenken und zu fragen, welche Bedeutung kapitalistischen Produktionsweisen in diesem Zusammenhang zukommt. Das Themenfeld Sexualität wird von beiden Bildern, abgesehen von der Dimension der visuellen oder Schaulust, mit Bezug auf orale Lust eröffnet. Dies geht einher mit der Frage nach Stigmatisierung, Hierarchisierung oder Anerkennung unterschiedlicher erogener Zonen, erotischer Praxen und sexueller Szenarien. Ein Zusammenhang zwischen Sexualität und Ökonomie lässt sich über die These herstellen, dass Nahrung und Sex über den Modus oraler Lust intime Macht- und global-gesellschaftliche Herrschaftsverhältnisse organisieren.

Ines Doujak: ohne Titel, aus der Serie Siegesgärten, *2007, Collage: Photographie auf historischer Graphik, 69 x 40 cm.*

Hunger in Drag

Das Coverbild dieses Buches, eine Collage der Wiener Künstlerin Ines Doujak, die im Kontext der Installation *Siegesgärten* (2007)[3] entstanden ist, zeigt zwei Figuren, von denen die eine der anderen aus einer großen bronzenen Schale üppige Mengen Reis in den geöffneten Schlund schüttet. Die beiden Figuren sind so angeordnet, dass sich ihre Körper harmonisch zueinander fügen, da sie die gleiche Körperneigung aufweisen. Zugleich bedeutet dies jedoch für den einen Körper, dass er mit überstrecktem Nacken nach hinten gebeugt sitzt, so dass der Eindruck entsteht, dass er dem anderen ausgeliefert ist. Dieses Ausgeliefertsein erhält eine sexualisierte Dimension, insofern die mit dem Reis ›beglückte‹ Figur den Mund nicht etwa schließt, sondern die Überfülle mit andächtig gesenkten Lidern in sich aufnimmt. Lust und Zwang scheinen ununterscheidbar miteinander verbunden.

Eine weitere Ambivalenz entsteht dadurch, dass die Figur, die den Reis verabreicht, als Latina gelesen werden kann,[4] während die ihr untergeordnete Figur weiß/westlich ethnisiert erscheint. Der Hintergrund des Bildes ruft durch seine Kombination aus groß-bürgerlichem Tapetenmuster des 19. Jahrhunderts und üppigem tropischen Pflanzenwuchs die Tradition kolonialer Ausbeutung auf, lässt aber unentscheidbar, ob ein europäisches Wohnzimmer oder tropische Vegetation das Geschehen rahmen. Sind dieses Szenario und die Konstellation der Figuren angesichts der globalen Versorgungsasymmetrie als zynische Ironie zu verstehen? Oder findet hier eine Umarbeitung rassisierter Machtverhältnisse statt? Oder wird eine solche Umarbeitung dadurch unterlaufen, dass beide aufgrund ihrer Kleidung zwar *camp*, aber doch eher wie Mitglieder einer metropolitanen Mittelschicht wirken?

---

3 *Siegesgärten* ist eine Installation bestehend aus einem 8 Meter langen Hochbeet, bepflanzt mit Rasen, Bubiköpfen (*Soleirolia Soleirolii*) und 69 überproportionalen, von der Künstlerin gestalteten Saattüten, auf denen visuelle und textuelle Beiträge zu Biodiversität, Genforschung, Zucht, Patentierung von Leben und Biopiraterie zu finden sind. Die Bildmotive der Saattüten existieren außerdem als eigenständige Arbeiten, Collagen aus Photos und Tapetenmustern, Format 60 x 49 cm. Beide Elemente der Arbeit wurden 2007 auf der *dokumenta XII* in Kassel ausgestellt. Dort waren außerdem Plastiktüten mit vier Saattüten-Motiven käuflich zu erwerben, u.a. das Coverbild, hier mit Patentinformationen zu ›Das Hausschwein‹.

4 Ich danke Johanna Schaffer für den Hinweis, dass dies darauf zurückzuführen ist, dass ihr Gesicht und Kopfschmuck an die berühmte Latina-Darstellerin Carmen Miranda erinnert.

Keinesfalls bedient die Latina-Figur das Stereotyp einer Ausgebeuteten des globalen Südens; vielmehr erscheint sie als eine, die über Ressourcen verfügt und die Situation kontrolliert. Ebenso wie die andere Figur strahlt sie keineswegs Armut, sondern Eleganz oder den Chic einer modischen Inszenierung aus. Unklar bleibt allerdings, ob die Ähnlichkeiten oder die Unterschiede der beiden die Konstellation definieren: Ein farbenprächtiges Setting und das sorgfältig darauf abgestimmte Styling der beiden konnotiert ästhetischen Genuss, Überfluss und auf den ersten Blick eine spielerische Leichtigkeit. Ein weiterer Blick hingegen sieht ein Ausgeliefertsein der weiß/westlich-ethnisierten Figur, die sich in ihrer oralen Lust der penetrierenden Macht des Nährens unterwirft. Da sie den Mund nicht schließt, sondern aufreißt, lässt sich folgern, dass das von üppiger, tropischer Pflanzenwelt gerahmte, sexuelle Szenario durch ein sado-masochistisches Begehren bewegt ist. Die Lust daran, sich einer exzessiven Überversorgung auszusetzen, vereint sich mit der Lust der übergeordneten Figur, nicht nur zu nähren, sondern zu mästen und zu kontrollieren. Offen bleibt, ob hierbei eine symbolische Umkehrung globaler Machtverhältnisse inszeniert wird oder eine hegemoniale Konsensproduktion, welche Selbstausbeutung und Zustimmung zur eigenen Unterdrückung verlangt, oder ob womöglich beides gleichzeitig stattfindet. Deutlich ist, dass derartige sozioökonomische und geo-politische Machtverhältnisse als von Begehren durchdrungen präsentiert werden.

Die Vieldeutigkeit des Bildes hängt auch damit zusammen, dass das SM-Szenario nicht einzig entlang der unterschiedlichen ethnischen Markierungen organisiert ist, sondern ebenso durch changierende Geschlechterkonstellationen, die darauf beruhen, dass die weiße Figur durch rasierten Schädel, Anzughemd und lange, geschminkte Wimpern geschlechtlich ambivalent gehalten ist, während Kleid und geschminktes Gesicht der anderen Weiblichkeit signalisieren. Zudem können beide als Drag-Figuren gelesen werden, so dass der performative Charakter von Geschlecht explizit ins Bild gesetzt ist. Somit lassen sich sowohl heterosexuelle, lesbische und schwule als auch transgender Begehrensachsen konstruieren – kurzum, das Bild verschreibt sich dem Polymorphen. Gemäß der heterosexuellen Konstellation ist es eine weibliche Figur, die über die Ressourcen verfügt, mit denen sie eine männliche Figur durch Überversorgung unterwerfen kann. Provokativer ist es, eine lesbische Konstellation zu kreieren, die ein Szenario des Nährens und Versorgens als ein Szenario sexueller Macht darstellt und damit einerseits die global immer noch verbreitete Unterversorgung von Mädchen und Frauen ironisch umkehrt, andererseits das Klischee lust- und aggressionsfreier lesbischer Sexualität herausfordert. Werden hingegen beide in Drag gesehen, inszenieren sie Sorgearbeit als *camp*-Performance, die verdeutlicht, mittels welch sexualisierter Macht-, Kontroll- und Unterwerfungsprozesse vergeschlechtlichte soziale Relationen geschaffen werden.

Mit Blick auf die Geschlechter- und Begehrenskonstellationen lässt sich das Bild außerdem als eine Be- und Umarbeitung des heteronormativen psychoanalytischen Klischees der präödipalen versorgenden/kontrollierenden Mutter lesen. Insofern die Mutter (die feminine Figur des Bildes) zunächst alle Kinder, gleich welchen Geschlechts, ihrer grenzenlosen Versorgungsmacht aussetzt, bleibt die versorgte Figur geschlechterambig. Jedoch ist ihr zugleich das Kindliche genommen, insofern der beinahe kahle Schädel zwar einerseits als Haarflaum des Säuglingskopfes gelesen werden kann, das Businesshemd jedoch andererseits darauf verweisen, dass der Eintritt in die symbolische Ordnung bereits vollzogen ist, und die mit langen Wimpern versehenen, dunkel geschminkten Augen und die roten Lippen eine Verführungsszene andeuten, die das Inzesttabu bricht. Hier wird das Bild anschlussfähig an ein queeres Begehrensmodell, wie Judith Butler (2004b) es im Anschluss an Jessica Benjamin formuliert. Dies zeichnet sich dadurch aus, dass Identifizierung und Begehren nicht als einfache, einander ausschließende Prozesse gedacht sind, die Identifizierung ausschließlich als maskuline oder feminine Geschlechtsidentifizierung fassen kann und Begehren als deren gleich- oder gegengeschlechtliche Konstellierung. Vielmehr sei von diversen koexistenten, nicht lediglich (zwei-)geschlechtlichen, Identifizierungen auszugehen, deren Widersprüchlichkeit sehr wohl als eine Form kreativer Spannung lebbar sei (vgl. ebd.: 136). Die psycho-soziale Triangulierung, die nötig ist, damit tran nicht in Paarkonstellationen (sei es von ›Mutter und Kind‹ oder späterer Liebesbeziehungen) verfangen bleibt, sondern sich komplexen sozialen Bezügen zuwendet, ist dann nicht mehr gemäß dem kleinfamiliären Modell des ›befreienden Vaters‹ zu denken. Vielmehr steht ›*the Other of the Other*‹, die zugleich imaginäre und soziale Andersheit d_ Anderen für diese Triangulierung ein, die das Begehren anleitet (137ff.). Entsprechend würde die heterosexuelle Minimalvariante des Begehrens durch eine Lust an der Andersheit d_ Anderen überschritten: »Can one find the Other whom one loves apart from all the Others who have come to lodge at the site of that Other?« (146).[5]

5 In Frage gestellt wird somit auch die Dominanz des Paares. Das Begehren nimmt nur »occasionally and provisionally [...] the form of the dyad« (Butler 2004b: 151) an.

Das Bild bewirkt also in mehrfacher Hinsicht einen irritierenden Umgang mit sozio-kulturellen Machtverhältnissen: Zum einen wird eine *camp*- und Drag-Ästhetik aktiviert, die in ihrer tropischen, modischen und kosmetischen Farbenpracht die aus den kommerziellen Medien vertrauten Bilder von Drag Queens aufruft. Die *camp*-Ästhetik stellt durch eine überzogene Performance die sozialen Hierarchien der Geschlechter und des Begehrens aus – und verkehrt sie durch ›Fehlbesetzungen‹. Zum anderen bewirkt die provokante Verknüpfung des Nahrungsmittelexzesses der Reichen mit der Reisschale der Armen, kombiniert mit der symbolischen Umkehr der Abhängigkeitsbeziehung zwischen ›weißem Norden‹ und ›schwarzem Süden‹, dass die Machtrelationen der Globalisierung zum Thema werden. Die großbürgerliche Tapete des 19. Jahrhunderts und die exotischen Pflanzen, die den Hintergrund und Rahmen des Szenarios bilden, sowie ein Wissen um die Entstehungsgeschichte der *camp*-Ästhetik im Viktorianischen England[6] erinnern an die imperiale Kolonialgeschichte, aus der heutige Machtasymmetrien und Herrschaftsformen erwachsen sind. Darüber hinaus werden außerdem die diffamierenden Stereotype schwuler Dekadenz durchgearbeitet, wenn auf der Saattüte das Motiv mit ›Das Hausschwein‹ betitelt wird und die dargestellten Figuren damit einer Schmähung ausgesetzt werden.[7] Diese Schmähung, die ›schweinischen Sex‹ assoziiert, wird dadurch verschoben, dass das Schwein als ›Haus‹schwein gefährlich nahe rückt, womöglich das eigene Schlafzimmer bewohnt und zudem über die Patentierung (WO 2005/015989, WO 2005/017204) offizielle Anerkennung durch Industrie und Wissenschaft erfahren hat. Damit ist explizit die Verbindung zur neoliberalen

6 Joseba Gabilondo (2002): »In Victorian societies, camp represents a historical memory of a bygone aristocracy that the camp artist reclaims in order to differentiate himself from the rise of bourgeois Victorian culture. Thus if camp becomes a male-gay-centred cultural practice in the Anglo-Saxon world, indeed, it is because the gay man comes to occupy the privileged position from which to look down on bourgeois art and its supporting institution, the nuclear heterosexual family.« (Ebd.: 242) Gabilondos Projekt besteht allerdings darin, die anglo-sächsische Variante mit einer hispanisch-anglo-amerikanischen zu verweben, die als *Baroque*-Ästhetik *camp* und Kitsch sowie unterschiedliche Klassen-, religiöse und koloniale Elemente vereint. Laut Gabilondo eröffnet *Baroque*-Ästhetik somit Zugang zu komplexen geo-politischen Machtverhältnissen (vgl. ebd.: 243f.).

7 Während das Motiv auf der Plastiktüte, die im Rahmen der *dokumenta XII* vertrieben wurde, als ›Das Hausschwein‹ benannt ist, erschien es auf der Saattüte der Ausstellungsinstallation und entsprechend im Katalog unter dem Titel »Rapunzel ›raubt‹ Rapadura« (Doujak 2008: #038).

Ökonomie hergestellt, deren Diversity-Ideologie nonkonformen und dissidenten Geschlechtern und Sexualitäten Anerkennung als Konsum- und Arbeitssubjekten verschafft, aber auch das Hausschwein mit dem Getreide mästet, das sonst zur Ernährung von Menschen zur Verfügung stünde.

Des ›Hausschweins‹ Politik der Ambiguität

Die Vieldeutigkeit und ethische Ambivalenz,[8] die Doujaks Bild ausspielt, ist von entscheidender Bedeutung für dessen queer-politischen Impetus, der zum einen aus der Verflechtung der Themenfelder, zum anderen aus der Art der Thematisierung resultiert: Das Bild schlägt vor, queere Kämpfe nicht jenseits von Fragen der Welternährung, der kapitalisierten Biotechnologie und der Ausbeutung von Ressourcen zu verstehen. Zugleich fordert es, globale Ökonomie im Hinblick auf die Anerkennung ›geschlechtlicher und sexueller Biodiversität‹ zu denken. Vor allem aber bedeutet die Vieldeutigkeit des Bildes eine Intervention in das Verständnis des Politischen: Statt das Feld des Politischen durch klar geschiedene politische Kräfte zu strukturieren, die sich gemäß einer Freund/Feind-Logik oder als Gegner_innen gegenüberstehen, ist das Bild sowohl inhaltlich als auch formal darauf ausgerichtet, Uneindeutigkeiten zu produzieren und Grenzlinien zu verwirren. Es produziert eine Unentscheidbarkeit zwischen Affinität und Abwehr, ohne deshalb in politischer Neutralität zu verharren oder relativistisch zu werden. Dies erklärt sich meiner Ansicht nach dadurch, dass Uneindeutigkeiten und Unentscheidbarkeiten nicht aufgelöst, aber auch niemals als harmonisch vereinbar präsentiert werden. Vielmehr produzieren sie fortwährend Verweise auf Macht- und Herrschaftsverhältnisse. Keine der Ambiguitäten, weder die geschlechtliche, noch die sexuelle, die rassisierte oder die post-koloniale, wäre ohne Referenz auf Macht und Herrschaft verstehbar.

Entscheidend erscheint mir jedoch, dass nicht lediglich Ambiguitäten und Ambivalenzen entstehen, sondern diese in ein Paradox des Politischen münden: Bezüglich jeder der durch Herrschaftsverhältnisse unterfütterten Machtkonstellationen zeigt sich eine paradoxe

8 Ich unterscheide zwischen Ambiguität, die sich auf Sinn und Bedeutung bezieht, und Ambivalenz, die Normen und Werte meint, so dass entsprechend weiter unten Ambiguität mit Uneindeutigkeit und Ambivalenz mit Unentscheidbarkeit assoziert werden wird.

Verbindung von Lust und Zwang. Mögliche politische Praxen kommen nicht umhin, auf diese paradoxe Konstellation in der einen oder anderen Form zu antworten – ohne dass jedoch sichere soziale Referenzkategorien gegeben wären, an denen sich politische Entscheidungen ausrichten oder legitimieren könnten. Politik erscheint damit unumgänglich als ›Entscheidung unter Bedingungen der Unentscheidbarkeit‹ (vgl. Einl.: 36). Aus queer-politischer Perspektive rechtfertigt sich eine Entscheidung dann, wenn sie Enthierarchisierungen und Denormalisierungen bewirkt – Effekte, die allerdings erst sichtbar werden, wenn die Verantwortung für eine Entscheidung angesichts der Unentscheidbarkeit gewagt wurde (vgl. Engel 2002: 204f.). Im konkreten Falle besteht die Unentscheidbarkeit darin, dass sich Entscheidungen sowohl an der Lust- als auch an der Zwangsdimension der Konstellation ausrichten können und vermutlich entsprechend unterschiedlich ausfallen, dass jedoch weder die eine noch die andere Dimension negiert werden kann, soll ihre paradoxe Simultanität anerkannt werden. Eine ›Befreiung‹ der überfütterten Figur von ihrer Vorsorger_in würde ihr beispielsweise eine Lust verweigern, die mit dem Ausgeliefertsein verknüpft ist. Ginge die Entscheidung damit einher, das Paradox nach einer Seite hin aufzulösen, zu negieren oder zu harmonisieren – beispielsweise, indem die Figur aufgerichtet wird und, mit Besteck ausgestattet, die Nahrungszufuhr selbst regulieren kann, – würde der Umgang mit den Macht- und Herrschaftsrelationen verweigert, die durch die queere Einladung an das Paradox auf die Bühne gebeten wurden.

Diese Einladung lässt sich mit Ana Vajanović und Marta Popivoda (2008) als »queerßtrategy« (ebd.: 396) verstehen. Die Autor_innen bezeichnen mit diesem Neologismus die Gender-Politiken einer Multitude, die anstatt soziale Gruppierungen eine Pluralität von Singularitäten vertreten.[9] Mir erscheint der Ansatz, der in vieler Hinsicht der Strategie der VerUneindeutigung (Engel 2002) ähnelt, insofern interessant, als er die dekonstruktive Arbeit an binären Konstrukten und Grenzregimen explizit auf die Migrationsbewegungen unter

9 Vgl. auch Encarnación Gutiérrez Rodríguez (2007), die ein sehr viel skeptischeres Bild bezüglich einer queeren Politik der Multitude entwirft. Da das Konzept der Multitude, wie es von Antonio Negri und Michael Hardt entworfen wird, Differenz im Sinne sozialer Ungleichheit entnenne, gelte es gezielt die geo-historisch spezifischen Zusammenhänge zwischen Differenz und Hierarchisierung herauszustellen, um »eine Leseweise der Multitude [zu entwickeln, ae], die dieses Konzept als Denkfigur für globalen und lokalen Widerstand erachtet, den es jedoch in seinem geographischen und genealogischen Entstehungsrahmen zu situieren gilt.« (Ebd.: 126)

neoliberal-globalisierten Verhältnissen bezieht. *Queerßtrategy* setzt darauf, stabile und rigide ebenso wie neoliberal flexibilisierte Identitätskonstruktionen und Identifizierungen, totalisierende ebenso wie mikro-politisch fragmentierende Politiken, binäre Paarkonstellationen ebenso wie assimilatorisch-vereinheitlichende Formen des Differenz-Managements durch Strategien zu ersetzen, die fortwährende Anfechtungen je aktueller Normen bewirken: »Its political form is politicizing ex-centricity, where all directions are multiple and contingent [...] a mobile multiplicity of bodies, [...] maladjusted or against regimes of normalization, and thus in a position to not perform them smoothly but to question them.« (ebd.: 397). Das heißt jedoch nicht, dass das Feld der Intervention – globale makropolitische Verhältnisse – ein unstrukturiertes Feld wäre. Vielmehr ist es durch Grenzen und gewaltsame Grenzregime bestimmt, die unhintergehbare Bedingungen politischer Praxis darstellen:

»The queerßtrategist takes the materiality of borders deadly seriously. She/he/it [...] is a ›border-hacker‹: a politically active monster coming from the wrong side of the border (from the East, the South, from the female, the exploited, from the margin), but very interested in and acquainted with borders.« (Ebd.: 398)

Eine solche Auseinandersetzung mit Grenzen, Grenzregimen und der Materialität von Übergängen zwischen innen/außen, schwarz/weiß, oben/unten, vorher/nachher lässt sich auch an einer Zeichnung der Berliner Künstlerin Galli erkennen. Auch hier werden Unentscheidbarkeiten produziert. In diesem Falle erwachsen sie jedoch aus binären Oppositionen, wobei die Unentscheidbarkeiten dadurch entstehen, dass die Oppositionen in eine Zirkularität getrieben werden.

Galli: ohne Titel, 1989, Graphit, Pastellkreide, 29,7 x 21 cm

Spannung auf dem Ruhekissen

Die Zeichnung der Berliner Künstlerin Galli (Ohne Titel, 1989), die ich im Folgenden diskutieren werde, wurde 2008 im Rahmen der Ausstellung *Galli* in der *Saarländischen Galerie Berlin* unter dem Titel *Das Kotzblatt* ausgestellt. Da dieser Titel höchst passend für die von mir vorgeschlagene Lektüre erscheint und diese auch angeregt hat, wird er im Folgenden weiterhin verwendet.[10] Wie Doujaks Arbeit lässt sich auch dieses Bild mit dem Thema des Nahrungsüberschusses in Zusammenhang bringen. Zudem präsentiert es seinerseits einen Schwall und eine Schale, nur dass sich in diesem Falle die Schale nicht leert sondern füllt, da in sie hineingekotzt wird. Die in schwarz, weiß und grau gehaltene Zeichnung zeigt eine nach vorne gebeugte Figur, die den Kopf in ihre verschränkten Arme lehnt und unter diesen hindurch in eine Schüssel speit. Einer der kräftigen Arme endet in einer vor dem Bauch platzierten Hand, die eine schwarze Masse umgreift, welche die gleiche Farbe und Textur wie die Kotze aufweist. Sie verlängert sich nach oben in eine überlebensgroße dunkle Wolke, die über der Figur schwebt und die gesamte obere linke Hälfte des Blattes einnimmt. Nach unten hin produziert sie aus der Hand heraus einen Schwall ähnlich dem, was unter den Armen hervorkommt. Unklar bleibt jedoch, ob hiermit der Inhalt der Schüssel, wie bei einem Staubsauger, aufgesogen oder ob die Schüssel aus einer zweiten Quelle gespeist wird. Die Wolke kann gleichermaßen eine Fontäne oder ein durch die Hand wie durch einen Trichter kanalisierter Ausbruch sein. Weniger dramatisch ließe sie sich zudem von der Form her als Blumenstrauß oder Büschel interpretieren, ebenso wie der Schwall unter den Armen auch ein Schwung langer Haare sein könnte. Gegen diese Lesart sprechen allerdings der Titel und die in schwarz, weiß und grau gehaltene Farbgestaltung des Blattes.

Irritierend ist das zweite Bein der Figur. Auf einem steht sie: Stämmig und in der Mittelachse des Bildes angeordnet, verleiht es der Figur wie dem Bild Ruhe und Stabilität. Das andere Bein hingegen ist unproportional verlängert und vergrößert. Im Knie gebeugt ist der Unterschenkel senkrecht nach oben gestreckt, der Fuß ist wiederum von der schwarzen Masse umwickelt, wird entweder in die Wolke hineingezogen oder entreißt dieser etwas ihrer Substanz. Was die Unbestimmtheit der Bewegung betrifft, scheint hier eine prekäre Stabilität der

10 Galli selbst zieht es vor, die Zeichnung ohne Titel (o.T.) zirkulieren zu lassen, um die Interpretationsoffenheit zu unterstützen (pers. Gespräch mit der Künstlerin, Juli 2008).

Spannung gegeben, die sich in jedem Moment zu der einen oder anderen Seite auflösen kann. Dieser Eindruck wird durch die ausgeprägten Muskelschattierungen auf dem Bein verstärkt und bewirkt wiederum, dass die gesamte Konstellation eine zirkuläre Dynamik entfaltet. Diese nimmt, so eine mögliche Sichtweise, im Kotzen ihren Ausgang und bewegt sich dann durch Hand und Bein hindurch nach oben. Es kommt jedoch zu keiner Entspannung oder Entladung. Vielmehr schwebt die Wolke so dräuend über dem Körper, dass sie den Kotzimpuls nur erneut zu speisen scheint und der Zirkel sich schließt. Die andere Variante des Zirkels bestünde darin, dass durch Fuß und Bein hindurch die Wolke immer neu gespeist wird und sich durch Rachen und Hand hindurch in die Schüssel entleert. Diese Variante produziert allerdings zwei rätselhafte Leerstellen: Zum einen stellt sich die Frage, warum die Schüssel nicht längst übergelaufen ist; zum anderen signalisiert ein keilförmiger Bereich weißen, unbearbeiteten Papiers seitlich rechts über der Figur, dass sich der Zirkel nicht zur Wolke hin schließt. Vielmehr entstünde, würde der Überschuss tatsächlich ›aus allen Kanälen‹ ausgekotzt, eine Unterbrechung der Zirkularität. In diesem Sinne würde auch die zweite Variante des Zirkels bedeuten, dass eine Entspannung unmöglich ist.

Zugleich deutet jedoch die Unterbrechung der Zirkularität ein Potential von Veränderung an. Inwiefern ist dies als ein politisches Potential zu verstehen? Und was hat dies damit zu tun, wie das Bild Paradoxien zum Einsatz bringt? Dadurch dass nur eine einzige Figur auf dem Blatt zu sehen ist, können Macht- und Herrschaftsverhältnisse nicht in personalisierten Relationen gesucht, sondern müssen entweder als symbolische Abstraktionen sozialer Kräfte ausfindig gemacht oder aus Effekten geschlossen werden. Macht- und Herrschaftseffekte könnten sich zum einen physiologisch ausdrücken, in den Spannungen und Bewegungen, die der Körper aufweist, zum anderen in den physischen Bedingungen, die den Köper umgeben, in diesem Falle reduziert auf Wolke, Schale und Boden, oder aber in dem Verhältnis zwischen physischen Bedingungen und physiologischen Reaktionen des Körpers. Im Hinblick auf die Frage nach persönlicher oder globaler Nahrungsversorgung wäre hier ein Überschuss nahegelegt, der als unerträglich erlebt und ausgekotzt werden muss. Dies mag durchaus mit einer paradoxen oralen Befriedigung einhergehen, wie der in einer gespannten, aber nicht angespannten Stabilität gehaltene Körper andeutet. Diese mündet aber in keiner Entspannung und geht auch mit keinerlei weiterer Aktivität einher – ein Eindruck, der sich vor allem auch durch die als behagliches Ruhekissen dargestellten Arme verstärkt, auf denen kein Zeichenstrich einen Muskel andeutet. Entsprechend ist es kaum möglich, der Figur eine autoerotische Lust oder einen politischen Aktivismus zuzuschreiben. Die Paradoxie von Lust und Zwang, welche die Dynamik in Doujaks Bild ausmacht, lässt sich im *Kotzblatt* nicht finden.

Sehr wohl aber ist das Bild durch eine ausgeprägte Dynamik gekennzeichnet. Diese resultiert aus der Wolke, die gleichzeitig dräuend drückt und sich explosiv entlädt. Dieser paradoxe Zustand, so er persönliche oder globale Ernährungsverhältnisse charakterisiert, scheint mir eine politische Interpretation nahezulegen: Zwar sieht es auf den ersten Blick so aus, als wenn Oppositionen wie schwarz/weiß, innen/außen, unten/oben, vorher/nachher das Bild organisieren, doch stellt sich auf den zweiten Blick heraus, dass sie in der zirkulären Dynamik an Relevanz verlieren. Denn sie fungieren weniger als Grenzregime denn als permanente Übergangsstadien. Damit ist eine ästhetisch-semiotische Strategie der Intervention in binäre Hierarchien angedeutet, die diese weder negiert noch transzendiert, jedoch ihre Wirksamkeit als Hierarchiebildner unterläuft. Interessant ist in diesem Zusammenhang jedoch, dass die Figur geschlechtlich unmarkiert bleibt, dass also nicht versucht wird, die starke binäre Opposition männlich/weiblich ebenfalls in eine Metapher der Übergänge zu übersetzen. Außerdem entzieht sich eine weitere starke Opposition der Umarbeitung: Die Farbcodierung des Bildes verdeutlicht, wie resistent die binäre Schwarz/Weiß-Opposition ist. Wird das Bild im Kontext globaler Nahrungsversorgung gelesen, fragt sich, wie das Bild wirken würde, wenn Grau nicht zur Markierung der physiologischen Muskelspannung eingesetzt worden wäre, sondern zur Arbeit an der Schwarz/Weiß-Opposition. Denn in der jetzigen Form bleibt eine Farbcodierung bestehen, die für den genannten politischen Zusammenhang befremdlich – oder vielmehr: allzu vertraut – wirkt: Überschuss und Bedrohung kommen in schwarz daher, während das Potential der Unterbrechung weiß markiert ist. Insofern auch die Figur selbst weißer Hautfarbe ist, bleibt eine kulturell eingespielte rassistische Farbhierarchie unangefochten.[11]

Während einerseits also eine Arbeit an Grenzregimen zu verzeichnen ist, die klare Identitäten durch dynamische Übergänge ersetzt, wird andererseits eine Problematik offenkundig, die darin liegt, dass die Dynamik stillgestellt ist und nirgendwohin führt außer in eine perpetuierte Spannung, in der Nahrungsaufnahme und Kotzen untrenn-

11 Es fragt sich allerdings, ob nicht auch meine eigene Lesart sich genau diese Farbcodierung zunutze macht, ich z.B. die Wolke genau deshalb als dräuend auffasse, weil sie schwarz ist, und eine weiße Wolke meine Interpretation unterlaufen würde.

bar verbunden sind. Spannung bleibt damit paradox und übersetzt sich nicht in politische Widersprüche. Ambivalenz und Ambiguität sind dekontextualisiert. Sie beziehen sich weder auf sozio-historische Herrschaftsverhältnisse noch prägen sie sich in spezifischen Machtverhältnissen aus, was den Effekt hat, dass sie als anthropologische Universalien erscheinen. Dennoch bleibt aber ein machtvoller, resistenter Körper, der sich in einer Spannung befindet, die sich jeder Zeit in unerwartete Bewegung übersetzen und womöglich das Paradox in Rebellion wenden kann. Das politische Potential des Bildes scheint mir in dieser ›offenen Zukünftigkeit‹ zu liegen.

Die künstlerischen Arbeiten von Ines Doujak und Galli können im Spannungs- und Überlappungsfeld queerer und neoliberaler Diskurse verortet werden. Diesbezüglich gilt es zu fragen, welche Formen der Politisierung sie nahelegen bzw. wie sie zur Reflexion unterschiedlicher Formen der Politisierung beitragen. Im Kontext politischer Theorie und Praxis wird einerseits beklagt, dass klare politische Gegensatzkonstruktionen (z.B. der Klassenwiderspruch, das Patriarchat, die Hetero/Homo-Opposition) verloren gingen und dies eine Entpolitisierung bewirke, da nicht mehr eindeutig formulierbar sei, wofür oder wogegen mit wem gekämpft werde (vgl. Hennessy 2000; Wagenknecht 2003). Andererseits wird der Abschied von einer Politik der Widersprüche begrüßt, weil damit die normativen Vereinheitlichungen und Ausschlüsse klar umgrenzter politischer Gruppierungen oder Positionen verhindert würden und Raum entstehe, eine widerstreitende Komplexität politischer Perspektiven anzuerkennen (vgl. Elam 1994; Smith 1998; Lummerding 2005; Gerbig 2007). Wie ist mit diesen gegensätzlichen Einschätzungen umzugehen? Was bedeuten sie im Hinblick darauf, dass Ambiguität und Paradoxien im Kontext spätmoderner gesellschaftlicher Verhältnisse Popularität erlangen? Neoliberale wie auch queere Diskurse aktivieren Ambiguitäten und/oder paradoxale Differenzverständnisse, die Identitätsmodelle anfechten oder Differenzen als Spannungen im Inneren der Identität ansiedeln: Aus queerer Perspektive liegen hierin Möglichkeiten, die Bestätigung des hegemonialen Subjekts zu unterlaufen, das seine Selbststabilisierung durch Ausschluss von Differenz betreibt; aus neoliberaler Perspektive versprechen paradoxe Anforderungen eine Aktivierung des selbstverantwortlichen Subjekts und das Feiern von Differenz eine Aktivierung des wünschenden Subjekts, in der Hoffnung, gleichermaßen Leistungs- und Konsumbereitschaft zu forcieren.

Die Bilder von Doujak und Galli können, insofern sie Ambiguitäten und Paradoxien produzieren, als Kritik an stabilen Identitätskategorien und als Plädoyer für ein offenes, nicht-identitäres Verständnis von Differenz aufgefasst werden. Doch was bedeutet es, dass ich die Paradoxie der ›in der Zirkularität stillgestellten Dynamik‹ zwar als Bild einer offenen Zukünftigkeit schätze, es jedoch auch als problematisch ansehe, dass scheinbar keine politischen Entscheidungen zur Darstellung gebracht werden? Resultiert das Potential der Herrschaftskritik, das ich in Doujaks Bild sehe, aus dem Einsatz der Ambiguität? Und wenn ja, ist diese Ambiguität auch geeignet, die Kritik in politische Perspektiven hinein zu verlängern oder bedarf es zu diesem Zwecke Entscheidungen, die nur aus einem Widerspruch, nicht aus einer Ambiguität heraus getroffen werden können? Im Folgenden möchte ich begrifflich ausloten, welche Bedeutung dem unterschiedlichen Einsatz von Paradoxien in diesem Zusammenhang zukommen kann und wie Uneindeutigkeit, Unentscheidbarkeit und Unabschließbarkeit politisch einzuschätzen sind.

Ambiguität, Paradoxie, Widerspruch

Ambiguität, Paradox und Widerspruch fechten auf je spezifische Weise vereinheitlichte Bilder oder Identitäten und spannungs- oder widerspruchsfreie Praxen an. Sie stellen unterschiedliche Gegenfiguren zur Kohärenz dar, die im Hinblick auf ihren politischen Gehalt verglichen werden sollen. Gemeinsam ist ihnen, dass sie jeweils einen Zustand beschreiben, der durch interne Spannungsverhältnisse gekennzeichnet ist, und in diesem Sinne Differenz relational bezeichnen. Somit stellt sich die Frage, wie diese Relationalität verfasst ist. Gemeinsam ist ihnen auch, dass sie sowohl soziale Relationen als auch logische und ästhetische Figuren sowie psychische Konstellationen bezeichnen. Eine klare Abgrenzung zwischen Paradox und Widerspruch ebenso wie zwischen Paradox und Ambiguität scheint schwierig, während Ambiguität und Widerspruch keine Bedeutungsüberlappungen aufzuweisen scheinen. In diesem Sinne wäre die Paradoxie eine Mittlerfigur zwischen Ambiguität und Widerspruch – die diese miteinander verbindet und/oder trennt. Mit der folgenden Unterscheidung möchte ich die Begriffe für kulturelle Politiken nutzbar machen. Ich möchte also zum einen ausloten, inwiefern sie zur Analyse und Kritik gesellschaftlicher Verhältnisse geeignet sind, und zum anderen ihre Bedeutung als ästhetische und rhetorische Kategorien für die Lektüre kultureller Produkte abwägen.

Ambiguität bezeichnet ein Changieren oder Schwanken und resultiert in einer Mehrdeutigkeit, die die Ausdifferenzierung von Bedeutungseinheiten, Identitäten oder sozialen Entitäten immer wieder untergräbt. Es entsteht eine Konstellation der *Unentscheidbarkeit*, in der Ambiguität ein simultanes Zusammenspiel darstellt, das eine

Verbundenheit bewirkt, ohne je einheitlich oder kohärent zu werden. Ambiguität ist durch ein Sowohl-als-auch gekennzeichnet und ließe sich auch als ›synthetische Inkohärenz‹ bezeichnen.

Paradoxien sind ebenfalls durch Simultanität gekennzeichnet, die jedoch eher die Form eines Weder-noch annimmt. Es besteht eine *Unvereinbarkeit* zwischen Elementen, die sich gegenseitig anfechten, aber in dieser Spannung dennoch unhintergehbar miteinander verbunden bleiben. Weder lassen sie sich in getrennte Einheiten ausdifferenzieren noch synthetisieren, ohne damit das Paradox aufzulösen. In diesem Sinne ähnelt die Unvereinbarkeit des Paradoxes der Unentscheidbarkeit der Ambiguität, insofern sie beide nicht in voneinander geschiedene, in sich geschlossene Einheiten aufgespalten werden können. Das Paradox ließe sich auch als ›agonale Inkohärenz‹ bezeichnen.

Ein Widerspruch hingegen ist durch diskrete Einheiten gebildet, die zueinander in einem Verhältnis der Opposition (A/B) oder der Kontradiktion (A/Nicht-A) stehen. Als Gegensätze sind sie im Sinne eines Entweder-oder miteinander unvereinbar, wohl aber entscheidbar. Ihre Unvereinbarkeit bedingt gerade ihre *Entscheidbarkeit* oder die Notwendigkeit einer Entscheidung. In der Unvereinbarkeit ähneln sie dem Paradox, doch bedeutet ihre Gegensätzlichkeit, dass sie nicht simultan bestehen können, sondern klar voneinander geschiedene Positionierungen einnehmen. Die Entscheidungen, die dann getroffen werden, treten jedoch nicht als ›Entscheidungen in der Unentscheidbarkeit‹ auf, sondern suggerieren, ›Entscheidungen in der Entscheidbarkeit‹ zu sein. Begrifflich ließe sich der Widerspruch als ›oppositionelle Inkohärenz‹ bezeichnen.

Gemäß diesen Charakterisierungen stehen Ambiguität, Paradox und Widerspruch nicht nur in einem je unterschiedlichen Verhältnis zur Identität, sondern bedingen auch ein unterschiedliches Denken von Differenz: Ambiguität fasst Differenzen zeitlich als eine Nichtstillstellbarkeit und räumlich als Überlappungen, die ohne Referenz auf Identität auskommen. Paradoxie entspricht einem Denken von Differenz, dem Differenz nicht das Andere der Identität, keine positive Größe ist, sondern eine Relation der Unentscheidbarkeit und Unabschließbarkeit im Inneren der Identität. Der Widerspruch hingegen bedeutet, dass Differenzen gemäß einem Identitätsmodell gedacht werden und durch klare Grenzen definiert sind. Ihre Relation zueinander ficht ihre Unterscheidbarkeit nicht an. Eine Entscheidung in der Unentscheidbarkeit wird jedoch erst dann möglich, wenn der Widerspruch veruneindeutigt wird und eine Ambiguität auftaucht, die das Entweder-oder unterläuft.

Entscheidung in der Unentscheidbarkeit

Die ›Entscheidung in der Unentscheidbarkeit‹ ist eine Figur, die im Kontext poststrukturalistischen Denkens des Politischen ins Spiel gebracht wird. Sie bezieht sich sowohl darauf, dass niemals vollständig erfasst werden kann, was das semiotisch-materielle Machtgefüge ausmacht, aus dem heraus gehandelt und in das eingegriffen wird, welche Art politischer Subjekte und welcherlei Beziehungsgeflechte hierbei entstehen oder welche Effekte aus bestimmten Maßnahmen und Praxen resultieren, als auch auf die ethische Figur der Verantwortung, die daraus entsteht, dass Entscheidungen unweigerlich getroffen werden (müssen), auch wenn niemand kontrollierend über sie verfügt:[12]

»Jeder Entscheidung, jeder sich ereignenden Entscheidung, jedem Entscheidungs-Ereignis wohnt das Unentscheidbare wie ein Gespenst inne, wie ein wesentliches Gespenst. Sein Gespensterhaftes dekonstruiert im Inneren jede Gegenwarts-Versicherung, jede Gewissheit, jede vermeintliche Kriteriologie, welche die Gerechtigkeit einer Entscheidung [...] (ver)sichert, ja welche das Entscheidungs-Ereignis selbst sicherstellt.« (Derrida 1996: 50f.)

Während Jacques Derrida dies als ein ethisches bzw. als ein Problem der Gerechtigkeit behandelt, kommt bei Ernesto Laclau und Chantal Mouffe (1991) eine gesellschaftstheoretische Perspektive zum Tragen, insofern sie aus dem Gedanken der Unentscheidbarkeit den Schluss einer Unmöglichkeit (Nicht-Totalisierbarkeit) von Gesellschaft ziehen (vgl. ebd.: 162ff.; Miller 2004: 219; Lummerding 2005: 152). Politik findet demnach notwendigerweise in einer Situation der Offenheit statt, ohne dass sie kontrollierend über die Bedingungen verfügt, denen sie

---

12 Diane Elam (1994) denkt dies aus feministischer Perspektive hinsichtlich des Umgangs mit Differenzen weiter, die für sie keine essentiellen Gegebenheiten, sondern sozio-diskursive Konstruktionen innerhalb von Machtverhältnissen sind, darin jedoch auch nicht aufgehen, sondern immer ein relevantes Mehr produzieren. Feministische Politik müsse entsprechend die Unentscheidbarkeit sowohl im Sinne der Begrenztheit jeder kontextuellen Perspektive als auch des Überschusses in Betracht ziehen. Dies bedeutet für Elam, Differenz/*différance* in dem Sinne politisch ernst zu nehmen, dass sie in eine, so der Titel des betreffenden Kapitels ihres Buches, ›*groundless solidarity*‹ münde, eine Solidarität, die sich auf keinen gemeinsamen Grund berufen kann (vgl. ebd.: 81ff.).

ausgesetzt und auf die sie ausgerichtet ist.[13] Entscheidungen in der Unentscheidbarkeit seien jedoch unumgänglich, da ansonsten überhaupt keine Bedeutung entstehen und keine politische Praxis stattfinden könne (vgl. auch Smith 1998: 105; Moebius 2003: 169). Die Figur der Unentscheidbarkeit wird von Laclau/Mouffe auch deshalb stark gemacht, weil sie ihnen erlaubt, ökonomistische Ansätze der Kapitalismuskritik hinter sich zu lassen und ein Verhältnis zwischen Ökonomischem und Politischem zu formulieren, das weder eine Determinierung des Politischen durch die Wirtschaftsverhältnisse annimmt, noch die Ökonomie der Kontingenz des Politischen unterwirft. Vielmehr wird die Sphärentrennung aufgehoben und komplexe, kontextspezifische Konstituierungsverhältnisse in den Blick gerückt, deren Ergebnisse immer nur vorläufig und prinzipiell unabgeschlossen, wenn auch von Entscheidungen gesättigt sind (vgl. Laclau/Mouffe: 146ff.; 243).[14] Bedeutsam werden damit die je konkreten Machtverhältnisse, die sich gleichzeitig als bedingte Möglichkeit sowie als spezifische Hierarchien und Ungleichheitsverhältnisse darstellen, die durch Entscheidungen gleichermaßen abgesichert wie angefochten werden können. In diesem Sinne nimmt auch Derrida explizit Bezug auf die gesellschaftlichen Ungleichheitsverhältnisse und das Bedingungsgefüge, das aus ihnen erwächst, und spitzt deren Bedeutsamkeit sogar sogar durch Verwendung des Begriffs ›Determinierungen‹ zu:

»Ich sage eher ›Unentscheidbarkeit‹ als ›indeterminacy‹, weil ich mich mehr für Kräfteverhältnisse, Kraftunterschiede, für alles, was eben durch eine Entscheidung [...] ermöglicht, Determinierungen in gegebenen Situationen zu stabilisieren. [...] Damit Strukturen der Unentscheidbarkeit möglich sind

13 Die Figur der Entscheidung in der Unentscheidbarkeit wird hier auch als Notwendigkeit in der Kontingenz gefasst: Jegliche Artikulation ist nur möglich, weil die prinzipielle Unabschließbarkeit von Bedeutung durch partielle Fixierungen strukturiert wird, ohne dass die Kontingenz damit aufgehoben wäre (vgl. Laclau/Mouffe 1991: 164), oder umgekehrt formuliert: Notwendigkeit gibt es nur als »partielle Anstrengung zur Begrenzung von Kontingenz« (ebd.: 166).

14 Vgl. auch Smith (1998) zu Laclaus/Mouffes Dekonstruktion des Ökonomismus: »If we can find a necessary interdependence between the economic and the political in the very originary moment of economic formation, then it is no longer possible to describe the relation between these moments as one of determination. Further, the entire image of a clear boundary between the economic and the political will have to be rejected as a problematic metaphor.« (Ebd.: 113)

(und daher Entscheidungen und daher Verantwortungen), bedarf es freilich des Spielraums oder der différance, der Nicht-Identität.« (Derrida 2001: 229)

Aus queer-theoretischer Perspektive ist interessant, dass das ethische Moment, das Derrida angesichts der Unentscheidbarkeit einführt, seinerseits wiederum durch eine normative Unbestimmtheit ausgezeichnet ist, also keinerlei Anleitung hinsichtlich der zu treffenden Entscheidungen liefert. Gerade als ein solch nicht-normatives ethisches Moment ist es, wie Do Gerbig (2007) hervorhebt, uneingeschränkt den nicht-kategorisierbaren Differenzen verpflichtet (vgl. ebd.: 75). Doch besteht die Herausforderung darin, dass mir d_ Andere/Alterität nicht als Abstraktum, sondern als Erfahrung der Andersheit d_ konkreten Anderen oder meiner selbst begegnet, die mein Verstehen und mein Einfühlungsvermögen an ihre Grenzen treibt. Derrida bezeichnet dies als Verantwortung, und zwar als eine unhintergehbare Verantwortung gegenüber dem Anderen (vgl. Derrida 1996). Während Gerbig hier die Situation gegeben sieht, dass das »Streben nach Gerechtigkeit das politische Begehren wach[hält]« (Gerbig 2007: 75), nimmt Judith Butler (2004b) die Andersheit d_ Anderen (*the Other of the Other*) zum Anlass, ein queeres Verständnis des Begehrens zu entwerfen, das nicht einer Relation von Subjekt und Objekt des Begehrens verpflichtet ist, sondern sich als Begegnung der *Others of the Other* und der *Others of myself* vollzieht (vgl. S.190; vgl. auch Engel 2006c). Für Butler entfaltet sich hierin ein Verhältnis zur Differenz, das auch im Hinblick auf politische Praxen von Interesse ist. Politik beweist sich für sie dort, wo sich im Kontext einer fundamentalen Gewalt, nämlich der Gewalt, eine Subjektivität oder eine Lebensweise als irreal oder unlebbar zu bezeichnen, Praxen entwickeln, die ein Überleben (*survival*) sichern (Butler 2004a: 218). Viele Menschen, die nicht im Kontinuum normalisierter gesellschaftlicher Subjektivitäten unterzubringen sind, (über-)leben mit der Erfahrung, aus dem Feld des Menschlichen herausgeschrieben zu sein und den Status eines Subjekts nicht in Anspruch nehmen zu können:

»What moves me politically, and for which I want to make room, is the moment in which a subject – a person, a collective – asserts a right or entitlement to a livable life when no such prior authorization exists, when no clearly enabling convention is in place« (Butler 2004a: 224).

Kann die Konfrontation mit der Unentscheidbarkeit einen neuen Bedingungsrahmen schaffen, um Verantwortung für Entscheidungen zu übernehmen, die durch keinen konventionalisierten Kontext abgesichert sind, aber ethischen und politischen Raum für Positionen eröffnen, denen hegemoniale Anerkennung verweigert ist? Meine These ist, dass Anerkennung der Notwendigkeit von ›Entscheidungen in der Unentscheidbarkeit‹ Politikformen unterläuft, die auf die Durchsetzung einer eindeutigen, normativ codierten ›besten aller möglichen Welten‹ oder auf hegemoniale Suprematie (Überlegenheitsansprüche) ausgerichtet sind. Schon dadurch, dass die Frage offengehalten wird, ob die Verunsicherung oder das Fehlen eines definitiven normativen Rahmens unbedingt mit der erneuten Installation eines solchen beantwortet werden sollte, entsteht für politische Auseinandersetzungen die Möglichkeit, Differenz im Inneren zuzulassen, statt sie nach außen zu projizieren. Die entscheidende Frage ist dann, ob die je konkreten Entscheidungen und Praxen, die (mit oder ohne normativen Rahmen) vollzogen werden, der Absicherung oder dem Abbau von Hierarchien dienen. Statt die neoliberalen Paradoxien in Widersprüche zu übersetzen oder Widersprüche hinter den Paradoxien zu enthüllen, können diese auch dadurch politisiert werden, dass ihre Unentscheidbarkeit hervorgetrieben, das heißt, die Unvereinbarkeit des Weder-noch in die Unentscheidbarkeit des Sowohl-als-auch übertragen wird – und die Entscheidungsmöglichkeiten in ihrer Kontingenz angenommen werden. Binäre Entweder-oder-Konstruktionen verlieren damit an Relevanz.

Unentscheidbare Entscheidungen für die Paradoxie

Urs Stäheli (1998) zufolge ist die Unentscheidbarkeit ein Grundzustand des Politischen, der aus der Unabschließbarkeit von Bedeutung resultiert und somit ein immer latent wirksames Aufbrechen der Hegemonie bewirkt. Für die hier gestellte Frage nach der politischen Bedeutung von Paradoxien ist Stähelis Arbeit von Interesse, weil sie eine direkte Verknüpfung von Unentscheidbarkeit und Paradoxie vornimmt: Die Unentscheidbarkeit begründe eine Paradoxie, weil Bedeutungen und Systeme nur durch Entscheidungen (sprich Oppositionsbildungen/Abgrenzungen) herzustellen seien.[15] Diese Paradoxie werde jedoch einem ›Management‹ unterworfen, sogenannten Programmen der Ent-

---

15 Systemtheoretisch erklärt Stäheli (1998), dass jedes System, um als System erkennbar zu sein, einen »zweiwertigen Code« (59) aktiviere, der eine Unterscheidung bewirke, die sich weder von Seiten des Systems noch von Seiten der Umwelt begründen lasse, also letztlich von einer »äußeren Entscheidung« (ebd.) abhängig sei, die nicht Teil des Systems sei, aber ohne die das System nicht bestehen würde.

paradoxisierung, die die fundamentale Unentscheidbarkeit z.B. durch Gründungsmythen, nachträgliche Rationalisierungen oder Verweise auf schon Bestehendes überdecken, um zumindest vorübergehend integrierte Systeme zu sichern (vgl. ebd.: 59). Die Entparadoxisierung entspricht laut Stäheli der Entscheidung in der Unentscheidbarkeit, lässt allerdings die Dimension politischer Kämpfe um diese Entscheidungen unthematisiert (61).[16] Stäheli schlägt deshalb vor, diese automatischen Prozesse in eine explizite ›Politik der Entparadoxisierung‹ zu übersetzen, die die »Auflösung von Paradoxien mit den Auseinandersetzungen um spezifische Entscheidungen und Programme« (62) verbindet und sie als antagonistische politische Kämpfe fasst.

Doch hält Stähelis ›Politik der Entparadoxisierung‹ an der Notwendigkeit fest, Paradoxien aufzulösen. Nicht in Betracht gezogen wird die Möglichkeit, dass es auch politische Entscheidungen geben könnte, die Paradoxien bestehen lassen oder forcieren und auf das vorübergehende Überdecken der Unentscheidbarkeit und der Konflikthaftigkeit des Politischen verzichten. Sabine Hark (2005) entwickelt diesen Gedanken im Hinblick auf den Wert einer Heterogenität feministischer Perspektiven, die in Anerkennung ihrer eigenen Situiertheit und historisch-kontextuellen Gewordenheit eine »Lust am dissonanten Widerstreit inkommensurabler Perspektiven« (ebd.: 396) entwickeln. Stephan Moebius (2003) schlägt eine ›Politik der Ambivalenz‹ vor, um die Entgegensetzung von Herrschaftskritik, welche auf Identitäten und Widersprüchen aufsitzt, und Dekonstruktion stabiler Kategorien zu vermeiden. Indem beides verbunden werde, könne das faktische Erleben sozialer Ausschlüsse, Unterordnungen und ihrer habitualisierten Verkörperungen anerkannt werden, ohne die Konstruiertheit, Vorläufigkeit und Uneindeutigkeit jeglicher Identität zu ignorieren (378ff.). Meinerseits

16 Das Problem sei, so Stäheli (1998), dass bei Laclau/Mouffe die Unentscheidbarkeit mit dem Antagonismus verschwimmt. Wenn diese eine »ursprüngliche antagonistische Verfaßtheit jeden Diskurses« (ebd.: 57) behaupten, könne letztlich nicht mehr zwischen politischen und unpolitischen Artikulationen unterschieden werden. Stäheli schlägt deshalb vor, den Begriff der Unentscheidbarkeit für den Grundzustand des Politischen zu reservieren, und im Feld der Politik von Konflikt zu sprechen, der sich potentiell als ein Antagonismus artikulieren könne (vgl. ebd.: 62). Ähnlich plädiert auch Lummerding (2005) für eine Unterscheidung, und zwar zwischen dem Antagonismus als Prinzip (der Unmöglichkeit von Schließung) und antagonistischen Setzungen (als sozio-symbolischer Praxis), wobei sich für sie das Politische gerade auch über den jeweiligen Umgang mit der Unmöglichkeit der Schließung bestimmt (vgl. ebd.: 154f.).

vertrete ich eine ›Strategie der VerUneindeutigung‹ (Engel 2002), um binäre Oppositionsbildungen, die Zugehörigkeiten und Ausschlüsse im identitätspolitischen Sinne produzieren, zu unterlaufen. Eine derartige Politisierung von Paradoxie und Ambiguität, die auch Laclaus/Mouffes These von der Unhintergehbarkeit vorübergehender Schließungen in Zweifel zieht und die sozio-symbolischen Antagonismen weit stärker der Unentscheidbarkeit aussetzt, erweitert, so meine These, die Hegemonietheorie um eine anti-identitäre queere Perspektive.

Damit verdeutlicht sich auch der Unterschied meiner Perspektive zu einer linken Theoriebildung, die es traditionellerweise als problematisch angesehen hat, dass Paradoxien gesellschaftliche Widersprüche verdecken, und die ein Aufrechterhalten von Ambiguität kritisiert, weil dies verhindere, dass politische Entscheidungen getroffen werden (vgl. McClintock 1995; Hennessy 2000; Sigusch 2005). So bezeichnet etwa Peter Wagenknecht (2003) Ambivalenzproduktion als eine hegemoniale Strategie der Entpolitisierung gesellschaftlicher Widersprüche. Chantal Mouffe (2005) gründet ihr Plädoyer für einen agonalen Pluralismus darauf, dass die charakteristische Entpolitisierung sich neoliberal umstrukturierender westlicher Gesellschaften daraus resultiere, dass darauf verzichtet werde, politische Antagonismen zu forcieren. Politische Konflikte und Gegner_innenschaft würden durch ein Ideal des Dialogs harmonisiert und entnannt:

> »Conflicts can be pacified thanks to the ›opening up‹ of a variety of public spheres where, through dialogue, people with very different interests will make decisions about the variety of issues which affect them and develop a relation of mutual tolerance allowing them to live together. Disagreements will of course exist, but they should not take an adversarial form.« (Ebd.: 48)

Während ich mit dieser Polemik gegen Positionen, die die Relevanz von Macht- und Interessenunterschieden relativieren, durchaus sympathisiere, halte ich es für problematisch, dass Mouffe als einzige Form der Politisierung die Konstruktion oppositionell-agonaler Gegner_innenschaft anerkennen kann. In ihren Texten nehmen Machtverhältnisse, auch wenn sie als heterogen, komplex und in sich widersprüchlich verfasst sind, immer die Form einer binären Freund/Feind-Konstruktion an. Ambiguität und Paradoxien haben in Mouffes Verständnis ›radikaler Demokratie‹ keine Berechtigung.

Zugegebenermaßen kommt es jedoch im Kontext neoliberalismuskritischer Sozialwissenschaft jüngst zu einer gewissen Veränderung im Umgang mit Paradoxien. Während Paradoxien lange als Figuren der Uneigentlichkeit aufgefasst wurden, hinter denen die materiellen gesellschaftlichen Widersprüche aufzudecken seien, ist die Paradoxie mittlerweile als analytisch-kritische Figur entdeckt worden. Da die Begriffe ›Widerspruch‹ und ›Krise‹ angesichts der Vielfältigkeit gesellschaftlicher Konflikte und der Modernisierungsprozesse des Kapitalismus an Erklärungskraft verlieren, hat beispielsweise das *Frankfurter Institut für Sozialforschung* den Begriff der Paradoxie 2002 zur neuen Leitkategorie seiner Forschung erklärt. Sie verspreche, einen »einheitlichen Nenner« (Honneth 2002: 9) zur Analyse gegenwärtiger gesellschaftlicher Strukturveränderungen zu liefern und der »Orientierungslosigkeit« (ebd.: 8) sowie der »Unübersichtlichkeit gerade in normativer Hinsicht« (ebd.: 7) entgegentreten zu können.[17]

Ein solches Anliegen ist mit der von mir eingeführten Verwendung des Paradoxiebegriffs jedoch nicht verbunden. Weder geht es mir um einen Begriff, der normative Orientierung verspricht, noch darum, einen vereinheitlichten Forschungsrahmen zu produzieren. Denn Honneths Einschätzung der Paradoxie als einer politischen Kategorie besteht darin, in ihr ein »resignatives oder realistisches Eingeständnis der Langlebigkeit des Kapitalismus« (9) zu sehen. So bleibt die Paradoxie dem Interesse an der »Zuspitzung sozialer Interessengegensätze« (10) und an »politisch-sozialen Oppositionsbildungen« (7) verhaftet.[18]

---

17 Für Hartmann (2002) liegt der Wert einer kritisch sozialwissenschaftlichen Verwendung des Paradoxiebegriffs darin, dass er erlaubt, nach der sozio-historischen Genese der Widersprüche zu fragen. So schlägt er vor, dann von einer Paradoxie zu sprechen, wenn ein Widerspruch durch ein und denselben Prozess zustande komme (236), z.B. weil für verschiedene Menschen unterschiedliche Bedingungen für die Umsetzung einer Norm bestehen oder wenn unvermutet Ungleichheiten oder Leiden produziert werden, wo Freiheit und Chancengleichheit hergestellt werden sollte. Da die Paradoxie damit jedoch auf einen empirisch-deskriptiven Begriff reduziert werde (242), sei er durch einen normativen Rahmen zu ergänzen (246), um die »unbeabsichtigten Konsequenzen« (ebd.) beurteilen und rechtliche und politische Kritik und Perspektiven formulieren zu können. Dem würde ich entgegenhalten, dass aus poststrukturalistisch-politischer Perspektive wichtig ist, wie aus der Figur der Paradoxie selbst heraus eine (ethische) Handlungsaufforderung erwächst, die keinen universalisierten normativen Rahmen benötigt. Allerdings entgeht sie damit auch nicht dem Problem, immer Entscheidungen in der Unentscheidbarkeit treffen und mit unbeabsichtigten Konsequenzen rechnen zu müssen.

18 Raffinierter argumentiert hingegen Frank Nullmeyer (2006): Zwar ist sein Artikel, in dem er sich mit Paradoxien des neoliberal forcierten Topos der Eigenverantwortung befasst, auch darauf ausgerichtet, Paradoxien als klare politische Widersprüche zu formulieren, um angesichts dieser Widersprüche eine normativ begründete Entscheidung für die eine oder andere Seite

Im Gegensatz dazu frage ich danach, inwiefern die Paradoxie ein Potential birgt, das Politische aus identitätslogischen, normativen Verengungen zu befreien. Statt Paradoxie und Ambiguität widerstrebend als Resultate gesellschaftspolitischer Entwicklungen zu akzeptieren, mit denen notgedrungen umzugehen ist, möchte ich hier die These vertreten, dass Paradoxien und Ambiguitäten ein spezifisches politisches Potential zu eigen ist, dass neoliberalismuskritisch genutzt werden kann, auch oder gerade wenn diese zwiespältigen, mehrdeutigen und paradoxen Dimensionen aus neoliberalen Politiken erwachsen. So legt die obige Charakterisierung von Ambiguität, Paradox und Widerspruch nahe, dass gerade aus der Ambiguität heraus ›Entscheidungen in der Unentscheidbarkeit‹ getroffen werden können und damit ein nicht-normatives, vielmehr am Dissens orientiertes Verständnis des Politischen gestärkt werden kann. Zudem fragt sich, ob es nicht unter gewissen Umständen durchaus produktiv ist, eingespielte Entscheidungen zu verweigern, eine gewisse Ungewissheit oder einen Aufschub einzuführen.

Wenn Paradoxien charakteristisch für neoliberale Politiken sind, so deshalb, weil sie dazu auffordern, Entscheidungen unter Bedingungen der Unentscheidbarkeit zu treffen, und damit eine Aktivierung der Subjekte bewirken, die nicht von vornherein oder nicht in erster Linie als Politisierung anzusehen ist. Zugleich ist eine Politisierung jedoch keineswegs ausgeschlossen. Vielmehr können Paradoxien gemäß einem hegemonietheoretischen Verständnis des Politischen als Indizien einer Unentscheidbarkeit angesehen werden. In diesem Sinne sind Paradoxien keineswegs ein politisches Problem, sondern eröffnen die Chance für Politiken, die auf die Illusion von Kohärenz verzichten und anerkennen, dass jegliche Identitäts- und Gemeinschaftskonstruktion immer prekär und vorläufig ist. Das würde heißen, dass neoliberale Diskurse durchaus Fortschritte bedingen können, was den Abschied von totalisierenden Politiken und die Anerkennung von Differenz/en betrifft, bzw. dass gewisse Effekte neoliberaler Politiken entsprechend herrschaftskritisch gewendet werden können. Diesbezüglich gilt es

fällen zu können. Doch präsentiert er als politische Perspektive seinerseits ein Paradox, nämlich eine »gemeinsam wahrgenommene Eigenverantwortung« (ebd.: 153). Der Rest des Artikels argumentiert jedoch, dass es sich hierbei mitnichten um ein Paradox handele, vielmehr wahre Eigenverantwortung (Autonomie) nur unter Bedingungen kollektiver und institutioneller Sicherung bestehen könne (ebd.: 159). Auch hier beruht politische Kritik auf der Auflösung von Paradoxien und dem Installieren normativer Kriterien.

jedoch zu bedenken, dass durchaus gegenläufige Vorschläge und Nahelegungen im Angebot sind, was den Umgang mit Paradoxien betrifft: So ist es ein Unterschied, ob ein virtuoses Managen der Paradoxie gefragt ist, das darauf abzielt, diese bestehen zu lassen (z.B. *work-life-balance*); ob eine Paradoxie zu einer bestimmten Seite hin aufgelöst wird, um den Preis, dass andere Aspekte der Paradoxie negiert oder delegiert werden (z.B. geschlechtliche und ethnisierte Arbeitsteilung); oder ob suggeriert wird, es bestünde gar keine Paradoxie bzw. diese könne durch entsprechende Maßnahmen überwunden werden (z.B. Kommerzialisierung von Sorgearbeit, um diese mit einem Autonomieanspruch verbinden zu können). Angesichts dieser Unterschiede gilt es jeweils genau zu bestimmen, welche Art des Umgangs mit der Paradoxie ein bestimmter Text, ein bestimmtes Bild, eine bestimmte Politik eigentlich propagiert.

Dragfeeding und die Dynamisierung des Ruhekissens

Die Arbeiten von Ines Doujak und Galli geben nichts an die Hand, um Bedeutung zu fixieren, sondern unterlaufen derartige Versuche: Doujaks Arbeit, indem Ambiguitäten das Bild regieren, Gallis Arbeit, indem eine Paradoxie von Dynamik und Stillstand inszeniert wird. In diesem Sinne ließe sich sagen, dass sie die Entscheidung aufschieben und eine Investition in ästhetische oder politische ›Wahrheiten‹ vermeiden. Stattdessen laden sie ein, sexuell oder in ästhetischen Genuss zu investieren bzw. politisch mit einer offenen Zukünftigkeit zu spekulieren. Lässt sich dennoch behaupten, dass sie eine Distanz zur Investitionslogik des kapitalistischen Marktes aufbauen? Womöglich scheitern sie an dem, was sich als ›Logik der Börse‹ bezeichnen ließe: dem Zwang, Entscheidungen in der Unentscheidbarkeit zu treffen, auf Gewinn zu spekulieren und mit dem Risiko von Verlust zu spielen (vgl. Stäheli 2007). Wenn sie aber stattdessen mit einem anderen Risiko spielen, dem Risiko der VerUneindeutigung, sind sie nicht jenseits der Investitionslogik und der Spekulationspraxis, sondern agieren von diesen her. Einerseits verspricht die VerUneindeutigung, der Normativität stabiler Identitätskonstruktionen zu entkommen, andererseits unterliegt genau dies dem Risiko neoliberaler Vereinnahmung. Doch das Risiko, so Judith Butler, birgt womöglich ein kapitalismuskritisches Potential, gerade angesichts seiner Affinität zum Kapitalismus:

»The word ›risk‹ belongs to economics, belongs to capitalism: you can or must ›risk‹ your capital with this or that investment in order to stand the chance of making a profit. Companies are always calculating their risks; some of them are risk-averse and others are high-risk. But what if we talk about a counter-capitalist notion of risk? Is there a way to work the idea of risk against the ethos of capitalism?« (Butler 2008: 146)

Um die Risiken oder vielmehr die Möglichkeiten des Risikos auszuloten, sollen nun die beiden Bilder noch einmal daraufhin befragt werden, welche Entscheidungen überhaupt getroffen werden könnten, wobei dies sowohl Interpretationsentscheidungen als auch daraus abgeleitete Handlungsentscheidungen meinen kann. Inwiefern lässt sich begründen, welche Art des Umgangs mit der Paradoxie ein bestimmter Text, ein bestimmtes Bild, eine bestimmte Politik propagiert bzw. welche Formen der Interaktion zwischen Bild und Rezipient_in vorstellbar sind. Der Begriff der Entscheidung – der die Entscheidung in der Unentscheidbarkeit meint, welche dennoch spezifischen formalen, ästhetischen, historischen, politischen und biographischen Bedingtheiten unterliegt – erklärt die Bildlektüre zu einer Praxis im Kontext kultureller Politiken.

Bezüglich Doujaks Bild bestünde eine mögliche Entscheidung darin, das Szenario als gewaltsam zu lesen, als eine Szene der Zwangsernährung – eine Interpretation, die durch formale Ähnlichkeit zu Zeichnungen von der Zwangsernährung der britischen Suffragetten beim Hungerstreik im Gefängnis unterstrichen wäre.[19] Doch ließe sich schwer erklären, wie aus der formalen Ähnlichkeit ein Argument würde, finden sich doch keine Hinweise auf einen politischen Kampf oder einen Hungerstreik der gefütterten Figur. Auch die Autorisierung zur Zwangsernährung lässt sich nicht herleiten. Wobei jedoch die Geste der Machtumkehr, die nicht die Unterernährung sondern die Überernährung eines Teils der Weltbevölkerung zur Gewalt erklärt, durch deren Abschaffung Nahrungsressourcen für diejenigen freigesetzt würden, die sie benötigen, sowohl argumentative Stärke als auch Witz aufweist. In diesem Sinne macht das Bild ein antirassistisches Argument, indem es eine queere Strategie des Perspektivwechsels vornimmt, die es vermeidet, die Marginalisierten als Bedürftige oder Opfer darzustellen,

19 Ich danke Gabriele Dietze für diesen Hinweis und den Link zu einer historischen Zeichnung: http://www.laf-city.de/wissenwert/geschichten/vorhundert/images/07.htm6.jpg (17.06.2008). Vgl. auch Thoms (2005): »Es waren die Suffragetten, die Hunger erstmals als politisches Kampfmittel einsetzten. Ihnen – als Frauen auch im privaten Leben vorrangig über ihren Körper definiert – blieb nur dieser selbst, um ihren Widerstand öffentlichkeitswirksam zu formulieren.« (Ebd.: 752)

und stattdessen das ›Problem‹ auf die Dominanzbevölkerung verschiebt. Mit einer solchen Darstellungsweise ist sehr wohl eine Entscheidung getroffen worden, die ein eingespieltes kulturelles Imaginäres, nämlich die Darstellungskonventionen bezüglich des Verhältnisses von ›Erster‹ und ›Dritter Welt‹, effektiv verschiebt.

Eine andere Interpretationsentscheidung könnte darin bestehen, ein lustvoll-ignorantes Szenario zweier weißer, dominanzgesellschaftlicher ›Queers in Drag‹ dargestellt zu sehen, die den Exzess als Teil ihrer Begehrenskonstellation feiern, sich ungehemmt exotistischer Accessoires bedienen und existentielle Ressourcen ausbeuten. Diese Sicht würde Rosemary Hennessys Kritik unterfüttern, dass sich die queere Bewegung unreflektiert bürgerlich-westlicher Privilegien bedient (vgl. Hennessy 2000: 138ff.). Hennessys Plädoyer dafür, die globalen Hierarchien und Ausbeutungsverhältnisse ›sehbar‹ zu machen, statt sich von einer fetischistischen ›Sichtbarkeit‹ des Warenkonsums verführen zu lassen, wäre allerdings gezwungen, das Bild zu verwerfen bzw. eine imaginative Verdopplung des Bildes zu produzieren, die den Figuren ihre ›Maske‹ entwendet und ihre sozialen Existenzbedingungen darstellt, die Tapete abreißt und den Blick auf postkoloniale Produktionsverhältnisse im globalen Süden eröffnet. Im ersten Moment scheint dies im Sinne einer postkolonialen und dekolonialisierenden Politik zu sein, wie sie etwa von Marta Savigliano (1995) vertreten wird. Deren Kritik am postkolonialen, eurozentrischen Exotismus, der die globale Zirkulation kultureller Produkte anleitet, lässt Doujaks Bild in einem problematischen Licht erscheinen:

»Exoticism is a way of establishing order in an unknown world through fantasy; a daydream guided by pleasurable self-reassurance and expansionism. It is the seemingly harmless side of exploitation, cloaked in playfulness and delirium, where otherwise secretive fantasies can be shared aloud. [...] Passion plays a major role in the production of exoticism. [...] Exotics are identified in terms of the qualities of passion they offer to the agent of exoticism, but the passion of the exotics is molded by the exoticizer's Desire. It is neither an essence nor a drive; it is a stigma of the colonial condition.« (Ebd.: 169)

Angesichts einer derart fest verankerten epistemologisch-affektiven Hierarchie der Wahrnehmung postkolonialer Subjekte scheint wenig Chance zu bestehen, eine nord/westlich-weiße Betrachter_in des Bildes der exotistischen Verlockung zu entziehen. Doch interessanterweise bringt Savigliano in ihren Überlegungen, wie sich der Weg vom Exotismus zur Dekolonialisierung vollziehen lasse, ähnlich wie Luzenir Caixeta (2003) den Kannibalismus ins Spiel: »[It, ae] makes use of the language of the colonizer to deconstruct colonialism, to chew it up cannibalistically and to transform it.« (Savigliano 1995: 220) In ähnlicher Weise vertritt Caixeta die kulturelle Anthropophagie – im Anschluss an Oswald de Andrande und die lateinamerikanische Avantgarde zu Beginn des 20. Jahrhunderts – als eine Strategie, um die »ethnozentrische Kulturhegemonie des Nordens in Frage zu stellen« (Caixeta 2003: 186), und zitiert ein Manifest der österreichischen Migrantinnenorganisation MAIZ, verfasst von Rubia Salgado, in dem diese Strategie zudem eine Umkehrung erfährt, die auch das dominante Subjekt zum Speisen auffordert:

»Überraschung! Du wirst mich jetzt schlucken! Wir fressen euch schon seit langer Zeit. Jetzt bist du dran. Schon meine indianischen Vorfahren haben euch verspeist, nicht viele von euch, aber doch einige: die braven, kämpferischen, bewundernswerten unter euch. Anthropophagie. Ja, das Fressen von Menschen. Der bewundernswerten Eigenschaften wegen. Um sich das Bewunderte anzueignen.« (Salgado in Caixeta 2003: 188).

In diesem Sinne werfen Savigliano und Caixeta antirassistische, postkoloniale Politiken in die Diskussion, die Hennessys ideologiekritische Enthüllungspolitik durch anmaßende, freche (*insolent*, wie Savigliano sie nennt) Formen der Aneignung ersetzen. Was aber bedeutet dies bezogen auf Doujaks Bild? Kann die Szene von Doujaks Bild, die ein Überfüttern der weißen Figur mit Getreide darstellt, als eine Form des Kannibalismus gelesen werden? Oder liegt der Witz bzw. die politische Wirksamkeit des Bildes genau darin, dass nach einer Darstellung der Positionierung weißer Figuren in Prozessen der Dekolonialisierung gesucht wird? Demnach wäre das erzwungene Überfüttern mit dem im Süden produzierten Getreide durch die Hände eines ethnisierten Subjekts die Gegenfigur zu einer Strategie des kulturellen Kannibalismus, die Mundraub am ›Körper‹ des dominanten Subjekts betreibt. Diese Umkehrung entspricht dem, was Caixeta vorschlägt: ›Du wirst mich jetzt schlucken!‹, und unterwirft sich dem Befehl. Wäre Doujaks künstlerische Arbeit damit das Ergebnis einer wirkungsvollen Dekolonialisierungspraxis von Seiten der exotisierten ›Anderen‹, die die etablierten Grenzziehungen ignorieren: »we trespass your borders, your identity at the ›core.‹ Installed in you to the point that an Other haunts every self, you can no longer control these Otras. Your desire is to join.« (Savigliano 1995: 237)

Eine derartige Inszenierung von Ambiguitäten, in der auch die Unterscheidung zwischen Selbst und Anderem verwischt wird und im Idealfall zu einer Dezentrierung des dominanten Subjekts beiträgt, lässt sich durch eine weitere Lesart unterstützen, die eine Unentscheidbarkeit von Lust oder Gewalt bzw. ein Changieren von Lust und Schmerz hervorhebt. Diese würde bezüglich der Nahrung empfangenden Figur das Spannungsverhältnis zwischen dem überstreckten Nacken, der ungeschützten Brust und dem ›Knebel‹ im Hals auf der einen Seite und den andächtig gesenkten Lidern, dem weit aufgerissenen Mund und dem auf die Partner_in gehefteten Blick auf der anderen Seite herausstellen. Bezüglich der gebenden Figur ließe sich ein Kontrast zwischen der stringenten Handlungsmächtigkeit, die die prominent präsentierten Hände, welche die Schüssel kippen, signalisieren, und dem auf die Betrachter_in gerichteten Blick herstellen, der nicht lustvoll-entrückt wirkt, sondern als wolle er sich seiner selbst vergewissern und würde um Bestätigung bitten. Mit Christoph Holzhey (2001) ließe sich hierin ein ›Paradox der Lust‹ erkennen, das gerade dann, wenn es als Paradox aufrechterhalten und nicht zu einer Seite (Lust oder Schmerz) aufgelöst oder in eine harmonische Synthese getrieben würde, das Potential birgt, totalisierende Verhältnisse zu unterlaufen (vgl. ebd.: 19f.).

Dieser Effekt einer ›offenen Zukünftigkeit‹ wurde auch im Hinblick auf Gallis Zeichnung herausgestellt; und in der Tat lässt sich aus der Gelassenheit, mit der die Figur sich dem Kotzen hingibt, auch eine Unentscheidbarkeit von Behagen und Unbehagen oder ein Paradox der Lust behaupten. Unbeantwortet lassen allerdings beide künstlerischen Arbeiten ebenso wie die theoretischen Reflexionen von Holzhey die Frage, ob der Verzicht auf ästhetische Totalisierungen gradlinig ins sozio-politische Feld zu übertragen ist. Welcher Entscheidungen bedarf es, um ökonomische und gesellschaftspolitische Verhältnisse und Regierungsformen entsprechend umzuarbeiten? Sollen Paradoxien für das Verständnis und die Politisierung von Sexualität und Ökonomie im Kontext queerer und/oder neoliberaler kultureller Politiken herangezogen werden, so gilt es zu fragen, wie die ›Lust an der Paradoxie‹ vielfältig aktivierbar ist. Mit Holzhey lässt sich in der Lust am Paradox ein ›Paradox der Lust‹, also die Gleichzeitigkeit und Unentscheidbarkeit von Lust und Schmerz entdecken (vgl. ebd.: 6ff.; 18). Herrschaftskritisch wäre es interessant zu fragen, inwiefern dies in der Ambiguität von neoliberalen Befreiungsversprechen und Zwangsverhältnissen wirksam wird und inwiefern die nicht-totalisierenden Ästhetiken und Ethiken, die sich für Holzhey aus einer Anerkennung differenter, paradoxer Lüste (*delectic difference*) ergeben, eine Transformation neoliberaler ökonomischer Verhältnisse inspirieren können.

Lässt sich aus dem bisher Gesagten folgern, dass sich die Produktivität doch nur ergibt, wenn das Paradox mit einer ›offenen Zukünftigkeit‹ versehen wird bzw. wenn diese Zukünftigkeit gar nicht so offen ist wie suggeriert, sondern an einem normativen Katalog ausgerichtet ist, der beispielsweise nach Formen des Ökonomischen sucht, die nicht auf Aneignung und Ausbeutung von Differenz ausgerichtet sind? Auch wenn das *Kotzblatt* das Aufrechterhalten einer Spannung von Schmerz und Lust ebenso überzeugend verbildlicht wie die paradoxe Spannung von Dynamik und Stillstand, so bleibt doch die Frage, ob der Spannungszustand als solcher ein Versprechen birgt. Oder bleibt das Umgehen von Entscheidungen ein Problem? So Interpretationsentscheidungen getroffen werden, die durch eine Kontextualisierung des Blattes soziale Diskurse in dessen Rahmen eintreten lassen, wie ich dies etwa durch die Einordnung der Zeichnung in das Themenfeld globaler Nahrungsversorgung getan habe, sind diese damit konfrontiert, dass definitive Antworten unterlaufen werden. Das Bild selbst bietet keine Hinweise, woraus die Wolke bestehen könnte, ob die Wolke und das, was in der Schüssel landet, von gleicher Substanz sind, wovon das Szenario umgeben sein und was entsprechend von außerhalb des Bildausschnitts in das Bild intervenieren könnte oder wohin es sich öffnen könnte, würde der Rahmen verschoben.[20] Jedoch kann Gallis Bild auch als eines gelesen werden, das die Rolle der Paradoxie als Mittlerfigur zwischen einer Politisierung durch Widerspruchsbildung und einer Politisierung als VerUneindeutigung inszeniert. Damit ermöglicht das Bild eine Erfahrung des paradoxalen Charakters neoliberaler Verhältnisse. Spürbar und nachvollziehbar wird, dass das Paradox sowohl zur Aktivierung als auch zur Befriedung oder Zähmung führen kann. Doch unter welchen Bedingungen erscheint die Aktivierung als Politisierung, die nicht auf die Einarbeitung in den neoliberalen Anforderungshorizont ausgerichtet ist?

Die Paradoxie als Mittlerfigur

Im Kontext neoliberaler Diskurse lassen sich zwei dominante Muster bezüglich des Einsatzes von Paradoxien erkennen. Zum einen forcieren neoliberale Diskurse Paradoxien und schlagen vor, sie lustvoll zu besetzen, womit eine Aktivierung der Einzelnen bewirkt werden kann. Zum anderen zielen neoliberale Diskurse darauf ab, Widersprüche

---

20 Vgl. Kerstin Brandes (2008) zur Frage nach der Bedeutung des Rahmens und der politischen Strategie einer Verschiebung des Rahmens, gerade auch hinsichtlich der Möglichkeiten von Interventionen in rassistische Darstellungskonventionen.

zu glätten, und bieten somit die immanente Spannung der Paradoxie als Alternative zu der sozio-historischen Spannung des politischen Konflikts oder des Antagonismus an. Im Hinblick auf Allianzbildungsprozesse zwischen dominanzgesellschaftlichen und bestimmten (vormals) marginalisierten Positionen, durch die eine breite Zustimmung zu neoliberalen Transformationen des Gesellschaftlichen bewirkt werden soll (vgl. Duggan 2003), erscheinen beide Momente von Nutzen und verbinden sich mit den Prozessen, die ich als projektive Integration bezeichne. Insofern projektive Integration Differenz nicht abwehrt, sondern – im Sinne eines intra-psychischen und intersubjektiv-medialen Prozesses – zur Erweiterung der eigenen Subjektivität nutzbar macht, kann auf ein erweitertes Spektrum kultureller Ressourcen zurückgegriffen werden, um widersprüchlichen Anforderungen gerecht zu werden, Paradoxien lebbar zu gestalten und sie als Anlass zu nehmen, sich in die neoliberalen Verhältnisse einzuarbeiten. Zugleich bieten Paradoxien jedoch aus neoliberaler Perspektive auch den Vorteil, dass sie als schicksalhaft, unaufhebbar oder anthropologische Gegebenheit verstanden werden können, so dass sie geeignet sind, sozio-politische Widersprüche zu entnennen.

Da dies jedoch nicht in die Schlussfolgerung münden soll, dass es unumgänglich ist, erneut Widersprüche zu formulieren bzw. Paradoxien in Widersprüche zu übersetzen, um die Allianzbildungsprozesse zu unterbrechen, die den hegemonialen Konsens bezüglich neoliberaler Transformationen begründen, habe ich argumentiert, dass es möglich ist, andere Formen der Politisierung zu entwerfen, die nicht an der Figur des Widerspruchs ausgerichtet sind. Hiermit widerspreche ich der Auffassung, dass allein die Übersetzung einer Paradoxie in einen Widerspruch (und sei es ein Antagonismus provisorischer Identitäten) grundsätzliche gesellschaftspolitische Veränderungsperspektiven und (kollektive) politische Praxen bewirken kann. Stattdessen vertrete ich die These, dass eine radikalisierte Version hegemonietheoretischer Überlegungen ein Modell der Politisierung und des Politischen bietet, das ein queeres Interesse an Identitätskritik in sich aufnimmt und Differenz/en anerkennt, die nicht als das Andere der Identität formatiert sind. Nicht nur sind Strategien der VerUneindeutigung geeignet, in rigide normative und flexibel normalisierende soziale Kontexte einzugreifen und die Zurichtung auf die Anforderungen der Dominanzgesellschaft zu unterbrechen und zu denormalisieren. Darüber hinaus kann ein In-der-Schwebe-Halten von Paradoxien auf die Unentscheidbarkeit als Bedingungsgefüge politischer Praxis verweisen. Genau dadurch wird die Notwendigkeit virulent, (institutionalisierte und informelle) Formate bereitzustellen, die es ermöglichen, politische Entscheidungen zu treffen, für sie Verantwortung zu übernehmen und für ihre Umsetzung zu kämpfen.

Wird die Paradoxie demnach als eine Mittlerfigur verstanden, die entweder in einen Antagonismus oder in Ambiguität übersetzt oder aber in der Schwebe gehalten werden kann, so erweitern sich die Formen möglicher Politisierung. Aus queer-politischer und neoliberalismuskritischer Perspektive ist es wichtig, die unterschiedlichen Politisierungsformen zu erkennen und zu diskutieren, die mit den jeweiligen Übersetzungsprozessen verbunden sind. Wenn der Antagonismus das Paradox als einen Widerspruch zweier klar geschiedener, unvereinbarer Positionen vereindeutigt und die Ambiguität das Paradox in ein Changieren nicht definitorisch fixierbarer Differenzen veruneindeutigt, sind dies zwei gegenläufige Perspektiven. Sie sind unvereinbar, insofern der Antagonismus universalisierend funktioniert und das gesamte Feld des Politischen durch den Widerspruch definiert sieht, während die Ambiguität relativierend wirkt und es nahelegt, das Feld des Politischen von unterschiedlichen Positionen aus zu betrachten, so dass je unterschiedliche Ansichten entstehen. Dennoch schließen sich Antagonismus und Ambiguität als strategisch politische Figuren nicht aus, solange die universalisierende Perspektive anerkennt, dass andere universalisierende Perspektiven sie anfechten (was auf eine Relativierung der eigenen Position hinausläuft), oder wenn die relativierende Perspektive ihre Kämpfe um relative Macht und Veränderung der hierarchischen Konstellationen mittels vielfältiger, ambiger Widerspruchsbildungen führt (vgl. auch Engel 2007a). Darüber hinaus lässt sich argumentieren, dass ein In-der-Schwebe-Halten der Paradoxie eigene Formen der Politisierung ermöglicht, insofern die Paradoxie ein kontinuierliches Spannungsverhältnis und eine fortdauernde Unterbrechung von Kohärenz bedeutet, was sie zur idealen Kandidatin queerer Identitätskritik macht. Die entscheidende Herausforderung besteht somit darin zu zeigen, dass bzw. wie queere kulturelle Politiken die Effekte der Aktivierung und der Zähmung, die den neoliberalen Einsatz paradoxer Figuren kennzeichnen, in neoliberalismuskritische Politisierung ummünzen.

Paradoxien queer politisieren

Queer-politische Ansätze zielen darauf ab, Differenz/en nicht an den Normen der dominanten Ordnung auszurichten, sondern im Gegenteil die Prozesse normativer Differenzproduktion zu unterbrechen, über die sich Dominanzverhältnisse reproduzieren. Die Strategie der VerUneindeutigung richtet sich an diesem Ziel aus, wenn sie kontextspezifisch in je konkrete Normen und Normalitätskonstrukte interveniert. Auch die *queerſtrategy*, die Vajanović und Popivoda vertreten, ist als Unterbrechung glatter Abläufe gesellschaftlicher Normalitäten konzipiert, wenn sie die »mobile multiplicity of bodies« (Vajanović/Popivoda 2008: 397) als *border-hacker* agieren lassen. Queere kulturelle Politiken kritisieren somit auch diejenigen Formen von Integrationspolitik, die mit einer Wertschätzung von Differenz einhergehen, aber dennoch Kategorisierungen produzieren. Entgegen der Prozesse projektiver Integration, die zwar Ambiguitäten und Paradoxien forcieren, diese aber unter dem Dach der Integration synthetisieren, versuchen queere kulturelle Politiken Ambiguitäten und Paradoxien in das Feld politischer Auseinandersetzungen um die Gestaltung gesellschaftlicher und globaler Verhältnisse einzuführen. In diesem Sinne ist es interessant zu fragen, ob Doujaks und Gallis Bilder projektive Integrationsprozesse unterstützen. Ich würde dies einerseits bezweifeln, insofern beide Bilder auf eine fortdauernde Verunsicherung setzen, die jegliche Konstruktion eines möglichen Selbst sofort wieder unterläuft. Andererseits bieten sie sehr wohl Anknüpfungspunkte für Identifizierungen und Begehren. Entsprechend ist die entscheidende Frage nicht, ob sie in Prozesse projektiver Integration eingearbeitet werden, sondern vielmehr, welche Formen der Politisierung sich an diese Verwicklungen anschließen.

Aus hegemonietheoretischer Perspektive besteht politische Praxis im Treffen von Entscheidungen unter Bedingungen der Unentscheidbarkeit: Entscheidungen, die ethisch gerechtfertigt werden müssen, weil sie sich auf keine Wahrheit und keine Notwendigkeit berufen können; Entscheidungen, die Auswirkungen auf die Gestaltung gesellschaftlicher und globaler Verhältnisse haben, ohne dass der unmittelbare soziale Kontext, in dem sie getroffen werden, Anhaltspunkte bezüglich dieser Effekte liefern würde. Insofern beide Bilder derartige Entscheidungen an die Betrachter_in delegieren, die diese aufgreifen, verschieben oder verweigern kann, ließe sich sagen, dass die politische Relevanz der Bilder darin liegt, dass sie Politik machen, indem sie eine Erfahrung des Politischen vermitteln. Sie positionieren die Betrachter_in innerhalb eines Bedingungsgefüges, das keine klaren Vorgaben macht, keine Kriterien an die Hand gibt, sondern eine ›offene Zukünftigkeit‹ präsentiert, auf die hin politische Entscheidungen getroffen werden können – und in irgendeiner Form, und sei es als Schweigen, als Stillstand oder als Verweigerung, auch unweigerlich getroffen werden.

Was die Gestaltung des politischen Feldes betrifft, sind die beiden Bilder keineswegs unentschlossen oder arbiträr, sondern repräsentieren die Figuren der Ambiguität und Paradoxie als bestimmbare ästhetische Formen. Doujaks Bild bewirkt auf diese Weise eine Unterbrechung des hegemonialen kulturellen Imaginären sowohl bezogen auf die Repräsentation von Geschlechterrelationen und Begehren als auch bezogen auf das Nord/Süd-Verhältnis. Gallis Bild unterläuft die Stillstellung identitärer Konstruktionen zugunsten einer Prozesshaftigkeit, indem es binäre Oppositionen in Bewegung versetzt. Beide Bilder sind also durch die Darstellung von Paradoxien und Ambiguitäten gekennzeichnet, lassen sie aber in unterschiedliche Formen der Politisierung münden. Werden die Bilder als Agenten queerer kultureller Politiken verstanden, die bestimmte Formen der Bedeutungsproduktion und Wirklichkeitskonstruktion forcieren, so ließe sich ihre *queerſtrategy* vielleicht folgendermaßen kennzeichnen: Keines der Bilder setzt darauf, Antagonismen im Sinne von Gegner_innenschaften aufzuführen, vielmehr präsentieren beide das Politische als ein Feld der Unentscheidbarkeiten und der Unabschließbarkeit. Sie verzichten darauf, politische ›Lösungsvorschläge‹ zu liefern und konfrontieren stattdessen ihre Betrachter_innen mit der Anforderung, ›Entscheidungen in der Unentscheidbarkeit‹ zu treffen. Sie setzen ihre Betrachter_innen den Paradoxien aus. Während das *Kotzblatt* auf die Möglichkeit verweist, sich ohne Entscheidungen in der Ambiguität einzurichten, verwickelt *Das Hausschwein* die Betrachter_in in Machtverhältnisse und verlangt ihr ab, das Zusammenspiel von Lust und Zwang in sozio-historischen Herrschaftsrelationen zu reflektieren.

4 Paar werden – *Strange* werden

Bindung, nicht *bondage*

Händchenhalten in Nahaufnahme, gerahmt durch zwei Hüften, von denen die eine wie ein stabiler Fels wirkt, im Hintergrund ein strahlender Sonnenaufgang – ein perfektes Klischee von Partner_innenschaft, Vertrauen und Glück. Eine kleine Besonderheit hat die Photographie jedoch zu bieten: ein Lederarmband mit Nieten an einem der Arme und zentral im Bild platziert. Dieses Armband könnte als ein Hinweis auf eine schwule Lederszene gelesen werden, wobei dieser Hinweis allerdings sehr dezent erfolgt, weder sexy noch provokativ. Die Botschaft lautet Bindung, nicht *bondage*. Ein weiteres Bild zeigt zwei ältere Frauen, die einander umarmt halten wie im Tanz. Die Szene findet in einem trostlosen Park an einem grauen Wintertag statt. Es scheint, als müsse das Paar seine Intimität den höchst unwirtlichen Umständen abringen: Regen, Trübnis und ein massiver Stahlträger, der quer über den Köpfen der Frauen dräut. Nichtsdestotrotz vermittelt ihr Anblick den Eindruck von Bezogenheit, Gemeinsamkeit und geteilter Praxis. Doch wiederholt das Bild eine kulturell vertraute Desexualisierung alter Frauen, so dass es offen bleibt, ob es sich bei dem Paar um Schwestern, Freundinnen oder Liebhaberinnen handelt. Beide Photos sind Bilder von Partner_innenschaft und dem Selbst nicht als autonomer Einheit, sondern in Beziehung. Wenn sie als Repräsentationen von Schwulen und Lesben gelesen werden, dann fällt auf, dass sie diese nicht als Verkörperungen der hippen, leistungs- und life-style-orientierten Klasse der kreativen Kulturproduzent_innen darstellen, sondern eher ihre soziale Verbundenheit hervorheben. Auffällig ist außerdem, dass sie keine strikten Unterscheidungen von Homo- oder Heterosexuellen vornehmen, sondern mit Ambiguität spielen. In diesem Sinne arbeiten diese Bilder, wie auch die Anzeigen ›Why are these people so happy and gay?‹ (Kap. 2), mit einer doppelten Adressierung, die Heterosexuelle ebenso wie Lesben, Schwule und Bisexuelle einlädt, in das Phantasieszenario des Bildes einzutreten.

Ich sehe in dem Spiel mit Ambiguität, das die mehrfache Adressierung ermöglicht, erneut die projektive Integration am Werke. Wie bereits ausgeführt, verstehe ich unter projektiver Integration eine spätmoderne Form der Gouvernementalität, die darauf beruht, dass die Einzelnen sich aktiv und mittels virtuosen Managements ihrer jeweiligen Besonderheit in die Gesellschaft einarbeiten und qua Subjektivierung an den Herrschaftsrelationen teilhaben. In diesem Zusammenhang beruht die Regulierung von Sexualität eher auf flexibler Normalisierung denn auf Kontrolle oder Verwaltung vorgeblich stabiler, identitärer Unterschiede. Differenz wird zunehmend als kulturelles Kapital geschätzt, was auch bedeutet, dass bestimmte, auch vormals marginalisierte oder diskriminierte Formen von Differenz an Wert gewinnen, weil sie Besonderheit zu signifizieren vermögen, die marktförmig nutzbar ist oder Fähigkeiten flexibler Selbstgestaltung anzeigt: Im Falle der beiden Bilder werden Weiblichkeit, fortgeschrittenes Alter und Homosexualität als Indikatoren von Differenz eingesetzt, wobei das Potential zur projektiven Integration daraus erwächst, dass die Träger_innen der Differenz die Fähigkeit demonstrieren, Variationen der kulturell hoch geschätzten Figur des Paares anzubieten. Mit Verweis auf die auffällige Desexualisierung lässt sich bezüglich der Bilder argumentieren, dass trotz Anerkennungsrhetorik dennoch mehr oder weniger subtile Grenzen gezogen und Ausschlüsse gesichert werden. Sexualität ist nur dann zu entdecken, wenn sie als zärtlich oder fetischistisch, nicht aber, wenn sie als aggressiv, als schambesetzt oder als dissident gegenüber dem Normengefüge des Kontexts, in dem sie auftritt, erscheint. Geschlechterambiguität wird nicht als Irritation heteronormativer Begehrenskonstellationen dargestellt, sondern als normalisiertes Kontinuum, das sozialer Integration geneigt oder verpflichtet ist.

Differenz und die Gestaltung des Gesellschaftlichen

Was mich im Rahmen dieses Kapitels interessiert, ist die Frage, wie dieser Umgang mit Differenz und Sexualität für die Gestaltung des Gesellschaftlichen relevant wird. Ich frage also nicht allein nach der Anerkennung von Subjektivität und intimen sozialen Beziehungen, sondern nach der Ausgestaltung des Gemeinschaftlichen, Gesellschaftlichen und – angesichts weltweiter Migrationsbewegungen und queerer Diasporas – globaler Verhältnisse. Diesbezüglich nehme ich ein funktionales Zusammenspiel zwischen Sexualität, Desexualisierung und Formierung des Gesellschaftlichen an, das ich im Folgenden unter Einbezug der These von der Diversifizierung geschlechtlicher und sexueller Lebensformen genauer ausarbeiten möchte. Zu diesem Zwecke soll zunächst genauer geschaut werden, wie die beiden oben eingeführten Bilder Vorstellungen von Gemeinschaftsbildung aufrufen, wie diese mit vertrauten Bildern des kulturellen Imaginären korrespondieren und inwiefern sie diese verschieben. In diesem Zusammenhang steht ›Paar werden‹ nicht für die paradoxen Anforderungen von Autonomie und sorgender Bezogenheit (Kap. 2), sondern für Fragen danach, wie *lgbti*-Communities in bestehende Gesellschaftsmodelle integriert werden bzw. wie Formen von Gesellschaft geschaffen werden können, die soziale Partizipation und politische Bürger_innenschaft für heterogene geschlechtliche und sexuelle Existenzweisen schaffen können. Diesbezüglich erscheint mir interessant, dass Kien Nghi Ha (2006) den oben angedeuteten Zusammenhang von flexibler Normalisierung, Wertschätzung und Verwertbarkeit von Differenz, den er zumeist als Aspekt der neoliberalen Transformation sozio-ökonomischer Verhältnisse analysiert (vgl. Kap.1, S. 54), auch mit Bezug auf den Nationalstaat betrachtet (vgl. a. Reddy 2005). Demnach fungiert Hybridität als Modernisierungsinstanz des Nationalstaats:

»I suggest to discuss cultural hybridity and national identity not as conceptual oppositions, but as a functional relationship, which allows the nation to expand and modernize the symbolic field of national self-representation by creating a more colorful, joyful, and attractive image of itself. In the global competition of national economies and cultures it is even for the nation a task of growing importance to appear cosmopolitan and open for productive flows of migrating capital, creative subjects and powerful symbols.« (Ha 2006: ohne Seite)

Dies scheint mir auch hinsichtlich lesbisch-schwuler Kämpfe um gesellschaftliche Anerkennung relevant, die sich mittlerweile fast ausschließlich auf Teilhabe am staatlich privilegierten Rechtsinstitut der Ehe oder einem daran orientierten Surrogat konzentrieren. Das Paar steht aus Perspektive dieser Politiken für Werte von Treue, Bindung und sorgender Verantwortung und hat inzwischen – durchaus erfolgreich – auch als ›Einstiegsdroge‹ oder ›Zugangsticket‹ für die Beteiligung an der aktuell prominenten biopolitischen Förderung der Familie funktioniert. Sogenannte Regenbogenfamilien haben durchaus die

Aufmerksamkeit staatlicher Politik errungen (Kap. 1) und werden als ökonomische Produktivkraft im Reproduktionssektor geschätzt. Im Rahmen dieses Kapitels möchte ich jedoch anhand der Bilder über die bevölkerungspolitische Perspektive hinaus fragen, welche Modelle gemeinschaftlicher, gesellschaftlicher und globaler Anerkennung divergenter Existenzweisen im Umlauf sind – Modelle, die sich womöglich nicht alle aus der heteronormativen Vorstellung des Staates als Verlängerung der patriarchalen Familie oder der Familie als ›Keimzelle des Staates‹ ableiten. Welche Bedeutung kommt ökonomischen Verhältnissen und kapitalistischer Wirtschaft für die Diversifizierung geschlechtlicher und sexueller Existenzweisen zu, bzw. umgekehrt, welche Relevanz gewinnt die heteronormativ verfasste Familie, das zweigeschlechtlich subjektivierte Individuum oder die Diversifizierung von Geschlecht und Sexualität für das Florieren der Wirtschaft? Zugespitzt lässt sich diesbezüglich formulieren, dass, sobald die Reproduktion von Arbeitskraft anders als durch heteronormative Familien gesichert wird, es keinerlei Notwendigkeit gibt, warum die kapitalistische Ökonomie Heterosexualität privilegieren oder benötigen sollte. So schreibt Rosemary Hennessy (2000):

»However, just because capitalism has made use of heteronormativity does not mean that it is necessary for capitalist production. Capitalism does not require heteronormative families. What it requires is a unequal devision of labor« (ebd.: 105) and »the deeper penetration and commodification of the body and identity« (106).

Es lässt sich jedoch auch keine von ökonomischen Prinzipien her bedeutsame Aussage machen, warum spätkapitalistische Ökonomie Lesben und Schwule bevorzugen sollte – selbst wenn es stimmen sollte, dass die sogenannte *creative class* einen überproportional hohen Anteil an Lesben und Schwulen aufweist (vgl. Florida 2002). Zwar geht Hennessy davon aus, dass die kapitalistische Aneignung von Begehren besonders gut geeignet ist, eine Durchdringung der Körper und Identitäten zu erreichen, aber dies trifft für heterosexuelles Begehren nicht weniger zu als für homosexuelles. Hinsichtlich der gesellschaftlichen Arbeitsteilung werden klassenspezifische, geschlechtliche, ethnisierte und nach bürger_innenrechtlichem Status differenzierte Formen flexibel kombiniert und reorganisiert. Diese hierarchisierte, klassifikatorische Differenzierung, die Ein- und Ausschlüsse sowie Positionierungen auf dem Arbeits- und Kapitalmarkt strukturiert, verbindet sich mit einer fortwährenden Produktion differenter Bedürfnisse und Wünsche für den Konsummarkt, die auf einen diversifizierten, aber umfassenden Einschluss zielt. Ein Aspekt neoliberaler politischer Kalkulation besteht darin, dass Formen ›ökonomischer Integration‹ als Konsumsubjekte die verschärfte Einkommens- und Vermögensdifferenzierung und die Ausschlüsse aus gesellschaftspolitischer Partizipation relativieren (Gluckman/Reed 1997; Duggan 2003). Doch fragt sich zum einen, ob diese Rechnung aufgeht, und gilt es zum anderen, nicht einer Verabsolutierung der kapitalistischen Marktökonomie das Wort zu reden (Gibson-Graham 1996; 2005). Deshalb werde ich mich am Ende dieses Kapitels mit der Frage befassen, welche Formen von und Umgangsweisen mit Differenz queeren Formen der Vergemeinschaftung zupassekommen können und welche Verständnisse des Gesellschaftlichen und politischer Ökonomie damit verknüpft werden. Welche Möglichkeiten der Umarbeitung kapitalistischer Verhältnisse kommen damit in den Blick, insofern diese gesellschaftlichen Formationen nicht an sozialer Integration durch den kapitalistischen Markt orientiert sind?

Verkupplungsphantasien[1]

Das Händchenhalten enstammt einer Anzeige der Autofirma *Ford*, eine der Firmen, die engagiert auf *diversity management* setzt und die Wertschätzung von Differenz als wichtigen Teil ihrer Firmenphilosophie präsentiert.[2] Die Bildüberschrift der Anzeige lautet: »Als hätten wir *nur* Autos im Kopf«. Über den Händen ist »Anhängerkupplung?« ins Photo montiert. Unter Berücksichtigung dieser Texte wird aus dem zuvor dezenten Hinweis eine offenkundig schwule Codierung der Anzeige, indem das männlich konnotierte Statussymbol Auto, an das wir selbstverständlich *auch* denken, mit dem ›wir‹ der Hände verbunden wird. Die ›Anhängerkupplung?‹ schlägt in selbstironischer Manier eine Charakterisierung maskuliner Bindungsformen vor.[3] Durch die schwule

1 Eine frühere Version der Lektüren dieses Kapitels findet sich in Engel (2007c).

2 Interessant ist die Ähnlichkeit der Formulierungen zum Thema Diversity auf den Websites des MFFGI in NRW (s. Kap. 1) und der Ford Company, die in Köln/NRW angesiedelt ist, vgl.: http://www.ford.de/UeberFord/Unternehmenspolitik/Diversity, wo auch die Broschüre *Diversity. Vielfalt als Stärke* herunterzuladen ist (19.12.2008).

3 Diese Nahelegung wird dadurch verstärkt, dass die Anzeige aus dem *CSD-Magazin* (2002) stammt, das jährlich als offizielle Repräsentation aller bundesweit und in Wien stattfindenden Christopher-Street-Day-Paraden von den Veranstalter_innen herausgegeben wird.

Ford-Werbeanzeige, 2002

Codierung ist jedoch die doppelte Adressierung der Werbung keineswegs aufgehoben, denn abgesehen davon, dass erstens die Ambiguität der Hände, die geschlechtlich nicht eindeutig decodierbar sind, bestehen bleibt und zweitens durchaus auch weiblich identifizierte Frauen, Lesben und Trans-Personen sich dem Statussymbol Auto verschreiben können, stellt die Anzeige im unteren Seitenrand einen weiteren Text bereit:

»Und wenn wir gerade mal nicht an Autos denken, dann feiern wir gerne im Namen der Liebe – jeder Liebe. Und wo könnte man das wohl besser als in Köln. Einer Stadt, die an Vielfalt, Toleranz und vor allem Partylaune kaum zu überbieten ist. Als kleinen Liebesbeweis engagieren wir uns natürlich auch in diesem Jahr wieder beim Christopher Street Day. Weil der inzwischen zu Köln gehört wie der Dom. Oder wir.«

Während die ›Anhängerkupplung?‹ mit ihrem Gebrauch von Ironie und Doppeldeutigkeit eine schwule Leser_in einlädt, die den entsprechenden Subtext zu erfassen vermag, adressiert der ausführlich erklärende Text ein heterosexuelles Publikum; es handelt sich gleichzeitig um ein Coming-out-Bekenntnis und eine pädagogische Maßnahme. Lesbische oder schwule Betrachter_innen benötigen diesen Teil der Anzeige nicht, denn sie können den Subtext entziffern. In seiner doppelten Adressierungsbewegung lässt sich die Anzeige daraufhin betrachten, welche Gemeinschaftsvorstellungen aktiviert und wie das Verhältnis von Dominanzkultur und Differenz konstruiert wird. Einerseits wird ein anthropologisch-universalisierendes Stereotyp aufgerufen, dem gemäß Gesellschaft auf der Einheit des Paares gründe. So es Polymorphen gelingt, sich in dieses Bild hineinzuschreiben und sich gegebenenfalls auch mit der inhärenten reproduktiven Norm zu identifizieren, stellt die visuelle Rhetorik der Werbeanzeige Gemeinsamkeit her. Zugleich wird jedoch auch eine Differenz sichergestellt, und zwar indem ein Integrationsparadigma aktiviert wird. Durch die doppelte Adressierung wird das heterosexuelle Publikum zur Toleranz aufgefordert, aber auch darin bestätigt, dass es als Teil der Kölner Bevölkerung dazu selbstredend in besonderem Maße befähigt sei. Zudem werden Schwule und Lesben, die nur implizit im Begriff des *Christopher Street Day* genannt sind, als Verkörperungen von Vielfalt, Individualität, Partylaune, vor allem aber auch der Liebe präsentiert, so dass es schließlich nicht schwierig sein könne, sie zu tolerieren.

Unhinterfragt ist jedoch, dass ein Toleranzverhältnis erstrebt wird, ein Toleranzverhältnis, das sicherstellt, das die, die tolerieren, und die, die toleriert werden, deutlich unterschieden bleiben (vgl. Engel 2007b; 2009b; Brown 2006). Zwar stellt ›jede Liebe‹ auch eine Einladung zur projektiven Integration bereit, kann jede_r sich hierunter doch sehr unterschiedliche Varianten eines ersehnten möglichen Selbst vorstellen. Doch bietet die Anzeige weder visuell noch vom Text her Vorschläge, wie eine unhintergehbare ›Andersheit des Anderen‹ ins eigene Selbst Eingang finden könnte – denn präsentiert wird konsequent die ›Differenz des Anderen in der Ähnlichkeit‹. Von Seiten der *lgbti*-Communities, die die CSD-Parade ihr Terrain nennen, funktioniert der Mechanismus projektiver Integration, den diese Anzeige vorschlägt, vermutlich besser, denn es wird von der Anzeige nicht nur das Paarideal bedient, sondern es werden auch Möglichkeiten der Aneignung öffentlichen, heteronormativ organisierten Raums angedeutet: Werbeflächen in Magazinen, die Stadt und, kleine Provokation am Rande, der Kölner Dom als Orte der Selbstrepräsentation. Doch versprochen wird weder Anerkennung noch Definitionsmacht, sondern Toleranz, und zwar unter der Bedingung, dass die Ideale der Liebe und der Verbundenheit gefeiert werden. Was gesellschaftspolitische Gestaltungsmacht betrifft, bleibt diese ein Privileg der hegemonialen Ordnung, die großzügig Raum für multikulturell definierte Differenz schafft.

Hinsichtlich der Differenzkonstruktion ist jedoch eine weitere Lesart der Anzeige gefragt, die stärker auf die Konzernpolitiken von *Ford* Bezug nimmt. Bemerkenswert ist das zweideutige ›wir‹, das sowohl in der Überschrift als auch in den Fußzeilen der Anzeige verwendet wird. ›Als hätten wir *nur* Autos im Kopf‹ kann auch als Aussage des Konzerns gelesen werden, dessen PR-Abteilung hiermit signalisiert, dass sich das Unternehmen sowohl für seine Mitarbeiter_innen als auch für seine Kund_innen interessiert – in all ihrer Diversität. Dies ist auch in den Publikationen zum *diversity management* des Konzerns ausformuliert, die die Ambiguität derartiger Maßnahmen offenkundig machen: Sie dienen sowohl der Produktivitäts- und Imagesteigerung des Unternehmens als auch der Arbeitszufriedenheit und Selbstsicherheit der Mitarbeiter_innen, die in den Genuss dieser Maßnahmen kommen (vgl. Fn. 1). Was einerseits eine modernisierte Form kapitalistischer Ausbeutungspraxen darstellt, trägt andererseits sehr wohl zur Veränderung sozialer Ausgrenzungs- in Anerkennungsverhältnisse bei und befördert die Wertschätzung zumindest solcher Formen sozialer Differenz, die in den kapitalistischen Wertschöpfungsprozess integrierbar sind (Losert 2007).[4] In den Fußzeilen verweist das ›wir‹ darauf, dass die *Ford Company* seit vielen Jahren mit Fahrzeugen am Kölner CSD

4 Bezüglich kritischer queer-theoretischer Debatten zur gleichzeitigen Modernisierung und Prekarisierung neoliberaler Arbeitsverhältnisse und

beteiligt ist und somit auch von Konzernseite aus behaupten kann, man feiere gemeinsam und im Namen der Liebe – sowie der Absatzsteigerung. Denn zweifellos bedeutet die Präsenz auf der Parade eine direkte Adressierung potentieller Kund_innen, eine Chance, die, wie die verbreitete Klage über kommerzialisierte CSDs unterstreicht,[5] mittlerweile von zahlreichen Firmen wahrgenommen wird.

Doch auch wenn sich somit funktionale kapitalistische Gründe anführen lassen, warum die Anzeige ein *lgbti*-Publikum adressiert, ist die Verschmelzung, die im ›wir‹ vorgenommen wird, bemerkenswert. Meiner Ansicht nach vollzieht sich darin das, was ich als charakteristisch für den Mechanismus der projektiven Integration hervorgehoben habe, nämlich dass keine klare Trennlinie zwischen Selbst und Anderen gezogen wird, vielmehr auserwählte Differenz erlaubt wird, sie geradezu eingeladen wird, Eingang ins eigene Selbst zu finden. Auf dieser rhetorischen Ebene der Anzeige, die die Allianz zwischen Konzern und *lgbti*-Community markiert, wird demnach ein anderes Differenzverständnis aktiviert als das toleranzpluralistische, mit dem ein heteronormatives Publikum adressiert wird.

Tanz unter dem Stahlträger

Der verhaltene Tanz des älteren Frauenpaares findet sich auf einer Photographie der tschechischen Künstlerin Milena Dopitová aus der Serie *Sixtysomething* (2003). Sie ist in eine Anzeige der österreichischen Sparkasse *Erste Bank* eingearbeitet, die das Geschehen mit dem Begriff ›Kontakt‹ codiert – ein Begriff, der nicht unbedingt nahelegt, Paare oder gar Liebe zu konnotieren. Eher signalisiert Kontakt eine vorhergehende Distanz, die per Kommunikation, sei es Sprache, Berührung oder Begegnung, überwunden wird. Dies wäre eine zugleich irritierende wie vertraute Art, Vorstellungen von einer lesbischen Beziehung aufzurufen: irritierend, insofern eine Begehrensrelation als Kommunikationsfrage behandelt wird; vertraut, insofern Lesben traditionellerweise so dargestellt sind, als mangele es ihnen an sexueller Intimität

dem Instrument des *diversity management* vgl. auch: http://www.queer-working.de/reworking/reports.htm (12.12.2008).

5 So lautete das Motto des alternativen Transgenialen CSD 2008 in Berlin »Des Wahnsinns Fette Beute. gegen Vertreibung. gegen Diskriminierung. gegen Kommerzscheiße«. http://transgenialercsd.blogsport.de/ (12.12.2008).

Milena Dopitová, Sixtysomething, 2003

Kontakt. The Arts and Civil Society Program
of Erste Bank Group

www.kontakt.erstebankgroup.net

Erste Bank-Werbeanzeige,
Foto: Milena Dopitová, Sixtysomething, 2003

und expressivem Begehren. Das kulturelle Klischee der alten Jungfer oder der Witwe sind Codes, mittels derer (insbesondere ältere) Lesben, noch indem sie benannt werden, zum Verschwinden gebracht werden. Für diejenigen, denen diese Darstellungskonventionen vertraut sind, kann genau hierin der *clue* liegen, der einen lesbischen Subtext eröffnet; während uneingeweihte Betrachter_innen der Ansicht verhaftet bleiben, bedauernswerte, einsame alte Jungfern/Witwen zu erblicken. Wird die visuelle Darstellung jedoch im erweiterten Kontext der Anzeige betrachtet, aktiviert die Photographie keineswegs ein privatisierendes Verständnis von Kontakt, Freundschaft oder Partner_innenschaft. Vielmehr stehen die beiden Frauen/Lesben für das ›*Arts and Civil Society Program*‹ der *Ersten Bank*, das Förderung für kulturelle und zivilgesellschaftliche Projekte in Zentral- und Osteuropa bereitstellt.[6] Nicht Reproduktions- und Sorgearbeit, sondern kulturelle Angebote und öffentliche Räume demokratischer Praxis werden hier dem Zuständigkeitsbereich eines neoliberalen Privatisierungsdiskurses zugewiesen – und die Sparkasse nimmt für sich in Anspruch, genau dies in Praxis umzusetzen. Angesichts der unwirtlichen Bedingungen, die das Photo präsentiert, erscheinen solche Formen ›privatisierter Öffentlichkeit‹ als viel versprechende Entwicklung. So signalisiert das Bild: Etwas wird passieren, etwas ist schon dabei, in Bewegung zu geraten – genau so wie der Tanz der beiden Frauen, der nicht in vollem Schwunge ist, sondern, so leicht wie sich die beiden Spielbeine vom Boden heben, gerade beginnt.

Bemerkenswert ist, dass es Frauen/Lesben sind, die hier für das Politische einstehen, und dass hierbei keineswegs das Bild der ›Mutter Nation, die ihre Söhne nährt‹, aufgerufen wird. Kontakt unter Frauen ist, was hier für Politik steht. Doch die Botschaft ist zweischneidig: Nicht nur präsentiert sie eine Version der Demokratie, die an privates Kapital gebunden ist, sie legt außerdem nahe, dass es Frauen sind, die der Demokratisierungsprozesse bedürfen, und sie effeminiert die Demokratien Zentral- und Osteuropas. Beim Heranziehen des Anzeigentextes stellt sich heraus, dass im Endeffekt doch das Modell der persönlichen Beziehung als Vorbild des Politischen aktiviert wird: »In jeder Beziehung zählen die Menschen«, heißt es unter dem Firmenlogo der Sparkasse.

6 Vgl. http://www.kontakt.erstegroup.net/ (12.12.2008).

Politik der *unhomeliness*

Stärker noch als beim ›Händchenhalten‹ sind aus diesem Bild die visuellen oder textuellen Hinweise auf Sexualität verbannt. Dennoch wird Sexualität gerade als solche bedeutsam. Ihr Fehlen ist insofern virulent, als dass es die Eignung des Bildes zur projektiven Integration untergräbt. Da weder die dargestellten Figuren noch das Szenario oder das Setting sexy erscheinen, bieten sich wenig Anknüpfungspunkte, um Differenz zu feiern oder sie mit Begehren aufzuladen. Doch gemäß welchen Kriterien erweisen sich manche Bilder von Differenz als geeignet, um projektiv aufgeladen zu werden, und andere nicht? Was verhindert, dass alte Frauen unter unwirtlichen Bedingungen die Chance haben, als sexuelle Subjekte aufzutreten – und trotzdem Politik zu betreiben? Und welche Vorstellungen von Sexualität organisieren welche Art sozialer Beziehungen?

Dass das Photo eine Faszination auszulösen vermag, hat meiner Ansicht nach etwas damit zu tun, dass genau die Ausschlüsse und Verwerfungen, die den Zusammenhang von Sexualität und Politik kennzeichnen, verhandelt werden. Jacques Derrida zeigt in *Politik der Freundschaft* auf, wie das Politische über Jahrhunderte abendländischen Denkens nach dem Modell einer brüderlichen, also maskulin-homoerotischen und verwandtschaftsähnlichen Freundschaft entworfen wird und bringt die damit einhergehenden Ausschlüsse auf den Punkt, wenn er nach der Vorherrschaft des entsprechenden Kanons fragt:

»Wie hat er sich durchgesetzt? [...] Wie hat er das Weibliche oder die Heterosexualität, die Freundschaft unter Frauen oder zwischen Mann und Frau ausgeschlossen? Warum kann es in ihm keine wesentliche Berücksichtigung weiblicher oder heterosexueller Erfahrungen der Freundschaft geben? Warum diese Heterogenität von *eros* und *philia*?« (Derrida 2002: 370)

Diese Fragen, die Derrida selber nur immer wieder aufwirft, aber weder beantwortet noch dekonstruiert, können vielleicht mit Hilfe von Dopitovás Photographie eine produktive Verschiebung erfahren, wenn wir dieses Bild als eines lesen, das Freundschaft unter Frauen nicht nur öffentlich präsentiert, sondern ihr, wie die Verbindung mit dem *Arts and Civil Society Program* nahelegt, entgegen der kanonischen Normen an der Gestaltung der *res publica* mitzuwirken erlaubt. Das allerdings bedeutet, ein Unbehagen in Kauf zu nehmen oder sogar zu produzieren, das daraus resultiert, dass die traditionelle abendländische Trennung von Öffentlichem und Privatem nicht mehr glatt funktioniert. Homi Bhabha (1994) hat für derartige Zustände und Erfahrungen das Konzept der ›*unhomeliness*‹ eingeführt.[7] *Unhomeliness* bezeichnet Zwischenräume/-zeiten/-zustände, die das Verständnis des Politischen herausfordern, weil sie soziale und ästhetische Praxen fordern, die damit umgehen, dass Elemente des Häuslichen und Privaten (sei es Begehren, seien es psychische Traumata) öffentliche Relevanz reklamieren und Elemente des Öffentlichen (sei es das kulturelle Erbe der Sklaverei, sei es biopolitische Gouvernementalität) sich im Zuhause einrichten (ebd.: 9ff.). Das Bild der beiden älteren Frauen kann als ein solcher Zustand der *unhomeliness*, des Unbehaust-Seins gelesen werden. Was zunächst aussah wie ein Spannungsverhältnis zwischen der unwirtlichen Umgebung und der Vertrautheit ihrer Umarmung, kann demnach auch verstanden werden als Eintritt der gemütlichen Unattraktivität des Häuslichen (*homeliness*)[8] in die attraktive Unwirtlichkeit des öffentlichen Raumes. Dies bewirkt eine *unhomeliness*, die sich in dem Schwellenzustand zwischen der zeitlosen Ruhe einer Umarmung und der Möglichkeit eines ausgelassenen Tanzes ausdrückt. In dem Ansatz von Bewegung liegt somit ein Moment, das Bhabha zufolge »[is] about to touch the future on its hither side« (ebd.: 7). Die Möglichkeit der Transformation und der offenen Zukünftigkeit ist ein entscheidendes Moment der *unhomeliness*.

Sehr wohl ist *the unhomely*, wie die deutsche Übersetzung nahelegt, aber auch unheimlich, denn es bewirkt, dass »the private and the public become part of each other, forcing upon us a vision that is as devided as it is disorienting« (9). Dieser Effekt resultiert daraus, dass die traditionelle Verleugnung des häuslichen Bereichs und der Reproduktion als konstitutive Momente der Zivilgesellschaft expliziert wird[9] – wobei das Auftauchen der Figur der Frau in Öffentlichkeit und Politik diese Ausschlussstruktur des Staates dramatisiert:

7 Der in der deutschen Übersetzung des Buches verwendete Begriff ›Un*heim*lichkeit‹ greift meiner Ansicht nach die bei Bhabha relevanten Konnotationen des Unbehaust-, aber nicht Obdachlos-Seins, der migrantischen Entortung (*dislocation*), die auch in den Begriff »being unhomed« (Bhabha 1994: 9) einfließt, nicht auf, weshalb ich mich auf den Originaltext beziehe.

8 Der Begriff ›*homely*‹ trägt im Englischen die gegensätzlichen Bedeutungen von gemütlich und häuslich, aber auch unattraktiv und unansehnlich, was für den hier vorliegenden Bildzusammenhang viel sagend erscheint: Haben die Frauen die Gemütlichkeit oder die Unattraktivität des häuslichen Bereichs in die Öffentlichkeit getragen?

9 Zwar wird die Familie in politischen Theorien immer wieder als ›Keimzelle des Staates‹ gefeiert, das ändert jedoch nichts daran, dass Familie, Häuslichkeit und Reproduktion als prä-politisch verstanden werden, vgl. Brown (1995); Pateman (1998); Butler (2001a); Beger (2004).

»By making visible the forgetting of the ›unhomely‹ moment in civil society, feminism specifies the patriarchal, gendered nature of civil society and disturbs the symmetry of private and public which is now shadowed, or uncannily doubled, by the difference of genders which does not neatly map on the private and the public, but becomes disturbingly supplementary to them« (10f.).

Zu bedenken ist im Falle von *Sixtysomething* jedoch, dass über diese feministische Perspektive hinaus es nicht einfach die Figur der Frau, sondern die Figur des Frauenpaares ist, das als politisch gestaltende Kraft in Erscheinung tritt. Diese nicht-kanonische Figur ist es, die die Faszination des Bildes ausmacht, und es wäre zu fragen, ob sie mit der ›*difference of genders*‹, die Bhabha oben eingeführt hat, bereits bezeichnet ist oder ob diesbezüglich eine weitere unheimliche, in der Gegenwart angesiedelte ›Berührung der Zukunft‹ (›*about to touch the future*‹, s.o.) nötig würde. Angesichts ihrer demonstrativen Ähnlichkeit repräsentieren die beiden Frauen keine heterosexuelle Geschlechterdifferenz, stehen aber vielleicht für eine Differenz von Geschlechtern ein, von denen unbestimmt bleibt, wie viele es sind. In diesem Sinne wird auch ein lesbischer Code überschritten, der sich sowieso nicht glatt in das Bild einfügt. Aber auch dann, wenn neben der lesbischen Relation auch Freundschaft, Schwestern-, Jungfern- und Witwenschaft aufgerufen werden, deutet sich eine Vorstellung von Zivilgesellschaft an, die weder auf homoerotischer Brüderlichkeit noch auf heterosexueller Arbeitsteilung oder binärer Geschlechterkomplementarität beruht. Die Figur des Frauenpaares als einem *Supplement* der Öffentlich/Privat-Unterscheidung führt weder ein ›Drittes Geschlecht‹ noch ein Surrogat der heterosexuellen Beziehung ein, sondern eine *unhomeliness* als »bridge, where ›presencing‹ begins because it captures something of the estranging sense of the relocation of the home and the world« (9).

Strangeness sexualisieren

Angesichts meiner Kritik, dass beide Werbeanzeigen eine Desexualisierung betreiben, stellt sich jedoch die Frage, ob ›presencing‹ auch bedeutet, die unhomeliness zu sexualisieren, ohne auf heteronormative Prämissen zurückzugreifen, bzw. inwiefern the unhomely als ein sexualisierter Zwischenzeit/-raum/-zustand gelesen werden kann. Bhabhas These, dass Privates und Öffentliches Teil voneinander werden, wäre meiner Ansicht nach dahingehend zu spezifizieren, dass Sexualität ebenso – wie auch Häusliches und Reproduktion – aus der Privatisierung heraustritt, ohne deshalb jedoch den Status als Ausdruck oder Sphäre des Persönlichen zu verlieren. Dies kann wiederum in zweierlei Hinsicht als neoliberale Paradoxie formuliert werden: Aus der Perspektive feministischer und queerer Kämpfe besteht ein entscheidendes Moment der Politisierung dieser Felder darin, dass deren gesellschaftliche Relevanz öffentlich sichtbar und verhandelbar wird, während zugleich über den Topos der ›Selbstbestimmung‹ die individualisierte Privatperson als Instanz der Organisation dieser Felder aufgerufen und soziale oder juridische Regulierungen zurückgewiesen werden. Unter dem Aspekt der Kommerzialisierung öffentlichen Raumes besteht eine Paradoxie darin, dass Sexualität einerseits zur Privatangelegenheit erklärt, aber andererseits deren permanente öffentliche Zurschaustellung gefordert und medial gefördert wird.

In beiden Fällen wird die Norm des liberalen Individuums aktiviert, die es erlaubt, Sexualität als Frage persönlicher Präferenzen und konsensueller (vertragsrechtlich codierter) Entscheidungen von Privatpersonen zu fassen. Ein traditionell liberales Modell nutzt diese Vorstellung, um eine Nichteinmischung des Staates (z.B. in die privaten Gewaltverhältnisse der Ehe) zu propagieren, fordert jedoch zugleich, ›die Öffentlichkeit‹ nicht mit der ›privaten Sexualität‹ zu belästigen, sondern diese in der Privatheit von Heim, Bordell oder Club ›auszuleben‹. Die textuelle Rhetorik der *Erste-Bank*-Anzeige kann als Beispiel des traditionellen liberalen Modells verstanden werden, wobei zu bedenken ist, wie dies durch die visuell produzierte *unhomeliness* unterlaufen wird. Die *Ford*-Anzeige hingegen kann als Beispiel für spätmoderne Auftritte sexueller Subjektivität im öffentlichen Raum gelesen werden, wobei in diesem Falle das Spektakel des CSD textuell evoziert, aber visuell zurückgenommen wird. Die ›Öffentlichkeit der Sexualität‹ ergibt sich im spätmodernen Denken auf dem Hintergrund eines sich wandelnden Subjektverständnisses, das Subjektivität als Effekt sozialer Spiegelungs- und Interaktionsprozesse sowie als Konstruktion gemäß sozio-kulturellen Normen, Technologien – und Machtverhältnissen – fasst. Dementsprechend erscheinen auch Sexualität, Geschlecht und Individualität nicht länger als essentielle Gegebenheiten, sondern als Produkte von – kommerziell und medial vermittelten – Gestaltungsprozessen, die nichtsdestotrotz als Indiz oder Ausdruck des ›Persönlichen‹ verstanden werden. Damit verliert die Simultanität von Privatisierung und Veröffentlichung ihren paradoxen Charakter bzw. erscheint die Paradoxie bewältigbar, so das Persönliche als Effekt performativer Wiederholungen von Posen, Konventionen, Gewohnheiten, Artikulationen und deren Zurschaustellung für ein ›Publikum‹ (Spektakel) betrachtet wird. Erneut zeigt sich, dass queere und neoliberale

Diskurse nicht klar und eindeutig voneinander zu trennen sind. Die Berufung auf Selbstbestimmung, Einzigartigkeit (Singularität) oder auf den konstruierten, prozesshaften und performativen Charakter der Subjektivität, dessen fortwährendes ›Werden‹ zu ermöglichen sei, geht keineswegs notwendig damit einher, Normalitätsregime zu kontern. Denn Privates und Öffentliches sind quasi implodiert und das Persönliche flottiert als machtvolles Zeichen zwischen dem Status als öffentlichem Gut und als Singularität hin und her. Zugleich bietet sich auch in diesem Falle der Gedanke an, dass ein queer-politisches Arbeiten *mit* der Paradoxie, das diese nicht aufzulösen trachtet, zum Ausgangspunkt werden kann, um *unhomely* Sexualität zum Ausgangspunkt für heteronormativitäts- und kapitalismuskritische Praxen *innerhalb* der heteronormativ-kapitalistischen Verhältnisse werden zu lassen.

Im Kontext der Queer Theory wird Sexualität als konstitutives Moment von Kulturellem, Gesellschaftlichem und Politischem angesehen. Kritisch-analytisch wird damit umgegangen, dass normative Heterosexualität und rigide Zweigeschlechtlichkeit nicht nur Subjektivität und intime Beziehungen, sondern auch gesellschaftliche Institutionen und Prozesse, inklusive der Wirtschaft, der Wissenschaft, des Rechts und der symbolisch-kulturellen Ordnung, strukturieren (vgl. Engel 2002). Wenn in diesem Sinne eine ›*public sex culture*‹ (Warner 1999), ›*sexual citizenship*‹ (Evans 1993; Richardson 2000) oder das Recht auf ein öffentliches ›*sexuate being*‹ (Cornell 1998) gefordert wird, so bedeutet dies nicht einfach Sichtbarkeit für diverse sexuelle Subjektivitäten und Existenzweisen im öffentlichen Raum, sondern wird Anspruch darauf erhoben, in die Prozesse der sexuellen Strukturierung des Gesellschaftlichen verändernd einzugreifen (vgl. Hark/Genschel 2003; Reddy 2005). Diesbezüglich sollen, so ein queer-politischer Anspruch, nicht erneut Identitätskategorien und normative Ideale des Gesellschaftlichen fixiert werden, sondern Zugangswege für politische Aushandlungen eröffnet werden, ohne sie im Vorfeld (qua Staatsbürger_innenschaft, qua Alter, qua Diskursmächtigkeit, qua Subjektstatus etc.) zu definieren.

In Anknüpfung an Bhabhas Figur der *unhomeliness* erscheint mir Shane Phelans Konzept einer *queer citizenship* interessant (vgl. Phelan 2001). *Queer citizenship* ist eine Vision von Bürger_innenschaft, die nicht auf sozio-kulturelle Integration in bestehende gesellschaftliche Verhältnisse ausgerichtet ist, sondern für eine Politik der *strangeness* eintritt. Sie antizipiert dementsprechend ein Gesellschaftliches, dem die *unhomeliness* nicht in einer Weise unheimlich ist, dass sie abgewehrt oder verworfen werden müsste. Vielmehr besteht das politische Anliegen der *queer citizenship* darin, Räume für Formen irreduzibler, fortwährend befremdlicher Differenz zu schaffen, die sich nicht durch Klassifizierung stillstellen oder durch die Bestimmung von Graden der Ähnlichkeit oder Abweichung zähmen lassen. Fraglich bleibt in Phelans Ansatz allerdings, ob es ausreicht, die eigene *strangeness* anzuerkennen, um Anerkennung und Ressourcen für die *strangeness* anderer bereitzustellen. Auch äußert sich Phelan nicht, ob die Bereitschaft dazu eine Frage der Vernunft oder eine Frage des Begehrens ist. Ebenfalls unthematisiert lässt sie, inwiefern Arbeit sowie Arbeits- und Einkommensverhältnisse ein unhintergehbares und konstitutives Moment von *citizenship* und *queer citizenship* darstellen – und das heißt auch, wie die Anerkennung als Marktsubjekt sowie politische und zivilgesellschaftliche Anerkennung miteinander verbunden sind. Die eigene Normalitätsillusion aufzugeben, erfordert womöglich Praxen aktiver symbolischer, rechtlicher und materieller Entprivilegierung, die über den bürger_innenschaftstheoretischen Rahmen hinausgeht, den Phelan anspricht.

Nichtsdestotrotz stellt Phelans Ansatz eine Herausforderung für die hier besprochenen Werbeanzeigen dar, insofern sie mit *strangeness* einen abstrakten Terminus aktiviert, der identifikatorischen Anschluss für alle möglichen Formen von Differenz eröffnet und darin neoliberaler Diversity-Politik ähnelt, dieser Begriff jedoch gerade nicht darauf ausgerichtet ist, eine Allianz geteilter Interessen, Wünsche oder Perspektiven herzustellen, wie dies ›Liebe‹ oder ›Kontakt‹ suggerieren. Das Politische darauf zu gründen, *strangeness* an sich selbst zu entdecken und an anderen wertzuschätzen, untergräbt eine Politik des Konsenses und eine Aneignung von Differenz/en als kulturellem Kapital (vgl. Engel 2008a). In diesem Sinne stellt Phelans *queer citizenship* nicht nur die Toleranz- und ›Kupplungs‹-Rhetoriken der *Ford*-Anzeige in Frage, sondern fordert auch die *unhomeliness*, die das Frauenpaar als gestaltende Kraft ins Politische eintreten lässt, noch heraus. Das adressierte Publikum der *Erste-Bank*-Anzeige ist nicht primär eine *lgbti*-Community, sondern ein bildungsbürgerliches Publikum, für das die privatwirtschaftliche Kulturförderung und liberale Demokratie- und Freiheitsvorstellungen einen positiven Wert darstellen, den sie gegebenenfalls auch in ihre Konsumentscheidungen und in die Wahl ihrer Bank einfließen lassen. Das Bildmotiv der Anzeige ist diesbezüglich so gewählt, dass es mit der Präsentation einer künstlerischen Arbeit in direkter Weise die Förderpraxis der Bank unterstreicht sowie das Förderpotential der Adressat_innen antizipiert. Zugleich kann durch das Bildmotiv jedoch auch ein advokatorisches ›Gutmenschentum‹ angesprochen werden, das einem kulturell und demokratisch ›unterentwickelten Osten‹ unter die Arme greifen oder aber sich in Abgrenzung davon der eigenen

Fortschrittlichkeit bestätigen möchte (Gržinić 2008). Dennoch kommt auch der *Ersten Bank* die Vieldeutigkeit der Anzeige zugute, denn als Sparkasse ist sie durchaus auch an Kund_innen interessiert, die den lesbischen Subtext zu lesen und zu schätzen wissen oder die sich mit der Intimität der älteren Frauen identifizieren können. Das Differenzmodell, das hierbei von der Anzeige aktiviert wird, ist weniger an der Hybridisierung oder Ambiguität orientiert, die die projektive Integration kennzeichnen, als an einem humanistischen Universalisierungsmodell, das Differenzen als sozialen Unterscheidungskategorien kritisch gegenübersteht und sie unter allgemein-gesellschaftlichen, okzidental-universalisierten Werten wie Freiheit, Demokratie und Kontakt aus der politischen Verhandlung entschwinden lässt. Eine explizite Politik des Umgangs mit sozialen Differenzen, sei es im Sinne des *diversity management* oder der Politik der *strangeness*, ist nicht zu erkennen. Aus unternehmensphilosophischer Perspektive kann allerdings genau das als treffende PR-Strategie einer Sparkasse verstanden werden, die ja darauf ausgerichtet ist, kein Spezialpublikum zu bedienen, sondern egalitären Zugang zu ihren Angeboten zu signalisieren.

Hier zeigt sich, dass der Umgang mit sozialen Differenzen im Kontext der Organisation des Gemeinschaftlichen, Gesellschaftlichen und Globalen unmittelbar mit Fragen der Ausgestaltung ökonomischer Verhältnisse verbunden ist. Doch eröffnet sich noch keine Perspektive, wie *queer citizenship* angesichts dessen zu einer ökonomisch relevanten und transformatorischen Kraft werden kann. Diesbezüglich möchte ich zunächst vorschlagen, Phelans Ansatz mit dem bereits mehrfach erwähnten Konzept der ›sexuellen Arbeit‹ zu verschalten (vgl. Kap. 1). ›Sexuelle Arbeit‹ beruht auf der Annahme, dass sich weder Subjektivität noch Soziales ohne Bezug auf Sexualität denken lässt und dass die Ausbildung von Sexualität und Geschlecht als ›aufwändige‹ Praxis zu verstehen ist. Unmittelbar tritt die Verbindung zur Ökonomie hervor, insofern Subjektivierung und die Einarbeitung in gesellschaftliche Verhältnisse als produktive Arbeit angesehen werden und die Arbeitsverhältnisse in ihrer Sexualisiertheit in Erscheinung treten.

»Die Benennung dieser Praxen als ›sexuell‹ ist eine strategische Setzung: Die Sexualität arbeitet als wichtiges Scharnier zwischen Gesellschaft und Subjektivitäten. [...] Von ›Arbeit‹ zu sprechen, weist darauf hin, dass der Prozess, der aus Individuen Subjekte macht, nicht nur zu Hause oder in der Schule, sondern auch im Feld der Produktion und Dienstleistung stattfindet. Denn die Anerkennung als Subjekt verlangt einen ›Aufwand‹. Dieser zu leistende Aufwand ist unterschiedlich groß und hängt davon ab, wer den Aufwand wo leisten muss. ›Arbeit‹ ist daher gewählt, um ein neues Politikfeld zu eröffnen und um die individuelle Erfahrung sexueller Arbeit für andere anschlussfähig zu machen.« (Lorenz/Kuster 2007: 152).

Hinsichtlich der gesellschaftlichen Einbindung geschlechtlich-sexueller Individuen werden Produktionsverhältnisse, Regierungstechnologien und Subjektivierungsweisen unmittelbar, aber nicht-kausal miteinander verschaltet, die Trennbarkeit von Ökonomischem und Sozialem, von Persönlichem und Öffentlichem bezweifelt und Bhabhas These von ›world-at-home‹ und ›home-in-the-world‹ unterstützt. Begehrensrelationen kommt eine unhintergehbare Bedeutung für die Gestaltung des Gesellschaftlichen zu, wobei das Begehren als den historischen Verhältnissen immanent gedacht wird und diese gleichermaßen hervorbringt und reproduziert sowie verändert. In diesem Sinne kommt dem Begehren weder *per se* ein transformatorisches Potential zu, noch gibt es ein spezifisch queeres Begehren – es gibt nur Praxen, deren Effekte sich als ein *queering* decodieren lassen, was Phelans Konzept der *politics of strangeness* im Rahmen der *queer citizenship* entspricht.

Bezogen auf die beiden Bilder, die die Überlegungen dieses Kapitels anleiten, bedeutet dies, dass die These von Desexualisierung und den mangelnden Verweisen auf Sexualität noch einmal zu überdenken ist. Denn stellt nicht die Desexualisierung eine Form der sexuellen Arbeit dar? Entsprechend läge zwar ein Problem darin, dass die Bilder Repräsentationen von Geschlecht und Gemeinschaft verbreiten, welche Allianzbildungen in heteronormative Kontexte hinein befördern – z.B. indem ein Toleranzgebaren forciert oder unverfängliche traditionelle Werte wie Liebe, Kontakt, Demokratie oder das Paar in den Vordergrund gerückt werden. Zugleich lässt sich dies jedoch auch als eine Form der Arbeit decodieren, die Subtexte und Zwischenräume für nicht identitär fixierte sexuelle und geschlechtliche Existenzweisen schafft: »Sie [diese Form der Arbeit, ae] verweigert die Alternative zwischen Widerstand und Reproduktion, zwischen Subversion und Affirmation.« (Ebd.: 153) Dies wäre eine Arbeit, die in der Lektürepraxis zu suchen ist bzw. die sich als eine queere Interaktion zwischen den Bildern und den Betrachter_innen vollzieht. Auch wenn oder gerade dadurch dass die Bilder kategoriale Fixierungen heterosexualisierter Geschlechtlichkeit vermeiden, eröffnen sich womöglich auch für die Polymorphen Einstiege ins Bild. Nimmt tran sich heraus, die beiden Bilder ob ihrer ähnlichen diskursiven Verortung miteinander zu vereinen, so könnte ein ›Tanz der Polymorphen in der Morgenröte‹ auch als Repräsentation von Arbeit und ökonomischen Praxen gelesen werden, die weder am Leistungsprinzip ausgerichtet ist noch fetischisierenden Konsum propagiert: Statt ›Rechte hat, wer Leistung erbringt‹, wird ein egalisierendes Postulat ›jeder Liebe‹ verbreitet; statt ›Zwang zur fortwährenden Produktion konsumierbarer Differenz‹ der Rückgriff auf altvertraute Produkte wie ›das Paar‹ nahegelegt. Um diese subtile Form der ›Kapitalismuskritik‹ jedoch tatsächlich in Perspektiven veränderter gesellschaftlicher und ökonomischer Verhältnisse münden zu lassen, ist nichtsdestotrotz ein *queering* von Paar, Liebe, Freiheit und Demokratie vonnöten. Vor allem aber gilt es genauer zu bestimmen, wie sich die queere Kritik an Subjektivierungsweisen ins Gesellschaftliche verlängert und zur Rekonzeptualisierung sozio-ökonomischer Verhältnisse führt.

Queering economy: Ein Begehren nach ökonomischer Diversität

»A language of economic difference [diverse economies, ae] has the potential to offer new subject positions and prompt novel identifications, multiplying economic energies and desires. But the realization of this potential is by no means automatic. Capitalism is not just an economic signifier that can be displaced through deconstruction and the proliferation of signs. Rather, it is where the libidinal investment is.« (Gibson-Graham 2005: xxxv)

J.K. Gibson-Graham (1996; 2005) konzeptualisieren Sexualität, Begehren und libidinöse Investition keinesfalls nur als ›Antrieb‹ oder ›Schmiere‹ kapitalistischer Prozesse, sondern auch als ›Katalysator‹ neuer, diverser postkapitalistischer Ökonomien. Sie entwickeln eine Perspektive der ökonomischen Diversität, die die monolithische Konstruktion eines globalisierten Kapitalismus herausfordert. In Resonanz mit dem Konzept der sexuellen Arbeit, das hohen Wert auf Phantasien und deren Umarbeitung in sozial geteilten Szenarien legt (Lorenz 2007: 113ff.), sehen Gibson-Graham in Praxen der Imagination und des Experiments Möglichkeiten, sozio-ökonomische Verhältnisse konkret zu verändern. Sie bezeichnen diese Veränderungsprozesse als queering economy, insofern die Bewegungen der Veränderung durch Begehren gespeist werden. Unklar bleibt allerdings, was im Hinblick aufs Ökonomische als queer zu verstehen ist und in welcher Weise heteronormative Verhältnisse herausgefordert werden.

Die Formulierung, »to widen the field of economic possibilities, the self-cultivation of subjects (including ourselves) who can desire and enact other economies, and the collaborative pursuit of economic experimentation« (Gibson-Graham 2005: xxiii), bleibt zunächst vage. Gibson-Graham spezifizieren sie dann aber als Suche nach Formen und Schauplätzen des Ökonomischen, die nicht der Kapitallogik folgen. Hierbei betonen sie, dass dies kein utopisches Projekt sei, sondern ausgehe von einer Vielfalt ökonomischer Formen, die sich geo-historisch empirisch vorfinden ließen (ebd. 54; 59ff.). Das Projekt, alternative ökonomische Praxen zu entwickeln, begründet sich für Gibson-Graham darin, dass kapitalistische Wirtschaftsprozesse zum einen auf Ausbeutung beruhen und zum anderen gesellschaftliche Integration immer mit hierarchisierender Differenzierung verbinden und entsprechend fortwährend Ausschlüsse und Unterordnungen schaffen. Demgegenüber legen sie den Fokus auf Formen wirtschaftlichen Austausches, die nicht auf Kapitalakkumulation ausgerichtet sind. Vielmehr gehe es darum, den erwirtschafteten Mehrwert kollektiv einzusetzen, um gemeinschaftliche Lebensformen zu fördern sowie möglichst heterogene Praxen des Miteinander-Lebens und -Wirtschaftens zu ermöglichen. Die Umsetzung dieser Perspektiven beruht auf den spezifischen Handlungskapazitäten der Einzelnen, die durch Machtverhältnisse bedingt und womöglich begrenzt, aber niemals determiniert sind.

Während ihr Begehrensbegriff sehr allgemein durch libidinöse Investition bestimmt ist und nicht plausibilisiert, inwiefern queeren Investitionen eine besondere Relevanz zukommen und was damit gemeint sein könnte, sind Gibson-Graham explizit in ihrer gemeinschaftlichen Perspektive: Um Bedingungen für die Entwicklung heterogener Ökonomien zu verbessern, sei es nötig, Modelle von Gemeinschaft zu installieren, die nicht auf Gemeinsamkeit gründen:

»In constructing a discourse and a practice of the community economy, what if we where to resist the pull of the sameness or commonness of the economic being and instead focus on a notion of economic being-in-common? That is, rather than thinking in terms of the common properties of an ideal economic organization or an ideal community economy we might think of the being-in-common of economic subjects and of all possible and potential economic forms. We might specify coordinates for negotiating and exploring interdependence, rather than attempting to realize an ideal.« (Ebd.: 86)

Gibson-Graham streben also nicht an, eine einheitliche ökonomische Ordnung zu installieren, die vorgeblich allen Interessen gerecht würde. Sie sind auch nicht getrieben von der Vision, dass es möglich wäre, kapitalistische Ökonomien hinter sich zu lassen, gibt es doch zweifellos ausreichend Kräfte, die mit politischer und ökonomischer Macht, mit symbolischem Kapital und libidinöser Energie in kapitalistische Ökonomien investieren. Umgekehrt ist es jedoch für das globale, kapitalistisch dominierte Gefüge diverser Ökonomien durchaus bedeutsam, wenn einige ihrem Wunsch nach sozio-ökonomischen Verhältnissen folgen, die nicht auf Dominanz und Ausbeutung gründen, und entsprechend Praxen entwickeln, die nicht der Kapital- oder Verwertungslogik folgen. Die Hegemonie der neoliberalen Ordnung beruht auf Konsens. Wird dieser Konsens verweigert, entstehen zwar vielleicht zunächst nur Nischen, Unruhe, Aufstände, aber auf jeden Fall wird die vorgebliche Monolithik der kapitalistischen Ordnung gebrochen, Perspektiven können imaginiert werden und eine ökonomische Wunschproduktion kann in Gang kommen, die ein Begehren nach anderen Ökonomien hervorbringt. In diesem Sinne mündet für Lisa Duggan (2003) ›The Twilight of Equality‹, so der Titel ihres Buches, keineswegs notwendig in neoliberale Hegemonie, sondern kann auch zum Auslöser politischer Veränderungsbestrebungen werden:

»If the triumph of neoliberalism brings us into the twilight of equality, this is not an irreversible fate. This new world order was invented during the 1970ies and 1980ies, and dominated the 1990ies, but it may now be unraveling – if we are prepared to seize the moment of its faltering, to promote and ensure its downfall. Only an interconnected, analytically diverse, cross-fertilizing and expansive left can seize this moment to lead us elsewhere, to newly imagined possibilities for equality in the twenty-first century.« (Duggan 2003: xxif.)

Es bleibt allerdings die Frage, wie Verhandlungen um Ressourcen, Wünsche und die Organisation ökonomischer Praxen so geführt werden können, dass sie nicht durch soziale Hierarchien, Machtdifferenzen und Herrschaftskonstellationen definiert sind.

Eine kontrasexuelle Ökonomie der Wünsche

Gleichgültig, ob wir über individuellen Lebensunterhalt oder über Volkswirtschaften nachdenken, stellt sich dann, wenn mehr erwirtschaftet wird, als zur unmittelbaren Bedürfnisbefriedigung benötigt wird, die Frage, was mit diesem ›Mehr‹ geschehen soll. Diese Frage verweist auf die Möglichkeit oder gar die Notwendigkeit, ›Wünsche‹ zu entwickeln. Doch was bedeutet es, Wünsche zu entwickeln? Zweifellos ist das, *was* gewünscht wird, durch gesellschaftliche Normen und Angebote bestimmt. Doch ist womöglich auch die Art, *wie* gewünscht wird oder wie Wünsche sich entwickeln, entlang bestimmter Normen und Machtverhältnisse kanalisiert. Nichtsdestotrotz kann sich die Wunschproduktion, wie oben angedeutet, jedoch auf die Veränderung gegebener Normen, Normalitäten und Machtverhältnisse richten. Deshalb ist es zu einfach, die Wünsche durch ein vorbestimmtes, hierarchisiertes Set kultureller Werte definiert zu sehen, z.B. die Sozialstaatsvariante: Gesundheit vor Bildung vor Kunst vor Vergnügen. Denn damit wäre die Wunschproduktion bereits stillgestellt, bevor sie überhaupt begonnen hat. Zu einfach wäre es auch, anthropologische oder sozio-ökonomische Gesetzmäßigkeiten am Werke zu sehen: z.B. ein Sexualtrieb, der sich automatisch Objekte sucht, so er nicht unterdrückt wird, oder ein Begehren, dem jede vorübergehende Erfüllung in einem Objekt Anlass einer neuen begehrlichen Suche ist, oder eine kapitalistische Logik des Tauschs, die gänzlich auf die (imaginäre) Zirkulation des Geldes zugespitzt ist (Logik der Wertsteigerung durch Spekulation), so dass die Frage nach dem Objekt des Wunsches auf den Wert des Wunsches verschoben ist. Derartige Gesetzmäßigkeiten perpetuieren den Prozess der Wunschproduktion, ohne dessen Konkretion überhaupt berücksichtigen zu müssen.

Interessanter als die Stillstellung oder die Perpetuierung des Wünschens erscheint es mir, Bedingungen auszuloten, materielle, kulturelle und psychische Bedingungen, unter denen die Frage nach der Verwendungsweise der erwirtschafteten Überschüsse in heterogene Antworten und politische Auseinandersetzungen münden kann. Damit werden auch die ›persönlichen‹ Wünsche in einem kontingenten und machtgesättigten Sozialen verortet und gehen mit der Herausforderung einher, heterogene Interessen und Begierden zu vermitteln. Die Frage erweitert sich also erheblich: Wie entwickeln Menschen Wünsche bezüglich der Art und Weise, wie sie Gemeinschaft, Gesellschaft und Welt organisieren möchten, ohne sich einfach von den (hetero-)normativen Vorgaben gegebener Normalitätsregime leiten zu lassen? Unter welchen Bedingungen sind sie bereit anzuerkennen, dass Menschen ganz unterschiedliche, womöglich unvereinbare Vorstellungen davon haben, wie sie arbeiten, lieben, denken, sich und andere umsorgen oder sich vergnügen möchten? Lassen sich gesellschaftliche Formen denken, in denen ich mir *wünsche*, dafür Sorge zu tragen, dass andere gemäß ihren und nicht gemäß meinen Wünschen leben können? Hat dies Grenzen?

Die Frage, wie Formen des Wirtschaftens mit Formen der Organisation sozialer und politischer Beziehungen mit und zu anderen verbunden sind, ist zum einen eine Verteilungsfrage, sowohl was materielle Güter als auch was Anerkennung betrifft. Denn die Absicherung elementarer Bedürfnisse ist zwar keine Voraussetzung dafür, dass sich Wünsche entwickeln können, aber vermutlich eine förderliche Bedingung. Des Weiteren steht der Zusammenhang zu Subjektivitätsformen und Subjektivierungsweisen zur Debatte, wenn die Organisation sozialer und gesellschaftlicher Beziehungen (z.B. Arbeitsteilung in Produktion und

Reproduktion, affektive Bezüge, mediale und politische Kommunikation, Institutionen der Bildung, der Kultur, des Rechts) bezogen auf die Formatierung wirtschaftlicher Prozesse reflektiert wird. Und schließlich ist zu bedenken, wie divergente Wünsche zivilgesellschaftlich ausgehandelt und deren praktische Umsetzung sozial organisiert werden können. Damit wäre dem Wirtschaften eine antizipative Dimension zu eigen, die es zugleich als Kandidatin einer ›offenen Zukünftigkeit‹ und einer radikalen demokratischen Praxis qualifizieren würde, welche an Heterogenität und an ›politics of possibility‹ (Gibson-Graham 2005) orientiert ist:

»If politics is a process of transformation instituted by taking decisions on an ultimately undecidable terrain, a politics of possibility rests on an enlarged space of decision and a vision that the world is not governed by some abstract, commanding force or global sovereignty. [...] Our practice of thinking widens the scope of possibility by opening up each observed relationship to examination for its contingencies and each theoretical analysis for its inherent vulnerability and act of commitment.« (Ebd.: xxxiii)

Gibson-Grahams Perspektive verlangt jedoch, die sich entwickelnden Wünsche nicht individualisiert zu betrachten, sondern als solche, die zugleich die Sozialität (Gemeinschaftlichkeit und Gesellschaftlichkeit) der Menschen entwickeln, mittels derer sich ein spezifisches, wenn auch offenes und veränderliches Netz an Beziehungen herausbildet. Dieses Netz verknüpft Wünsche, die sich um Selbstbehauptung und Individualität drehen, mit Wünschen nach Verbundenheit und Relationalität. Wenn sich Subjektivität in Beziehungen mit anderen herausbildet, die dem Selbst nicht äußerlich bleiben, wenn das Selbst immer schon Andere und relational ist oder sich Subjektivität im Sinne von Phelans *strangeness* ausbildet, sind Individualisierung und Bezogenheit, Identifizierung und Begehren gleichermaßen Momente der Formierung des Sozialen, das mehr oder weniger stark durch die Phantasmen des Individuums (sei es die ›Unternehmer_in ihrer selbst‹, das Aufklärungssubjekt, die Träger_in der Menschenrechte) und der Gemeinschaft (sei es Familie, Subkultur, Volk, *Queer Nation* oder *Global Market*) bestimmt ist.

Wenn die Formierung des Gesellschaftlichen somit durch eine ökonomisch motivierte Wunschproduktion beeinflusst ist, bleibt dennoch die Frage, welche Formen der Gesellschaftlichkeit sich mit kapitalistischer oder, noch spezifischer, mit neoliberaler Ökonomie verknüpfen. Ist es so, dass neoliberale Kapitalismen durch individualisierte, egoistische Wünsche gekennzeichnet sind? Was bedeutet es, wenn die erwirtschafteten Überschüsse mitnichten ›gehortet‹, sondern zu Spekulationszwecken neu investiert werden? Geht es hierbei um Profit um des Profites willen? Geht es um Spiel (vgl. Stäheli 2007)? Was bedeutet es, dass es mittels der aktuellen kapitalistischen Wirtschaftsformen noch nicht einmal gelingt, für alle Menschen eine Existenzsicherung und elementare Bedürfnisbefriedigung zu sichern? Was bedeutet es, dass viele Menschen keine Wünsche entwickeln oder die Wünsche, die sie entwickeln, nicht geeignet sind, eine Verbundenheit mit anderen zu leben, die zugleich Raum für Individualität lässt? Oder umgekehrt formuliert: Was hieße es, Individualität so mit Sozialität zu koppeln, dass Verbundenheit nicht nur mit denjenigen gelebt wird, mit denen eine_r sich durch Ähnlichkeit, Verwandtschaft oder Intimität verbunden fühlt (vgl. Derrida 2002)?

Lassen sich aus den Bildern oder den Bildlektüren Inspirationen im Hinblick auf diverse Ökonomien und veränderte ökonomische Wunschproduktionen ziehen? Zweifelhaft ist, ob das ›Händchenhalten‹ ein viel versprechender Weg im Hinblick auf neue Wunschproduktionen ist, referiert es doch auf eine romantische, heteronormative Paarkonstellation, die zutiefst in kapitalistische Ökonomien eingebunden ist (vgl. Ingraham 1996; Illouz 2003). Eher noch birgt ein ›verhaltener Tanz‹ Chancen, um vom Paar zur Gemeinschaft-ohne-Gemeinsamkeit (Gibson-Graham) zu gelangen, wenn der Schritt in die *unhomeliness* vollzogen wird: »The most innocent of dances would thwart the *assignation à résidence*, escape those residences under surveillance; the dance changes place and above all changes places. In its wake they can no longer be recognized.« (Derrida 1991b: 443)

Jacques Derrida stellt diese Überlegungen zum Tanz im Zusammenhang mit der Frage der ›sexuellen Differenz‹ an und bringt die Figuren des Tanzes und der *choreographies* auf, um der Festschreibung dessen entgegenzutreten, was ›Frau‹, was ›Feminismus‹, was ›der Ort der Frau‹ sein könnte. Letzteres nennt er ein »topo-economical concern« (ebd.), weil die Ökonomie über griechisch *oikos* mit dem Haus verbunden sei. Statt feministische Politiken den Regularien topo-ökonomischer Gesetze zu unterwerfen, sei das Ziel: »to bring the dance and its tempo into tune with ›the revolution‹« (ebd.). Inwiefern hängt die, von Derrida nicht näher bestimmte, Revolution mit dem Gedanken zusammen, dass der Tanz kategoriale Fixierungen unterminiert? So heißt es: »In its wake they can no longer be recognized.« (s.o.) Diese queere, nicht-identitäre Perspektive klammert Geschlecht und Sexualität ebenso ein wie die Figur des Paares, die demnach nicht mehr als bestimmbare Einheit auftritt, sondern – in einen veränderten Kontext getanzt – in ein komplexes *being-in-common* oder *outside belongings* eintritt, *unhomely* und *strange* wird. Doch bedeutet dies, dass eine dekonstruktiv-queere Politik das Entwickeln gesellschaftspolitischer Perspektiven verhindert? Oder lässt sich Gibson-Grahams kollektive Praxis der Imagination und des Experiments auch in Kontexten finden, die die heteronormative Verfasstheit sozio-sexueller Beziehungen und Verhältnisse angreifen und Gesellschaft queer imaginieren? Revolutionäre Wunschproduktion?

Beatriz Preciado (2003) zielt mit ihrem *Kontrasexuellen Manifest* auf eine kontrasexuelle Gesellschaft. Betrachtet tran deren Gesellschaftsmodell, ist allerdings zu bedenken, dass es sich um eine Gesellschaft im Übergang handelt. Preciados Anliegen ist es, mittels »Praktiken der kontrasexuellen Inversion« (ebd.: 30) systematisch alle Ideologien, Normen, Praxen und Institutionen dessen, was sie Heterozentrismus nennt, umzukehren. Was sich in Folge dieser Umkehr oder Inversion an unerwarteten Körpern, Subjektivitäten, sozialen Beziehungen und gesellschaftlichen Institutionen entwickeln wird, ist unter den gegenwärtigen heterozentristischen Bedingungen in keiner Hinsicht absehbar. Dennoch ist die kontrasexuelle Gesellschaft keine Utopie, sondern mittels konkreter, im Manifest angedeuteter Maßnahmen, Technologien und Selbsttechnologien unmittelbar umsetzbar. Fokus der Veränderung sind die Körper, die unter heterozentristischen Verhältnissen mittels normativer Diskurse und Technologien als rigide zweigeschlechtliche Körper konstruiert werden und phallus-zentrierter Sexualität verschrieben sind. Modus der Veränderung sind die Praxen der Kontra-Sexualität, die »fordert, dass Sex und Geschlecht als komplexe Cybertechnologien des Körpers verstanden werden« (29). Durch eine ›Logik des Dildos› und durch ›Dildotektonik‹ wird das phantasmatische Zentrum der heterozentrierten Sexualität (Penis/Phallus) dezentriert, indem diverse virtuelle und materielle Dildos die Orte der Lust vervielfältigen und die »Räume und Flächen des Körpers (Flächen auf dem Körper oder Flächen, die mit dem gesamten Körper selbst gebildet werden)« (Leibetseder 2008: 72) verändern. Hierbei fungieren die mobilen und polymorphen Dildos als praktische Gerätschaften, die die Orte der Lust vervielfältigen und die Körper transformieren (in Dildos oder in Oberflächen, auf denen Dildos angebracht werden können) (vgl. Preciado 2003: 37f.), aber auch als ›Schnitt‹, der die epistemologische Ordnung unterbricht (ebd.: 61) und den Penis als »falsche Pose einer Herrschaftsideologie« (64) enttarnt.

Bemerkenswert, aber schlüssig im Sinne der Inversionslogik ist, dass Preciado, um die kontrasexuelle Gesellschaft herzustellen, auf liberale vertragsrechtliche Modelle sowie ökonomische Produktionsweisen zurückgreift. So schreibt sie: »Die kontrasexuelle Gesellschaft wird das Ergebnis eines einvernehmlichen Vertrages sein, der von allen Beteiligten unterzeichnet wird.« (26) Und: »Die Kontra-Sexualität präsentiert sich als eine Produktionstechnologie nicht-heterozentrierter Körper.« (28) Sie verschreibt sich einem juridischen Modell, das eine Mischung aus Gesellschaftsvertrag und privatrechtlichen bzw. privatwirtschaftlichen ›Zeitverträgen‹ nahelegt, und schreckt nicht davor zurück, Verordnungen zu erheben, Verbote auszusprechen und regulative Maßnahmen vorzunehmen. So sind Menschen, die sexuelle Beziehungen miteinander einzugehen wollen, aufgefordert, diese Beziehungen über einen Vertrag abzusichern, der »die frei zusammengesetzten Gruppen sozial organisiert« (30), die Konditionen des Miteinander-Umgehens einvernehmlich festlegt und die Beziehung, mit Option auf Verlängerung oder Umformulierung, zeitlich begrenzt. Ohne Vertrag gelten sexuelle Begegnungen als Vergewaltigungen (ebd.). Es wird außerdem davon ausgegangen, dass das Errichten der kontrasexuellen Gesellschaft Aufwand bedeutet, was in die Maßnahme mündet, dass der kontrasexuellen Praxis mehrere Stunden Zeit pro Tag zu widmen sei (ebd.). Inversion sei Investition (44) – eine ökonomische Logik der Arbeit und der Produktion greift.

Aber geht es hierbei um kapitalistische Ökonomien und liberale Vertragsmodelle des sich selbst besitzenden und sich selbst unternehmenden Individuums? Investiert wird nicht zwecks Kapitalakkumulation oder optimierter Verwertbarkeit von Arbeitskraft und Ressourcen, sondern investiert wird in Lustgewinn, Selbstbestimmung und Entwicklung. Die Verträge regulieren soziale Praxen nicht zum Schutze von Eigentümer_innen, sondern zwecks Ermöglichung zwangloser sozialer Beziehungen und sexuellen Austauschs.

> »Die kontrasexuelle Gesellschaft favorisiert die Entwicklung allen Wissens und aller Technologien, die geeignet sind, die Körper radikal zu transformieren und die Menschheitsgeschichte als Ursprung der naturalisierten Unterdrückung (durch Klasse, Race, Sex, Gender, Gattung etc.) zu unterbrechen.« (Ebd.: 31)

Preciados Manifest ist von der Paradoxie getragen, dass sich die Normativität des gesellschaftlichen Modells als eine radikale Heterogenität möglicher KörperSubjektivitäten entfaltet, die soziale Beziehungen eingehen, die den Zwangs-, Ausbeutungs- und Unterdrückungspraxen entsagen. Wo Gibson-Graham Diversität propagieren, verfolgt Preciado die klar definierte, normative Perspektive, Unterdrückungsverhältnisse abzuschaffen. Dennoch stehen sich Gibson-Grahams und Preciados Ansatz keinesfalls diametral gegenüber. Vielmehr verschreiben sich beide queer-politischen Perspektiven dem Anliegen, den polymorphen

Singularitäten soziale Lebensbedingungen in Gemeinschaften-ohne-Gemeinsamkeit zu verschaffen, in denen Alterität weder abgewehrt noch angeeignet oder ausgebeutet werden muss. Wo sich Gibson-Grahams Begehren nach diversen Ökonomien mit dem sexuellen Begehren der *Others of the Other* (Butler) verschalten lässt, lässt sich Preciados Manifest als radikalisierte Version von Phelans *politics of strangeness* verstehen. Gesellschaft ist nicht definiert durch Integration, sondern durch Heterogenität und offene Zukünftigkeit.

5 Spektakel im Rahmen

Isibuko/Spiegel

Ein altmodischer Standspiegel mit dunklem, hölzernem Rahmen auf verziertem Gestell, oval, personengroß, leicht schräg gekippt und so aufgenommen, dass er oben ab- und die übrigen Ränder angeschnitten sind. Darin, in der unteren Spiegel- und Bildhälfte, eine vorgebeugte nackte Gestalt in Seit-/Rückansicht, die der Betrachter_in den Hintern entgegenstreckt. Die gut ausgeleuchtete rechte Pobacke bildet einen runden ›Lichtkreis‹ im Zentrum des Bildes, das Rückgrat eine gekrümmte Horizontale, die nach rechts aus dem Spiegel herausläuft und das Bild teilt. Der Oberkörper liegt im Schatten, so dass der Brustbereich nicht zu erkennen ist. Brüste bleiben als Geschlechtsmarker ebenso entzogen wie der Kopf, der außerhalb des Bildes verortet ist, und die Genitalien, die vom Oberschenkel verdeckt sind. Statur und die glatte haarlose Haut rufen zwar keine Maskulinitätsklischees auf, doch fehlen ebenso Codes, die es nahelegen würden, die Figur als weiblich oder transgender zu vereindeutigen. Ebenfalls nicht deutlich erkennbar, jedoch durch die Aufnahme erschließbar, ist das Instrument des voyeuristischen/narzisstischen Blicks, die Kamera, die auf Kniehöhe gehalten wird und am rechten Bildrand als das zu decodieren ist, was die Schwarz-Weiß-Photographie aufnimmt, die die südafrikanische Künstlerin Zanele Muholi unter dem Titel *Isibuko I* (2005) veröffentlicht hat.

Isibuko ist das Zulu-Wort für Spiegel, ein Wort, das die Künstlerin daran erinnert, dass sie als Kind gelernt hat, »that the colonizers seduced our peoples using the mirror to confiscate our land« (Muholi, E-Mail an ae, 24.04.2008). Spiegel und Rahmen möchte ich aufgreifen,

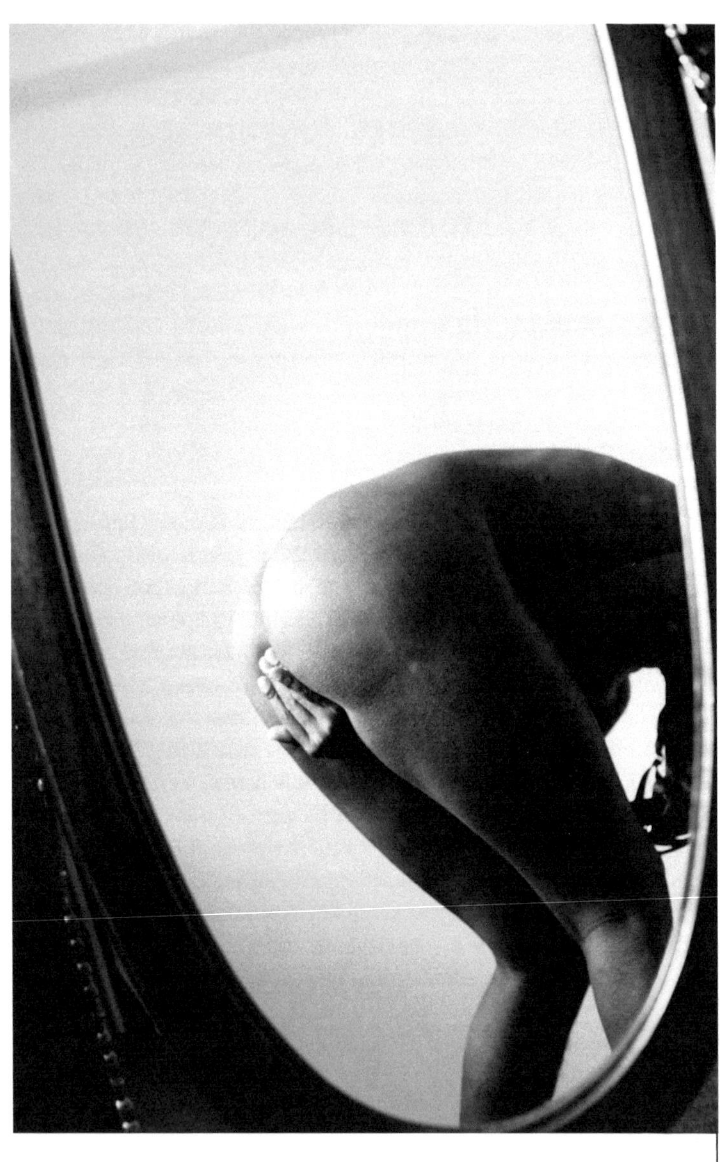

Zanele Muholi, Isibuko I, 2005, SW-Photographie.

um zu zeigen, dass die Photographie nicht nur als Repräsentation eines sexuellen Körpers gelesen werden kann, der sich heteronormativen und rassistischen Klischees widersetzt, sondern dass sie auch eine visuelle Arbeit an der Geschichte der kolonialen Unterwerfung und Ausbeutung leistet. Da diese Geschichte historisch wie aktuell eine Geschichte der Entwertung, Diskriminierung und Gewalt ist, in der Geschlecht und Sexualität differenziell wirksam sind, die aber zugleich auf ökonomischer Vernutzung und Enteignung beruht, interessiert mich auch, ob bzw. inwiefern *Isibuko I* den Körper nicht nur in Relation zum (post-)kolonialen, sondern auch zum kapitalistischen Setting neu positioniert.

Bilder als Produktionsverhältnisse

Zanele Muholis Photographie *Isibuko I* schreibt sich in eine Reihe künstlerischer Arbeiten ein, die den Spiegel als ein Produktionsmittel nutzen, um ein Selbstporträt zu erstellen.[1] Insofern auch die Kamera im Bild präsent ist sowie ein Körper, der Arbeit leistet, möchte ich diese Photographie zum Anlass nehmen, um die Dimension der *Bildproduktion* in die Diskussion um queere kulturelle Politiken aufzunehmen. Im dritten Kapitel habe ich durch die Andeutung unterschiedlicher Lektüre- und Interpretationsmöglichkeiten verdeutlicht, dass sich zwischen medialem Bild und Bildlektüre eine wechselseitige Beeinflussung abspielt, die es unmöglich macht, den Prozess des Bedeutens von der einen oder anderen Seite determiniert zu sehen. Die Bedeutungsproduktion spielt sich im Zwischenraum ab, der weder Lektüre noch Bildobjekt, sondern die Produktivität ihres Zusammenspiels ist. Ein ähnlicher Zwischenraum lässt sich auch zwischen Herstellungsprozess und Bildobjekt verzeichnen: ein Zwischenraum, der seinerseits durch Praxen der Lektüre gestaltet wird. Im Kontext dieses Kapitels möchte ich herausfinden, ob bzw. inwiefern dieser Produktionsprozess so verstanden werden kann, dass das Bild nicht einfach Produkt der Herstellung ist, sondern in diesem Prozess eine Unkontrollierbarkeit an den Tag legt und Rückkopplungseffekte auf die Produktion zeitigt. Wenn dem so ist, würden Bilder nicht nur vermittelt über den

---

1 Als Photograph_innen, deren Umgang mit dem Spiegel auch als Arbeit an Konstruktionen von Geschlecht und/oder Rassisierung gelesen werden können, wären z.B. Claude Cahun, Carrie Mae Weems, Helmut Newton, Nan Goldin, Cindy Sherman zu nennen. Vgl. Plumpe (1990) zu Experimenten mit Spiegeln in der Geschichte der Photographie.

Rezeptionsprozess veränderte Auffassungen oder Praxen bewirken, sondern die soziale Produktivität des Bildes würde auch Rückwirkungen auf die Kontexte und Bedingungen seiner Herstellung haben.

Doch zugleich gilt es zu fragen, was die Bedingungen des Produktionsprozesses ausmacht und wann dieser so gestaltet ist, dass die *agency*-Funktion des Bildes unterstützt wird.[2] Zugespitzt bedeutet dies, auch auszuloten, wie Bilder im Kontext von Gewaltverhältnissen funktionieren können, sei es, dass die Produzent_in in ihren Arbeitsbedingungen mit symbolischer, materieller oder struktureller Gewalt umzugehen hat, oder, dass das Bild, insofern es Teil kultureller Politiken ist, sich als Intervention in Gewaltverhältnisse zu beweisen hat (Hentschel 2007; Holert 2008). Auch im ökonomischen Sinne sind Bilder Teil von Produktionsverhältnissen: Ihre Herstellung findet an bestimmten geo-historischen Orten und in sozio-kulturellen Kontexten statt, sie wird von jemandem geplant und durchgeführt, Ressourcen fließen in sie ebenso ein wie Wissen, Phantasien, Wünsche und Intentionen; Fragen der Finanzierung berühren nicht nur das Objekt und seine spätere Zirkulation, sondern auch die Produzent_in und ihre Arbeitskraft (vgl. Hall 1997: 1; Leeuwen/Jewitt 2001: 6ff.). Wenn in diesem Kapitel die Produzent_in Zanele Muholi bezüglich ihres Bildes und ihrer Arbeitsweisen zu Wort kommt, so nicht, weil ich denke, dass dies die Bedeutung des Bildes erschließen würde oder das Bild ohne diese Kontextualisierung nicht verstehbar wäre, sondern weil dies die Möglichkeit eröffnet, die Produktionsweisen und -verhältnisse zu reflektieren, die die Prozesse der Bedeutungsproduktion beeinflussen, welche sich in der Zusammenarbeit von Bild und Betrachter_in entfalten.

Rahmen/Bedingungen der Selbstrepräsentation

Wenn im Kontext queerer Bewegungen gegen die Normierung geschlechtlicher und sexueller Ausdrucksformen, für die Singularität der Existenz und für Selbstbestimmung gekämpft wird, wenn Körper-Subjektivität als Bewegung und Veränderung konzipiert wird, so bedeu-

2 Den Begriff *agency*-Funktion des Bildes übernehme ich von Renate Brosch (2004), die damit benennt, dass Bilder »gesellschaftliche Zusammenhänge bzw. Identitäten stiften und Steuerfunktionen übernehmen« (ebd.: 63). Vor allem möchte sie damit aber auch ein Verständnis der Bildlektüre stärken, das diese als einen machtdurchdrungenen Interaktionsprozess zwischen Bild und Betrachter_in fasst. Vgl. auch Engel (2008b) und Kap. 6.

tet dies nicht notwendig ein Plädoyer für Individualisierung oder individuellen Selbstausdruck. Vielmehr geht es darum, dass soziale Räume und gesellschaftliche Verhältnisse sich verändern, damit die Polymorphen dort Artikulations- und Gestaltungsmöglichkeiten finden bzw. dadurch dass sie eben diese Artikulations- und Gestaltungsmöglichkeiten reklamieren. Der Begriff des ›Spektakels‹ steht für eben solche öffentlichen Auftritte, die ein Publikum finden – und damit in dem risikoreichen Raum zwischen Anerkennung und Entwertung, zwischen gefeierter Differenz und Verworfenheit erfolgen.[3] Inwiefern ein ›spektakulärer Rahmen‹ ein Versprechen oder eine Gefahr bedeutet, muss – zumindest zu diesem Zeitpunkt – offen bleiben, denn es fragt sich, ob die Heterogenität und Unheimlichkeit der Polymorphen gerahmt werden möchte. Doch wenn ja, dann spektakulär. Aus dieser Perspektive kann Selbstrepräsentation auch als Intervention in den dominanzkulturellen ›Rahmen‹ der Repräsentation verstanden werden. Doch was zeichnet diesen kulturellen Rahmen aus? Inwiefern verhindert dieser die Sichtbarkeit dissidenter Geschlechter und Sexualitäten? Inwiefern unterwirft er sie bestimmten Normierungen, und welche Normierungen wären dies? Inwiefern befördert der kulturelle Rahmen Individualität? Oder gibt vor, dies zu tun, während zugleich die Normierung des Individuellen erfolgt? Und können wir davon ausgehen, dass es der gleiche ist für Zanele Muholi, die in Südafrika produziert, und für die Leser_in eines deutschsprachigen Queer-Buches? Wenn nein, wie wird die Vermittlung unterschiedlicher Rahmungen ermöglicht?

Der Rahmen, den ich mit diesem Buch vorgebe, besteht darin, dass er Bezüge zwischen sich globalisierenden neoliberalen sozio-ökonomischen Verhältnissen sowie den durch queere Theorie und politische Bewegung diversifizierten und denaturalisierten Geschlechtern und Sexualitäten herstellt. Zanele Muholi (2004) artikuliert diesen Rahmen ihrerseits, wenn sie in ihren kritischen Reflexionen auf *hate crimes* verdeutlicht, dass die Provokation, die im öffentlichen Auftreten Schwarzer Lesben in den Townships liegt, unbedingt auf dem Hintergrund

3 Keinesfalls soll das Spektakel dem Kapitalismus überlassen werden, als sei die Tatsache, dass das Spektakel auf der Produktion von Bildern und Sichtbarkeiten beruht, automatisch Hinweis auf eine Entfremdung von vermeintlich authentischen sozialen Beziehungen oder materiellen Verhältnissen. Vielmehr wird ein politisches Potential darin gesehen, dass eben diese sozialen Beziehungen oder materiellen Verhältnisse – und mithin die kapitalistische Ökonomie – nur über Repräsentationen verfügbar sind, somit durch diese verändert werden können und der Modus des Spektakels gerade ob seines unauthentischen Beiklangs queeres Interesse weckt.

imperialer und kolonialer Geschichte und der darin eingelagerten patriarchalen Dominanz zu analysieren ist. Jedes persönliche und politische Ringen um »erotic and sexual autonomy« (ebd.: 123) stelle eine Herausforderung des heteronormativen Stereotyps der ›afrikanischen Frau‹ dar, das zwar einerseits das Produkt des kolonisierenden Blicks sei, prekärerweise andererseits jedoch auch Schwarze patriarchale Überlegenheitsansprüche unterstützen soll und mittlerweile als Ausdruck der Selbstbehauptung gegen die neokolonialen Kräfte globalisierter Ökonomie sowie für die nationale Post-Apartheids-Identität einzustehen habe (vgl. auch Ngcobo 2008). (Selbst-)Repräsentationen dissidenter Geschlechter und Sexualitäten stellen somit zugleich einen Versuch dar, persönliche Selbstbestimmung und sozio-politische Anerkennung zu gewinnen und zugleich gesellschaftliche Gestaltungsmacht reklamieren, indem sie darauf abzielen, Öffentlichkeit zu schaffen. Doch um welche Öffentlichkeit geht es? Die Ausstellung in den gediegenen Räumlichkeiten einer Galerie in einem bürgerlichen, überwiegend weißen Viertel? Das *outdoor*-Photostudio an einer Bushaltestelle? Die Alltagspraxen Schwarzer Lesben und ihrer unterschiedlichen Geschlechtlichkeiten in den Townships: im Vorgarten, im Sammeltaxi, beim Friseur? Zanele Muholis Videofilm *Enraged by a Picture* (ZA 2005, 14'38) verdeutlicht die Spannungen und Widersprüche, die mit den (Selbst-)Repräsentationen dissidenter Sexualität und polymorpher Körper einhergehen. Öffentliche Artikulationen, künstlerisch-aktivistisch-alltagspraktisch, sind immer gleichzeitig Versprechen und Gefahr; sie machen einen virtuosen Umgang mit Risiken erforderlich.

Mit Bezug auf die vorhergehenden Überlegungen zum Einsatz von Paradoxien im Kontext neoliberaler Verhältnisse sollen die Politiken der (Selbst-)Repräsentation ins Verhältnis dazu gesetzt werden, dass Sexualität im Kontext neoliberaler Transformationen systematisch zur Privatangelegenheit erklärt wird, jedoch zugleich deren permanente öffentliche Zurschaustellung gefördert und das Spektakel als Ausdrucksform gefeiert wird. Kann es eine – politisch relevante – Sichtbarkeit geben, die nicht zum Spektakel wird? Oder kann das Spektakel produktiv angeeignet werden? Und wie ist mit dem Bedrohungspotential umzugehen, das in der Sichtbarkeit angelegt ist? Angesichts dieses Paradoxes kann die queer-politische Herausforderung keineswegs in einem schlichten Ringen um Sichtbarkeit oder um selbstbestimmte oder ›positive‹ Bilder bestehen. Doch kann es, wie Johanna Schaffer (2008) hervorhebt, auch nicht darum gehen, Sichtbarkeitspolitiken einfach aufzugeben, wenn kulturelle, soziale und politische Anerkennung maßgeblich über Sichtbarkeit vermittelt ist. Schaffer untersucht, so der Titel ihres Buches, die ›Ambivalenzen der Sichtbarkeit‹ und fragt, welche hegemonialen und gegen-hegemonialen Repräsentationspraxen angesichts dieser Ambivalenz oder im Umgang mit ihr entwickelt werden.[4] Dies lässt sich für den hiesigen Kontext auf die Spannung zwischen Spektakularisierung und Bedrohung durch Sichtbarkeit beziehen. Das Paradox von Privatisierung und Veröffentlichung gewinnt angesichts von *hate crimes* und homo-/transphober Gewalt an Brisanz. Zugleich fragt sich aber, ob queere kulturelle Politiken damit an Grenzen ihrer Möglichkeiten stoßen oder ob nicht weiterhin die Herausforderung darin besteht, Formen zu erfinden, wie queere Praxen mehr und anderes sein können als rituelle Wiederholung oder neutrale Performanz dessen, was ›im Rahmen‹ möglich ist. Wie können sie – ausgehend vom verfügbaren kulturellen Material – zur Umarbeitung hegemonialer Macht- und Gewaltverhältnisse beitragen? Liegt eine Antwort auch in diesem Falle darin, das Paradox nicht aufzulösen oder bewältigbar erscheinen zu lassen, sondern seine Unauflösbarkeit herauszustellen? Wie wirkt sich dies auf den kulturellen Rahmen aus?

Fixierungen im Rahmen

Auch kunst- und medientheoretischen Überlegungen zufolge verdient der Rahmen besondere Aufmerksamkeit, insofern er zugleich Grenzziehung wie auch Verbindung zum sozio-kulturellen Kontext des Bildes ist. Der Rahmen bestimmt den Ausschnitt dessen, was zu sehen ist, und stellt dabei immer auch einen Verweis auf das Außerhalb her, wovon auch seine historische Interpretation als ›Fenster zur Welt‹ zeugt

4 Schaffer (2008) betont, dass es nicht möglich sei, außerhalb der kulturell dominanten Organisation von Sichtbarkeitsverhältnissen zu agieren, so dass auch widerständige und disidentifikatorische Praxen innerhalb dieses Rahmens zu entwerfen seien (vgl. ebd.: 126). Entsprechend seien beispielsweise Stereotypisierungen nicht per se abzulehnen, sondern vielmehr das Reflexionspotential des Stereotypisierens zu nutzen (70). Zwei Taktiken visuell-kultureller Praxis ›innerhalb‹ des dominanten Rahmens hebt Schaffer hervor, nämlich das ›Besetzen des Rahmens‹, um »so den Rahmen der ehrenden bürgerlichen Portraits zu zwingen, Queerness aufzunehmen« (127), sowie das ›Auffalten‹ der angeblichen Gleichförmigkeit: »Sie [die Taktik, ae] geht aus von einem Typus [...] und faltet darin Möglichkeiten auf, um damit auf Überfülle, Vielfalt und Unendlichkeit zu verweisen« (134). Später werde ich mit Kerstin Brandes (2008) darauf hinweisen, dass, um widerständige Repräsentationsformen zu kreiieren, neben der kulturellen Arbeit innerhalb des Rahmens auch ein ›Rahmen-Wechsel‹ (und diverse ›Rahmen-Spiele‹) in Betracht zu ziehen sind.

(vgl. Lebensztejn 1994). Materielle Ausformung und metaphorische Bedeutung des Rahmens prägen komplexe Wechselwirkungen aus; sie können sich gegenseitig stützen und verstärken, aber auch anfechten oder unterlaufen. In diesem Sinne ist der Rahmen, wie Kerstin Brandes (2008) mit Bezug auf Jacques Derridas Überlegungen zum *Parergon* verdeutlicht, eine ausnehmend ambivalente Größe, die, indem sie ›das Wesentliche‹ aufzuzeigen vorgibt, zugleich dessen Unvollständigkeit hervorhebt (vgl. ebd.: 122f.). Für Brandes wird diese Ambivalenz zum Einstiegspunkt für die Analyse künstlerischer Strategien, die konventionelle diskursive und institutionelle Rahmungen verschieben.

Doch gilt es auch zu bedenken, dass der Rahmen, wie Sigrid Schade und Silke Wenk (1995) betonen, für machtvolle Formen der Grenzziehung und Autorisierung steht und dass es demnach wichtig ist, die unterschiedlichen diskursiven und institutionellen Rahmungen (z.B. der Kunst, der Pornographie, der Kriminologie) zu beachten, die jeweils »in spezifischer Weise zu sehen geben« (ebd.: 391). Diese normative Bedeutung des Rahmens wird von Judith Butler (2007) in den Mittelpunkt ihrer Überlegungen zu Mediendarstellungen von Folter und sexualisierter Gewalt gestellt. Sie weist darauf hin, dass Rahmungen ein »Feld wahrnehmbarer Realität« (ebd.: 205) abstecken, das nicht zuletzt bestimmt, was als ›menschlich‹ bezeichnet und betrachtet werden kann.[5] Aus dieser Sicht sind Rahmen nicht nur mit den vorherrschenden gesellschaftlichen Normen komplizenhaft verbunden, sondern können zu »gewaltsamen Rahmen« (207) werden. Butler beklagt, dass nur selten der Rahmen selbst der kritischen Reflexion unterzogen werde, bzw. stellt die These auf, dass nur dann, wenn eine Deutung des Rahmens erfolge, auch eine kritische Überprüfung der Begrenzungen der Realitätsdeutung möglich werde (vgl. ebd.).

Genau diese kritische Reflexion scheint mir Muholis Photographie nahezulegen. Indem der Spiegelrahmen ab- bzw. angeschnitten wird, produziert der Bildausschnitt von *Isibuko I* eine Öffnung, die dazu einlädt, die ideologischen und materiellen Rahmenbedingungen des Bildes zu befragen, die dem Dargestellten seinen Kontext verleihen. Da das Dargestellte zudem als Projektionsfläche verfasst ist, die den Betrachter_innen ihren eigenen Blick widerspiegelt, kann somit im doppelten Sinne an den Klischees gearbeitet werden, die das kulturelle Archiv visueller Repräsentationen organisieren und der Subjektkonsti-

5 Butlers Überlegungen zum Rahmen sind eher ethischer und politischer denn kunst- oder medientheoretischer Natur und beinhalten keine Hinweise auf den Rahmen als eine ambivalente Figur, der auch (repräsentations-)

tuierung ihrer Betrachter_innen dienen.[6] In dem Maße, wie Identitäten ihren essentiellen Charakter eingebüßt haben und als Produkt soziokultureller Diskurse und Praxen wahrgenommen werden, werden die kulturellen Bilder zum Material, an dem die Umarbeitung der Machtverhältnisse ansetzen kann, die diese Produktion anleiten.

»The debate over identity's essence or lack of essence has been well rehearsed both in gender and in lesbian and gay studies. Similarly, the significance of translocation is taken as a presupposition among scholars of ethnic diaspora and within postcolonial studies. The conjunction of these exciting, against-the-grain bodies of work produces a line of inquiry as intent on deconstructing universalizing ideas about sexuality as it is insistent on catching the lilt of each local articulation of desire. [...] The focus of attention is no longer on whether identity is ever not constructed, on whether official territorial marks can ever be coextensive with bodies' identifications, but instead on how to make sense of the always poignant and sometimes hilarious labors of reinvention in new places, or in reimagined old ones.« (Sánchez-Eppler/Patton 2000: 2f.)

Abendländisch-westlicher Bildtradition gilt die Frau als Bild (›Frau-als-Bild‹) und die Schwarze Frau als ›das ganz Andere‹ – anders als ›Frauen‹, die ›weiß‹ konnotiert sind, anders als ›Schwarze‹, die ›männ-

kritische Potentiale zukommen. Zudem schenkt sie der Frage, wie Darstellungskonventionen und (womöglich dissidente) Darstellungsweisen ›innerhalb‹ des Rahmens, also die formalen, semiotischen, rhetorischen Zeichenverwendungen, zur Bedeutungs- und Wirklichkeitskonstruktion beitragen, keinerlei Beachtung. Hinsichtlich der Bedeutung des Rahmens als normativem und gewaltsamem Moment visueller Wirklichkeitskonstruktion sind Butlers Ausführungen jedoch zugleich erhellend und provokativ..

6 Bezüglich des Zusammenhangs von Spiegel und Subjektkonstituierung vgl. Jacques Lacans psychoanalytische Überlegungen zum ›Spiegelstadium‹ (Lacan 1991a). Für eine Lacan-kritische, feministische Untersuchung der Bedeutung des Spiegelstadiums für die Konstituierung geschlechtlicher Subjektivität vgl. Silverman (1996: insb. 15-31). Silverman geht es darum, einerseits die Dominanz des visuellen Bildes für die Ausbildung des Körper-Ichs durch die Einführung sensitiver Selbstwahrnehmung (*propioceptivity*) zurückzuweisen (vgl. ebd.), andererseits eine Unterscheidung von *gaze* (Blickregime), *look* (persönliches Blicken) und *screen* (kulturelles Bildarchiv) einzuführen, um den Prozess des Sehens und in Folge auch die Figur des Spiegels erheblich zu verkomplizieren (vgl. ebd.: 131ff. und 221ff.). Vgl. auch Brandes (2008: 3).

lich‹ konnotiert sind.[7] In der kritischen Auseinandersetzung mit diesen androzentristischen und rassistischen Konstruktionen von Alterität wird nicht nur deren Funktion zur Stabilisierung eines vermeintlichen ›Eigenen‹ problematisiert, sondern auch betont, dass sich Geschlechtlichkeit, Rasse, Ethnizität, Klasse nicht als (begriffliche oder soziale) Entitäten voneinander trennen lassen; vielmehr ist zu untersuchen, wie sie als komplexe, einander konstituierende Artikulationsverhältnisse ineinandergreifen.[8] Muholis Bild unterläuft traditionelle Darstellungskonventionen in zweifacher Hinsicht: Weder Geschlechtlichkeit noch Hautfarbe der abgebildeten Person sind eindeutig bestimmbar. Leistet Muholis Photographie somit, was Kerstin Brandes (2008) in der Auseinandersetzung mit künstlerischen Arbeiten, die mit der komplexen Verflechtung von ethnisierenden, rassifizierenden, vergeschlechtlichenden und sexualisierenden Repräsentationsprozessen befasst sind, als produktive Strategie des ›Rahmen-Wechsels‹ bezeichnet? Da es unmöglich ist, gänzlich »aus dem Rahmen zu treten« (ebd.: 123), also die kulturellen Bedingungen, die Identität und Differenz/en konstruieren, einfach hinter sich zu lassen, fragt Brandes, inwiefern wohl ein ›Rahmen-Wechsel‹ geeignet sei, ›Fixierungen im Status des Bildes‹[9] künstlerisch anzufechten:

»Es geht mir um den Versuch, einen Körper-Bild-Diskurs des Ent/Fixierens als einen Diskurs über den Rahmen zu entwickeln, denn, so meine These,

7 Vgl. Eiblmayer (1993), Schade/Wenk (1995), Deuber-Mankowsky (1998), Schade (2006).

8 Vgl. McClintock (1995), Haehnel (2006), Dietze et al. (2007), Brandes (2008). Purtschert (2006) arbeitet anhand der philosophischen Positionen von Hegel und Nietzsche heraus, wie ›der Wilde‹ und ›die Frau‹ als Figuren der Alterität der Konstituierung des abendländischen Aufklärungssubjekts unterlegt sind, wobei die kontinuierliche Überblendung verschiedener Alteritätsfiguren hervorzuheben sei (vgl. ebd.: 18).

9 Laut Brandes (2008) ist das Problem nicht die Wahrnehmung als Bild (z.B. Frau-als-Bild), sondern dass Menschen im Bild-Status fixiert werden. Die Fixierung im Status des Bildes wird jedoch sozial wie auch künstlerisch in vielfältiger Weise angefochten. Brandes hebt diesbezüglich zwei Strategien hervor: einerseits, dass gezeigt wird, wie die Fixierung vorläufiges Produkt vielfältiger, widersprüchlicher und unabschließbarer Identifizierungen und Differenzkonstruktionen ist; andererseits, dass der Bildstatus destabilisiert wird, insofern Bilder nicht als isolierte Objekte, sondern als Teil von Produktionsprozessen betrachtet werden, in denen sie als Spiegel und Projektionsflächen fungieren sowie Blicke und Codierungen des Sehens hervorbringen (vgl. ebd.: 3).

einerseits ist zwar die Frage, wie (andere) Subjekte aus den Rahmen treten können, innerhalb derer sie zu fixieren gesucht werden, nach wie vor virulent, andererseits kann das aber nicht von einem Blick darauf abgezogen werden, welche Rahmen immer auch *zugleich* und/oder *statt dessen* zum Tragen kommen. [...] Wie also könnten die Rahmen-Bedingungen eines ent/fixierten Bild-Status aussehen?« (Ebd.: 125)

In diesem Sinne wäre *Isibuko I* also zum einen daraufhin zu befragen, was ins Außerhalb des Rahmens verwiesen ist und wie dies, dank des ab- und angeschnittenen Rahmens, ins Bild treten kann; zum anderen daraufhin, wie der Rahmen zu charakterisieren ist, den Muholi setzt und welche Art Repräsentation dieser Rahmen schafft. Diesbezüglich möchte ich die These vertreten, dass *Isibuko I* einen Rahmen-Wechsel leistet, der Repräsentationen von Körpern Schwarzer Frauen und Lesben ins kulturelle Bildarchiv eintreten lässt, die nicht mehr vom (post-)kolonialen *gaze* definiert sind, sondern diesen durch ›Ent/Fixieren‹ herausfordern. Um diese These jedoch argumentativ begründen zu können, muss ich die angebotene Öffnung des Rahmens nutzen und die Frage nach der Repräsentation Schwarzer Weiblichkeit und Sexualität ins Bild eintreten lassen, die dort bislang mit dem Hinweis auf die Uneindeutigkeit der Darstellung von Geschlecht und Hautfarbe ausgesetzt blieb.

Rahmen-Wechsel für die Ikone

Es gibt eine im kolonialen und postkolonialen Bildarchiv prominente Ikone, mit der Muholis Photographie eine intertextuelle Verbindung eingeht und die die künstlerische Praxis Muholis wie auch die Arbeit der Bildlektüre inspiriert. Diese Ikone, die außerhalb des Rahmens belassen wird und doch eine Spur innerhalb des Rahmens legen kann, ist die sogenannte *Hottentotten-Venus*. Meine These wäre, dass Muholis Photographie einen Rahmen-Wechsel vollzieht, der diese kulturelle Figur davon befreit, Schwarze weibliche Sexualität als physisch anormal und moralisch verwerflich zu repräsentieren. Die Produktivität des Bildes läge damit u.a. darin, dass es dazu beiträgt, Prozesse zu unterbrechen, die diese Figur für exotistisch-rassistische Projektionen und stigmatisierende Identifikationen bereitstellt. *Hottentotten-Venus* ist der zugewiesene Künstlerinnenname einer Schwarzen Frau, die in den späten 1780er Jahren als Angehörige des Volkes der Khoisan im südlichen Afrika geboren wurde. Unter dem ihr vom niederländischen Kolonialregime der östlichen Kapregion Südafrikas verliehenen Namen

Saartjie Baartman arbeitete sie eine Zeitlang in einem dortigen Kolonialhaushalt und stimmte dann zu, als Haushaltshilfe, nun unter dem Namen Sarah Bartman, mit nach England zu gehen, wo sie in den folgenden Jahren als Spektakel auf Völkerschauen in London und später in Paris ausgestellt wurde bzw. auftrat. Umstritten ist das Maß der Freiwilligkeit und des Zwangs, das diesem ›Beruf‹ anhaftete. Zweifellos ist die Zurschaustellung Teil eines rassistischen und imperial-kolonialen Regimes, über das die weiße europäische Bevölkerung ihren Überlegenheitsanspruch konstruierte und legitimierte. Es wird jedoch auch berichtet, dass Saartjie Baartman entschieden hat, mit nach England zu kommen, weil sie erwartete, dort mehr zu verdienen, als dies als Haushaltshilfe in Südafrika möglich war. Des Weiteren schreibt Bernth Lindfors (1996), dass sie im Rahmen einer gerichtlichen Anhörung, die angestrebt wurde, um die entwürdigenden Zurschaustellungspraxen zu unterbinden, die als Fortführung der in England 1771 abgeschafften Sklaverei angesehen wurden, dafür votierte, weiter ausgestellt zu werden:

»Members of the *African Institution* decided to take the matter to court, but the case was dismissed after the Hottentot Venus, interviewed in Low Dutch, testified in behalf of her managers, saying she had freely consented to exhibit her person in England, was earning good money and wanted the show to go on.« (Ebd.: 210)

Derartigen wirtschaftlichen Überlegungen und beruflichen Entscheidungen die Relevanz abzusprechen, bedeutet auch, Saartjie Baartman nicht zuzugestehen, dass sie als Subjekt unter – und das heißt in Relation zu – den Bedingungen rassistischer und sexistischer Gewalt sowie kapitalistischer Ausbeutung agiert haben könnte. Deshalb entscheide ich mich hier, angesichts dessen, dass jede historische Rekonstruktion zugleich die Konstruktion ihrer Geschichte ist,[10] für ein Angebot, dass Saartjie Baartman als Kulturarbeiterin auffasst.[11] Ohne damit die Aus-

10 Für einen kritischen Überblick über die Forschungsliteratur vgl. Brandes (2004), die hervorhebt, dass die wenigen verfügbaren Informationen über Saartjie Baartmans Leben, in immer neuen Varianten als kohärente Biographie präsentiert, bis heute eher der Mythenbildung dienen, auch dann, wenn sie als Teil der Aufarbeitung kolonialer Geschichte oder der Wiedergutmachung zum Einsatz kommen.

11 Ich folge hierbei Bernth Lindfors (1996), der die Zurschaustellung Schwarzer Menschen im England des 19. Jahrhunderts unter dem Aspekt eines sich rapide entwickelnden ›ethnological show business‹ untersucht und

beutungs-, Unterdrückungs- und Gewaltverhältnisse, denen sie ausgesetzt war und unter denen sie 1815 (evtl. 1816) in Paris verstarb, zu relativieren, sei hiermit doch nahegelegt, dass Saartjie Baartman sich zu diesen aktiv verhalten hat. Durch historische Rekonstruktion wird der Kontext verfügbar, in dem ihr Handeln stattfand: So wird im Kontext feministischer und postkolonialer Kritik herausgearbeitet, welche Funktion der spektakulären Zurschaustellung und ihrer medialen Popularisierung sowie der ethnologischen, geographischen, medizinischen und philosophischen Forschung und Theoriebildung zukommt, um ein weißes, maskulines Aufklärungssubjekt und ein abendländisches Dominanzregime aufzubauen, dessen angebliche Überlegenheit Imperialismus und Kolonialismus rechtfertigt (McClintock 1995; Lindfors 1996; Purtschert 2006; Brandes 2008). Die für ein weißes Publikum als Unterhaltungs- und Bildungsprogramm entwickelten Shows inszenierten ›wilde‹ Tiere, ›exotische‹ Landschaften, ›primitive‹ Lebensweisen, ›fremde‹ Rassen und ›Abnormitäten‹ der Natur, die als zugleich entmenschlichte wie erotisierte Projektionsflächen exotischer Andersheit dem westlichen Subjekt zur Selbstkonstituierung dienten. Sie kondensierten die naturkundliche Wissensproduktion der Zeit und fanden dort zugleich ihre Forschungsobjekte. So wurde Saartjie Baartman sowohl zu Lebzeiten als auch nach ihrem Tod als ›Musterbeispiel‹ für die körperlichen ›Abnormitäten‹ Schwarzer Frauen aufgrund ihres ausladenden Gesäßes und angeblich vergrößerter Labien wissenschaftlich untersucht, in journalistischen Artikeln verhandelt sowie in diversen Zeichnungen und Karikaturen abgebildet. Diese Repräsentationen zeichneten sich durch Spekulationen über ihre Sexualität im Speziellen und Schwarze weibliche Sexualität im Allgemeinen aus. Posthum wurde sie vermessen und seziert, ein Gipsabguss ihres Körpers und ihrer Genitalien wurde hergestellt, ihr Gehirn und ihre Genitalien wurden in Formaldehyd eingelegt – und all dies bis in die 1980er Jahre im *Musée de l'Homme* in Paris ausgestellt (vgl. Brandes 2004).

Obioma Nnaemeka (2005) bezeichnet die rassistische, dehumanisierende Stigmatisierung Schwarzer Körper als ›ikonisch‹ und signalisiert

zeigt, wie die Shows dem Ausbau des imperialen Ausbeutungsregimes dienten und dies durch Medienberichte unterstützt wurde. Diesbezüglich hebt Lindfors jedoch auch hervor, dass dies keine einhellig begrüßte, sondern eine politisch umstrittene, medial kontrovers verhandelte Entwicklung war. In diesem Zusammenhang weist er auch auf Protestbriefe, die die degradierende Form der Ausstellung von Saartjie Baartman anprangerten, und das Gerichtsverfahren hin, das die Show als unmoralisch und illegal verhindern sollte (s.o.).

damit, dass Imaginationen einer suprematistischen weißen Ideologie mythologisch so aufgeladen werden, dass ein universalisiert-essentialistisches ›Wahrheitskonstrukt‹ entsteht, das die Ausschlüsse und Vereinheitlichungen seiner Entstehung erfolgreich kaschiert: »Icons are totalizing constructs that are woven out of the pieces of reality and invested with mythic extension capable of homogenizing, reifying, and codyfying a group, occluding diversity and complexity.« (Ebd.: 92) Diese Mythologisierung, die sich aus imperial-kolonialer Reise- und Forschungsliteratur, medizinisch-biologischen Evolutions- und Rassentheorien sowie dem kulturellen Unterhaltungs- und Bildungsformat der sogenannten Freakshows und später der Völkerschauen speist, bringt im frühen 19. Jahrhundert die Ikone der *Hottentotten-Venus* hervor, die, so Nnaemeka, als Antithese weißer Normativität und Überlegenheit fungiert (ebd.: 97). Die Ikonisierung stelle eine Form symbolischer Gewalt dar, in der sich die von kolonialer und imperialer Herrschaft definierte Biographie von Saartjie Baartman zugleich verdichtet und der Erinnerung entzogen wird.

Kerstin Brandes (2004) setzt sich damit auseinander, wie Saartjie Baartman nach der Rückführung ihrer sterblichen Überreste und deren Beisetzung im Jahre 2002 zu einer nationalen Allegorie des postkolonialen, Post-Apartheid-Südafrika sowie einer identitätsstiftenden Figur des Volkes der Khoisan geworden ist. Brandes' Kritik entzündet sich daran, dass dieser Akt nicht etwa dazu dient, Aufmerksamkeit für die koloniale Gewaltgeschichte herzustellen, sondern zu einer entpolitisierenden Allianzkonstruktion einer globalisierten Gemeinschaft wird.[12] Auf der Suche nach angemessenen Formen der Erinnerungspolitik stellt Brandes verschiedene künstlerische Arbeiten vor, die in das rassistische und sexistische Repräsentationsregime aus ihrer Sicht erfolgreich eingreifen:

> »They pay tribute to Saartjie Baartman as an historical person, as sexualized ›Hottentot Venus‹, as victim to human sciences, and/or as identificatory figure through the production of an ›object‹ that permanently slips away. In other words, […] strategies effecting dis/identification, opening up a space within which perhaps ›Saartjie Baartman‹ herself may become a figure of intervention.« (Ebd.: 53)

12 »On an international level, the restoration of Saartjie Baartman's remains is articulated as an act of mutual acknowledgement between a nation of former colonizers and a nation of former colonized, empowering the latter to forgive the ›wrongs‹ of the past at that woman's expense.« (Brandes 2004: 50)

Was bedeutet es nun, dass ich Muholis Photographie *Isibuko I* in einen intertextuellen Bezug zur Ikone der *Hottentotten-Venus* stelle? Bemerkenswert erscheint mir, wie Muholis Photographie die Geschichte der *Hottentotten-Venus* aufruft, ohne die rassistischen und sexistischen Bilder zu wiederholen. Die Referenz gelingt *Isibuko I* durch die demonstrative Zurschaustellung des nackten Hinterteils. Angesichts der besonderen Präsenz, die Saartjie Baartman nach der Rückführung ihrer sterblichen Überreste im kulturellen Imaginären in Südafrika genießt, reicht dieser subtile Verweis, um Diskurse der Objektivierung und Fetischisierung Schwarzer weiblicher Körper und Saartjie Baartman als deren Musterbeispiel zu aktivieren. Die Besonderheit von *Isibuko I* besteht darin, dass Muholi zum einen darauf verzichtet, das Klischee erneut durchzuarbeiten und dem Mythos eine weitere Version hinzuzufügen, sich zum anderen aber traut, an die Fetischisierung anzuknüpfen. Der Fetisch als ein magisches und machtvolles Bild oder Objekt muss nur dann als Ausdruck von Entfremdung verworfen werden, wenn an der Vorstellung einer authentischen Referenz (des Eigenen, des Fremden, der Welt, der wahren Geschichte oder der realen Verhältnisse) festgehalten wird. Ansonsten kann der Fetisch auch als Zeichen des Begehrens nach der Verbindung mit ›dem Anderen‹ dienen, dem, was niemals unvermittelt, unabhängig von Zeichen und Fetischen zugänglich ist. *Isibuko I* nutzt demnach die Fetischisierung, um eine visuelle Repräsentation eines sexuellen Körpers zu erstellen, der erotisiert werden kann, ohne mit rassistischen, sexistischen und heteronormativen Bildern beladen zu werden, und der erotische Phantasien einlädt, die nicht an gängige Entwertungs- oder Unterwerfungspraxen anknüpfen. Dies ist auch im Hinblick auf eine queere Bildproduktion von Interesse, bedeutet aber zunächst für den hier diskutierten (post-)kolonialen Rahmen, dass *Isibuko I* mit ›selbstbewusster Geste‹ ein unerwartetes Bild in eine konventionalisierte rassistische Kolonialgeschichte einspeist.

In Anknüpfung an Kerstin Brandes (2008) möchte ich dies als einen Rahmen-Wechsel bezeichnen. Doch bevor ich genauer darauf eingehe, wie sich dieser Rahmen-Wechsel im Falle von *Isibuko I* mit Hilfe des Spiegels vollzieht, dessen Einsatz als Projektionsfläche im Bild, als Mittel der Bildproduktion und als Metapher erfolgt, möchte ich mich zunächst damit befassen, inwiefern das Bild nicht nur sexistische und rassistische Klischees, sondern auch kapitalistische Produktions- und Verwertungslogiken herausfordert.

Sexuelle Arbeits- und Produktionsverhältnisse

Isibuko I präsentiert eine Fetischhand und eine Arbeitshand: Die Fetischhand hält weder Gerätschaft noch Objekt, sie baut nicht, sie tippt nicht, gestaltet nicht. Sie ist jedoch bereit, als lesbisches Sexualorgan, als lesbischer Phallus und als Partnerin autosexueller Praxen aufzutreten. Zugleich steht sie mit der Arbeitshand, die die Kamera bedient, in einem vielleicht spannungsreichen, aber doch sich wechselseitig ergänzenden Verhältnis: Ohne die Arbeitshand verbliebe die Fetischhand jenseits der Repräsentation; ohne die Fetischhand verbliebe die Arbeitshand arbeitslos. Sind sie einander schwesterlich verbunden? Repräsentieren sie das ökonomische Verhältnis von Arbeit und Freizeit? Oder verschiedene Formen der Arbeit: affektiv und kreativ? Inwiefern signifiziert das Verhältnis der beiden, die Teile des gleichen Körpers sind, ohne das deren Verbundenheit visuell offenbar werden würde, die paradoxe Relationalität spätmoderner Subjektivität?

Letzterem Gedanken folgend ließe sich sagen, dass *Isibuko I* das liberale Arbeitssubjekt repräsentieren würde, das, so Isabell Lorey (2007b), gelernt hat, »zu sich selbst ein Verhältnis zu entwickeln, das kreativ und produktiv ist, eines, in dem der ›eigene‹ Körper, das ›eigene‹ Leben, das ›eigene‹ Selbst gestaltbar wird« (ebd.: 125), auf dass es Teil einer Herrschaftsformation werde, die die ›Produktivität des Lebens‹ und den ›Körper als Produktionsmittel‹ ökonomisiert und ausbeutet. Die Unterwerfung unter den paradoxen Zwang zur kreativen Selbstgestaltung wird damit – wiederum paradoxerweise – zur Bedingung für die Herausbildung sogenannter autonomer und freier Subjekte. Wenn diese unter neoliberalen Bedingungen bereit sind, sich der, so Lorey, Selbstprekarisierung zu unterwerfen und sich freiwillig an der Kreativität, Selbstgestaltung und Selbstverantwortung auszurichten, die gefordert ist, um als ökonomisches Subjekt Anerkennung zu finden, so bedienen sie genau die Anforderungen einer an Selbstregierung ausgerichteten Form spätmoderner Herrschaft:

> »Im Neoliberalismus verschiebt sich nun die Funktion der Prekarisierten hin in die gesellschaftliche Mitte und wird normalisiert. Damit kann sich auch die Funktion der bürgerlichen Freiheit transformieren: weg von der Abgrenzung zum prekären Anderen hin zur subjektivierenden Funktion der Prekarisierung. Diese verwandelt sich demzufolge im Neoliberalismus vom immanenten Widerspruch zur hegemonialen Funktion.« (128)

Offen ist allerdings, so möchte ich anschließen, zweierlei: Erstens, ob dieses Modell nur für eine begrenzte soziale Gruppe bürgerlicher

Kulturproduzent_innen gilt, für das Lorey es durchgespielt hat, oder ob es, wie die These von der hegemonialen Funktion nahelegt, universalisierbar ist als Modell, gemäß dem gesellschaftliche Integration und möglicherweise perspektivisch auch die globale marktwirtschaftliche Bürger_innenschaft ausgerichtet ist. Nur dann kann dieses Modell auch Relevanz für die kulturelle Produktion Schwarzer Lesben in Südafrika auf der Schwelle zwischen Kunstmarkt und Township entfalten. Zweitens fragt es sich, ob die Normalisierung der Prekarisierung als Subjektivierungsweise nichtsdestotrotz weiterhin den rigiden Ausschluss des ›Anormalen‹ braucht, das am hegemonialen Konsens nicht teilhaben kann oder will (ebd.), das also auch für die ›projektive Integration‹ nicht geeignet ist.

Sollen diese Überlegungen auf *Isibuko I* rückbezogen werden, so hintergeht das Bild die Opposition von Einschluss oder Ausschluss und verkompliziert die These von der Selbstprekarisierung von Kulturproduzent_innen als kreativen Arbeitssubjekten. Das Zurschaustellen eines sexuellen Körpers, der heteronormatives Begehren unterläuft, kann als Spektakel fungieren, widersetzt sich aber der Konsumierbarkeit. Wie ich im Folgenden zeigen möchte, entkommt *Isibuko I* einer ›gefeierten Differenz‹ und der Eingemeindung in hegemoniale Verhältnisse, so dass das Bild sich der projektiven Integration als Mechanismus der Allianzbildung verweigert. Doch ist *Isibuko I* in neoliberale Subjektivierungsprozesse insofern eingeschrieben, als eine Verkettung von Arbeits-, Selbstbestimmungs- (und Selbstbefriedigungs-)Verhältnissen vorgeführt wird, in der sich ein spezifischer Bezug auf Produktionsverhältnisse entfaltet. Sehr wohl kann die akrobatische Körperhaltung als eine Form der Arbeit am eigenen Körper angesehen werden.

Doch was bedeutet es, dass keine Bewegung, sondern ein stilles Verharren erstrebt ist, um das gewünschte Bild aufnehmen zu können? Ist dies lediglich funktional, um die Eingliederung in den kapitalistischen Verwertungszusammenhang – des Bildes oder der Produzent_in – zu sichern? Oder bedeutet, im Gegenteil, die Zeit, die benötigt wird, um die richtige Haltung einzunehmen und den Stillstand herzustellen, eine Zeit, die der Verwertbarkeit entzogen ist? Und doch ist es produktive Zeit: Hergestellt wird ein Bild. Das Bild, das wir hier betrachten können. Diese Produktivität (queerer) kultureller Praxen findet keineswegs jenseits neoliberaler Verhältnisse statt, doch in dem Maße, wie *Isibuko I* klare Kategorisierungen unterläuft und Rahmen-Wechsel‹ vollzieht, schreibt es sich in ›*politics of strangeness*‹ ein, die innerhalb neoliberaler Regierungstechnologien das ›Merkwürdig-Fremde‹ als politische Akteur_in zum Auftritt bringen.[13]

Visueller Aktivismus

Gayatri Chakravorty Spivak (2007) hat entsprechend 1988 provokativ gefragt, ob die Subalterne sprechen kann (*Can the Subaltern Speak?*), und kommt zu einer negativen Antwort. Entscheidend sei jedoch, wie María do Mar Castro Varela und Nikita Dhawan betonen, dass Spivak diese Frage nicht allein im Hinblick auf das sprechende Subjekt beantwortet, sondern zeigt, dass die Antwort davon abhängt, ob es einen Raum gibt, in dem gesprochen werden kann, und vor allem, ob es welche gibt, die hören können: »Spivak hebt hervor, dass es nicht um die Sprachlosigkeit der Subalternen gehe, sondern darum, dass das Hören hegemonial strukturiert ist.« (Castro Varela/Dhawan 2005: 76)[14] ›Hören‹ kann dann aber, so es doch einmal dazu kommt, auch heißen, Repräsentationen, die gemäß gängigen Standards nicht als politische Artikulationen verstanden werden, als eben solche zu lesen und damit das Verständnis davon zu verschieben, was politisch ist, oder sogar am Begriff des Politischen zu arbeiten. In eben diesem Sinne ist Muholis *Isibuko I* nicht einfach ein Objekt kultureller Politiken, durch das Community-Bildung forciert und eine heteronormative Dominanz herausgefordert wird. Vielmehr zeigt sich die Produktivität des Bildes darin, dass das hegemoniale kulturelle Imaginäre vom sexuellen Körper und vom politischen Körper umgearbeitet wird.

Die Erweiterung und Veränderung des kulturellen Bildarchivs durch die Produktion ›neuer‹ Bilder ist nicht als individuelle Leistung

13 Vgl. Renate Lorenz (2008), die eine Freak-Theorie der Gegenwartskunst entwirft, die Dimensionen queer-politischen Handelns mit Bildern auslotet: »weniger eine Theorie *über* Freaks […] als eine *Theorie*, die ›freaky‹ ist […] zum einen suche ich nach einer Theorie, die die gewaltvolle Geschichte des Zurschaustellens, des Anstarrens, des Differenzierens zum Ausgangspunkt ihrer Wissensproduktion macht, anstatt diese Geschichte durch Bilder fröhlicher Selbstermächtigung und ›Gay Pride‹ völlig zu überschreiben. Das ist eine riskante Politik, denn es erfordert, diese Geschichte noch einmal zu beschwören, ihr eine erneute Präsenz zu geben. Freak ist aber auch ein schillernder Begriff […] der aber auch eine Geschichte von Coolness, Hippietum, Disco durchlaufen hat. Le Freak, c'est chic« (o. S.)

14 Nikita Dhawan (2007) erweitert diese Problemstellung im Hinblick auf eine Auseinandersetzung mit der politischen Bedeutung des Schweigens.

eines kreativen Künstler_innensubjekts zu verstehen, sondern ist, wie Muholi selbst dies bezeichnet, Teil eines ›visuellen Aktivismus‹, der in kollektive und subkulturelle Kontexte eingebunden ist. Sie stellt ihre künstlerischen Arbeiten und Praxen damit nicht nur in Relation zu den gesellschaftspolitischen Verhältnissen in Südafrika, die ihr Arbeiten rahmen, sondern produziert auch transnationale Bezüge zu Formen queeren Aktivismus, die auf visuelle Politiken setzen: »[...] [V]isual collectives insist that the transformation of the public visual landscape is itself a form of activism, that seeing and being seen are political acts. Distribution is as crucial as content.« (Cvetkovich 2001: 295)[15] Muholi versteht visuellen Aktivismus sowohl als Intervention in den heteronormativen Mainstream als auch als Form der Community-Bildung. Teil ihrer Arbeit besteht darin, *PhotoVoice*-Workshops anzubieten, um Schwarze Lesben der Townships in das Medium der Photographie einzuführen und ihnen Fähigkeiten zu vermitteln, mit denen sie Lebensbedingungen dokumentieren, ihre Erfahrungen und Sichtweisen artikulieren und Forderungen formulieren können. Diese Form pädagogischer Praxis kann mit Antonio Gramsci als Teil hegemonialer Kämpfe verstanden werden, insofern ›Erziehung‹ für Gramsci nicht nur der Herrschaftssicherung dient, sondern auch gegen-hegemoniale Bewegungen mobilisieren kann.[16] Ob sich gegen-hegemoniale Kräfte bilden, hängt nicht unmaßgeblich damit zusammen, ob ›subalterne Gruppen‹, also diejenigen, die im hegemonialen sozialen Gefüge nicht wahrgenommen und nicht repräsentiert sind, Artikulationsmöglichkeiten erringen. Subkulturellen (Selbst-)Repräsentationen kommt diesbezüglich hoher Wert zu, doch stehen sie immer vor dem Dilemma,

---

15 Zu Praxen visuellen Aktivismus vgl. auch Ann Cvetkovich (2001), die das Zusammenspiel ästhetischer und politischer Praxen des Aneignens, Ausnutzens und Herstellens medialer Öffentlichkeit anhand der lesbisch-queeren (Künstler_innen-)Kollektive *Fierce Pussy* und *Lesbian Avengers* untersucht. Für den hiesigen Diskussionszusammenhang ist insbesondere interessant, dass Cvetkovich der Distribution und Zirkulation von Bildern hohe Bedeutung zumisst und fragt, wie diesbezüglich ungleiche materielle Bedingungen unterlaufen werden können, indem bspw. Ästhetiken der *celebrity culture* aufgegriffen werden. Zu politischen Strategien der Aneignung vgl. Engel (2007e).

16 Für Gramsci (1991-2002) ist Erziehung – im sehr weit gefassten Sinne von schulischen Praxen über Journalismus bis hin zum Volks- oder Straßentheater, staatlich, partei-, organisationsbasiert oder selbstorganisiert – entscheidender Teil dessen, wie ›Alltagsverstand‹ und damit die Bedingungen hegemonialer Konsensproduktion verändert werden (vgl. ebd.: Heft 24, §3). Vgl. auch Ludwig (2007).

vorherrschende Kriterien dessen, was angeblich ein Subjekt, ein politisches Subjekt oder einen Menschen ausmacht, bedienen zu müssen, um überhaupt für den Mainstream verständlich zu sein, und genau diese Kriterien umarbeiten zu müssen, um nicht deren Ausschluss- und Entwertungslogik zu unterliegen. Ist es notwendig, in anerkannte politische Diskurse einzutreten, z.B. sich auf Menschenrechte, auf Begriffe der Freiheit oder der Integrität zu beziehen, pluralistische Ideale aufzurufen oder einen Opferstatus zu reklamieren? Oder kann auch öffentlicher Raum besetzt und politisiert werden, ohne zuvor in den Status des anerkannten politischen Subjekts einzutreten oder soziale Integration errungen zu haben?[17]

Muholis visueller Aktivismus, den diese Umarbeitung antreibt, stellt sich dem Risiko, das darin besteht, die Darstellung einer höchst intimen Situation öffentlich zu präsentieren bzw. sie durch die Spiegelung in einen unbekannten Raum hinein zu projizieren und über den angeschnittenen Rahmen in den sozialen Kontext hinein zu öffnen. Angesicht einer virulenten homophoben Gewalt reklamiert Muholis Photographie körperliche und sozio-sexuelle Integrität – und zwar ohne dies in ein Plädoyer für Schutz und Überwachungskameras oder eine Anrufung des Staates münden zu lassen. Vielmehr werden Betrachter_innen in die Verantwortung gerufen, diese Integrität nicht zu verletzen. So tran davon ausgeht, dass es keine gewaltfreie Gesellschaft gibt, vermutlich auch nie geben wird, ist dies eine Haltung, die definitiv niemanden aus der Verantwortung entlässt. Entsprechend formuliert Burkhard Liebsch (2004), dass, wenn Menschen zusammenleben und sich einander in ihrer Verletzlichkeit aussetzen, Gewalt entstehen kann. Statt in der Opposition gewaltsam/gewaltfrei zu denken, gehe es eher darum, »Spielräume geringerer oder größerer Gewalt [auszuloten, ae], in denen sich ein effektiver Gewalt-Verzicht bewegen muss, der diese Gewaltsamkeit nicht leugnet« (ebd.: 502). In diesem Sinne verstehe ich Muholis Bild als Teil queerer Kämpfe, die für eine öffentliche sexuelle Existenz eintreten, die KörperSubjektivität nicht als verwerfliche oder verworfene Alterität, als Warenkörper oder als kommerzialisiertes, rassisiertes, sexualisiertes Objekt fasst bzw. dort, wo dies geschieht,

17 Was tun, so fragt Rancière (2002), wenn das politische Sprechen als ›Lärm‹ diskreditiert wird? Vgl. Butler (1991), Brown (1995), Bower (1997), Genschel (2001), Beger (2004), die die normativen Bedingungen untersuchen, die jemand erfüllen muss, um als politisches Subjekt wahrgenommen zu werden. Vgl. Kanak Attak (1998), Halberstam (2005), Gerbig (2007), Engel (2007a), Bojadžijev (2008) im Hinblick auf Politiken, die sich diesen Anforderungen widersetzen.

kollektive kulturelle Praxen entwirft, die ein Zurückweisen und Umarbeiten der Gewaltverhältnisse ermöglichen.

Die Risikobereitschaft, mit der *Isibuko I* arbeitet, kann auch im Hinblick auf die Produktionsverhältnisse reflektiert werden. Versteht tran den visuellen Aktivismus als ›sexuelle Arbeit‹, so lässt sich das Bild daraufhin betrachten, welche ›Durchquerungen‹ hierarchisierter, zum Teil widersprüchlicher, oft gewaltförmiger sozio-kultureller Positionen nötig sind, um Subjektivitäten zu entwerfen, denen es gelingt, kulturelles Imaginäres, soziale »Arbeitsbedingungen ebenso wie die Bedingungen zu verändern, die Körper ›bewohnbar‹ machen« (Lorenz/Kuster 2007: 155). Damit zeigt sich, dass bereits das Herstellen von *Isibuko I* eine Transformation auch von Arbeitsbedingungen und Produktionsverhältnissen bedeutet. Die transformatorische Kraft des Bildes liegt nicht zuletzt darin, den Rahmen so zu setzen, dass Arbeitskraft nutzbar wird, um heteronormative und rassistische Klischees umzuarbeiten, statt sie an kapitalistischen Ausbeutungs- und Verwertungsrelationen auszurichten. Dass dies prekär ist, da zum einen der Kunstmarkt nicht jenseits kapitalistischer Ordnung liegt, anti-rassistische künstlerische Interventionen zum Teil hoch handelt, und zum anderen das Fehlen von Ressourcen, sprich Bildung und finanziellem Einkommen, die Möglichkeiten kultureller Politiken untergräbt, sagt Muholi explizit: »There is still a problem of accessing affordable education for many women in this country, and there is still a problem of under/unemployment which in part leads to our silence/voicelessness.« (Muholi, E-Mail an ae, 05.05.2008). Dass sexuelle Arbeit dennoch auch unter prekären Verhältnissen nicht ausschließlich der Existenzsicherung dient, sondern Bedeutungsproduktion und Wirklichkeitskonstruktion ist, hat Lorenz an ihrem historischen Material verdeutlicht und zeigt sich, wenn Muholi Bedingungen homophober, rassistischer und postkolonialer Gewalt sowie kapitalistischer Ausbeutung in Bilder lesbischen und autosexuellen Vergnügens übersetzt. Was bedeutet es, dass *Isibuko I* diese Arbeit als eine Inszenierung eines Körpers vor einem Spiegel präsentiert? Und liegt nicht eine gewisse Ironie darin, dass diese Inszenierung vor dem Spiegel eine durchaus akrobatische Körperhaltung zur Schau stellt? Inwiefern erweckt dies eine Assoziationskette von der Akrobatik zum Zirkus, zum Spektakel bzw. zum Business der Unterhaltungs-, Freak- und Völkerschauen?

Die dritte Seite des Spiegels

Wie oben bereits angedeutet, ist der Spiegel im psychoanalytischen Denken eine entscheidende Metapher, um Identifizierungsprozesse zu thematisieren (vgl. Lacan 1991). Doch steht die Spiegelmetapher nicht für eine Reflexion dessen, was sich vor dem Spiegel befindet, sondern für die reflektierende Kraft des Anderen. Das eigene Spiegelbild konfrontiert eine_n mit Bildern und Phantasien, in die sowohl Bilder *von* anderen einfließen, die im Rahmen psychischer Identifizierungsprozesse in die eigene Subjektivität aufgenommen worden sind (Imago), als auch Bilder *des* Anderen – idealisierte kulturelle Vorstellungen ›männlicher‹, ›weiblicher‹, ›schwarzer‹, ›weißer‹, ›gesunder‹, ›befähigter‹ KörperSubjektivität sowie deren ›Rückseite‹, die Horrorvisionen und Ängste verfehlter Körperlichkeit oder Geschlechtlichkeit. Diese Bilder auf den eigenen Körper zu projizieren, bedeutet in ein interaktives Geschehen einzutreten; die Bilder prägen sich dem Körper nicht einfach auf, sondern im Blick auf den eigenen Körper beginnt ein (unbewusster) Aushandlungsprozess rund um kulturelle Vorstellungen und Selbstwahrnehmungen. Die ›Horrorvisionen‹, die in diesem Prozess projiziert werden, bedeuten nicht, dass die Identifizierung scheitert, sondern dass sich die eigene KörperSubjektivität aus einer produktiven Vermischung von Idealisierung und Abwehr ausbildet. Die Wirkungsweisen der Idealisierung sind demnach nicht an einer ›Wirklichkeit‹ des Körpers zu messen; vielmehr ist das ›Gelingen‹ oder ›Scheitern‹ von Idealisierungen als Frage nach der Durchsetzungskraft kultureller Bilder zu verstehen.

Isibuko I als ein photographisches Selbstporträt ist demnach auch eine Auseinandersetzung, ein Aushandlungsprozess mit (post-)kolonialen Bildern Schwarzer Weiblichkeit, eine Rückaneignung der Selbstrepräsentation Schwarzer weiblicher und ein Zu-sehen-Geben Schwarzer lesbischer Sexualität: »Black female bodies are most often read and imagined by Westerners as compartmentalized body parts – butt, breasts, brown skin – but our wholeness, our humanness, our various genders and sexualities are always absent. The portrait is a way of reclaiming my African, black, lesbian body.« (Muholi, E-Mail an ae, 05.05.2008) Wenn das eigene Spiegelbild die Figur der Saartjie Baartman spiegelt und die Frage auslöst, »what her sexuality was, what did she think when she looked at herself« (ebd.), wird die künstlerische Produktion zur kulturellen Politik: Sie geht einher mit der ethischen Herausforderung, dem Gedenken an Saartjie Baartman gerecht zu werden, und der strategischen Herausforderung, den kolonialen *gaze* anzufechten, statt ihn zu bestätigen.

Wenn dies mit *Isibuko I* gelingt, so deshalb, weil rassistische und heteronormative Klischees der Sexualität in Bewegung versetzt, statt ikonisch stillgestellt werden, und weil ein visueller Raum geschaffen wird, in dem die bewegten Bilder Begehrensrelationen eröffnen, die nicht am Modell phallischer Bemächtigung und Dominanz ausgerichtet sind – weder im Sinne imperialer Wissensmacht noch im Sinne rassistischer und heteronormativer Biomacht: Fokus des Bildes und Auslöser von Irritation ist die Hand, die zwischen den Beinen hindurchgreifend in die Po-Ritze geschmiegt ist, der Mittelfinger auf dem Anus ruhend. Ein poetisches Bild: Freischwebend, ohne Anbindung an einen Arm, assoziiert die Betrachter_in die Hand, so wie sie sich zwischen die Pohügel legt, eher mit einer Blütenknospe als mit einem Körperteil. Ein provokatives Bild: Denn die Finger sind gestreckt und zu einem ›Schnabel‹ geformt – als könnten sie im nächsten Moment zum *fisting* ansetzen. Damit jedoch fänden wir den Beginn eines autoerotischen, nein: autosexuellen Geschehens zur Darstellung gebracht. So wie die Hand gelagert ist, könnte sie nur schwerlich eine andere Position erreichen als den eigenen Anus oder die eigene Vagina. Nebst der autosexuellen Perspektive liegt die Provokation zudem in der Unentscheidbarkeit von Anus oder Vagina bzw. von schwuler oder lesbischer Ikonographie. Die schwule Version würde die Aufteilung aktiver und passiver Positionen verweigern: Ficken und gefickt werden werden eins; Analsex zu empfangen erscheint als aktive, selbst-induzierte Praxis – die keineswegs ein schwules Monopol darstellt. In der lesbischen Version tritt das Reklamieren der Penetration hervor, einer Penetrationsform, die kein heterosexuelles, phallisch-vaginales Klischee aufruft, sondern manuell, dildonisch, fetischistisch, vaginal oder anal verläuft, jedenfalls so, dass keine spezifische geschlechtliche Paarkonstellation assoziiert werden muss – noch nicht einmal eine lesbische. Das Bild repräsentiert eine Form von Sexualität, die dem Heterosex keinerlei Beachtung schenkt.

Mit der Frage nach der Art der sexuellen Praxis, die die Photographie zur Darstellung bringt, den Bildarchiven und den Ikonographien, die dabei aktiviert werden, wird das Bild Teil eines subkulturellen Imaginären, das die heteronormative Normalisierung von Sexualität herausfordert. Die Möglichkeit, nicht nur innerhalb des Rahmens Umarbeitungen zu vollziehen oder den Rahmen zu verschieben, sondern Sexualität jenseits der Bezugnahme auf heterosexuelle Normen zu artikulieren, wird von Beatriz Preciado (2003) reklamiert. Wie im vorigen Kapitel dargelegt, entwickelt das *Kontrasexuelle Manifest* Vorschläge, wie Körper aus dem heterozentristischen Imaginären heraustreten können, indem sie zu Dildos werden, sich dildotektonisch verändern oder mit anderen Körpern verbinden. Bezüglich der

Umarbeitungen, die notwendig sind, damit das kontrasexuelle System der Lust und des sexuellen Kontakts wirksam werden kann, hebt Preciado den Anus hervor und formuliert das Ziel »(eine Körperzone, die von den heterozentristischen Praktiken als dreckigste und abjekteste Praktik ausgeschlossen wurde) als universales kontrasexuelles Zentrum [zu, ae] resexualisieren« (ebd.: 25).[18] Dies scheint mit *Isibuko I* ausgezeichnet zu gelingen, so dass das Bild als kontrasexuelle (Selbst-) Repräsentation gelesen werden kann.

Demnach ist Muholis Selbstporträt, das zunächst so autosexuell wirkt, dass Volkmar Sigusch (2006) darin womöglich eine isoliert-monadische Neosexualität spätmoderner Beziehungen sehen würde, mitnichten vereinzelt im Bild, sondern eingespannt in ein Netz queerer Begehrensrelationen, die seine Verbindung zur Welt außerhalb des Bildrahmens konfigurieren.[19] Dank des Spiegelbildes – im medialen wie im metaphorischen Sinne – ist es ein sehr spezifisches Körper-Ich, das *Isibuko I* porträtiert – ein Selbst, das im Spiegelbild Andere/s erkennt, statt sich als Phantasma eines kohärenten Selbst zu verkennen, ein ek-statisches Selbst: »outside itself, not self-identical, differentiated from the start. It is the self over here who considers its reflection over there, but is equally over there, reflected and reflecting. [...] devided and spanned in irrecoverable ways.« (Butler 2004b: 148). Um die Beziehungsgefüge und Begehrensrelationen zu fassen, in die ein solches ek-statisches Selbst eintritt, dessen Identifizierungen eine Anerkennung des ›Anderen im Selbst‹ und der unhintergehbaren ›Andersheit des Anderen‹ ermöglichen, scheint es mir nötig, die Spiegelmetapher ein wenig zu modifizieren.

Ich schlage deshalb die Metapher der ›dritten Seite des Spiegels‹ vor, um einen Denkraum dafür zu eröffnen, dass in Prozessen der Identifizierung und des Begehrens nicht nur die beiden Komponenten Selbst und Andere_r zum Tragen kommen, sondern diese Prozesse maßgeblich von der Andersheit der Anderen (*the Other of the Other*) bestimmt werden (vgl. Butler 2004b). Zwischen dem sozialen Anderen, dem

---

18 »Universal« bedeutet hier meiner Ansicht nach nicht, einen neuen Meistersignifikanten der Sexualität zu installieren, sondern ein Sexualorgan auszuwählen, über das alle Menschen verfügen.

19 Der Videofilm *Enraged by a Picture* (Muholi, ZA 2005) statuiert dementsprechend mittels einer Off-Stimme, die die filmische Repräsentation selbstbewusster, bewegter, gewalt- und diskriminierungserfahrener Schwarzer Lesben in den Townships darstellt: »These are not only subjects, they are my people. They describe the person I am. I have respect for them. They are my friends.«

Bild vom Anderen, den unbewussten Phantasien bezüglich des Anderen und den diversen Andersheiten, die jede Subjektivität durch eine Geschichte komplexer Identifizierungen in soziale Begegnungen einbringt, entsteht ein Spannungsgefüge, in dem Begehren nicht länger als Subjekt/Objekt-Relation gedacht werden kann und definierte Positionen, männlich, weiblich, hetero, homo, schwarz, weiß, nicht länger zu fixieren sind. Das ›Dritte‹ (Butler) bezeichnet das Aufeinandertreffen der verschiedenen ›*Others of the Other*‹ im Begehren; es ist Zeichen, Fetisch, Phantasieobjekt und kann dazu anregen, im sozialen Feld die Andersheit der Anderen anzuerkennen.

Heterotopie – Un-Ort des Begehrens

Die ›dritte Seite des Spiegels‹ eröffnet den Raum dieser Begegnungen zugleich als eine Heterotopie und als das, was María do Mar Castro Varela (2007) eine ›unzeitgemäße Utopie‹ nennt, eine utopische Praxis, mittels derer in die Gegenwart produktive ›Orte ohne Ort‹ eingefügt werden, die neue Zukünfte antizipieren. Castro Varela weist darauf hin, dass Foucault das Konzept der Heterotopie ebenfalls mittels der Spiegel-Metapher erklärt. Der Spiegel könne als Utopie den Effekt haben, dass wir »uns an einem Ort [sehen, ae], an dem wir nicht sind, also da und doch nicht da« (ebd.: 58), und gleichzeitig als Heterotopie »den wirklichen, realen Raum ›ganz wirklich‹ und zugleich ›ganz unwirklich‹ werden [...] lassen. Diese ›Anderen Räume‹ [Heterotopien des Spiegels, ae] besitzen die Eigenschaft, den Umraum mit dem tatsächlich besetzten Raum zu verbinden, ihn dabei zu verfremden und gleichzeitig paradoxerweise auch reeller werden zu lassen.« (Ebd.: 58f.)

Die Heterotopie, also ein existierender Ort, der aber nicht im Terrain der dominanten kulturellen Ordnung verortet ist, der als ›Un-Ort‹ von dieser sogar negiert wird oder als Residuum für ›das Andere‹ dient, kann sowohl widerständige als auch herrschaftssichernde Effekte haben.[20] Auf alle Fälle eröffnet die Heterotopie jedoch, wie Elspeth Probyn (1996) im Anschluss an Michel Foucault schreibt, Raum für

20 Eine Heterotopie als Ort der Widerständigkeit könnte z.B. eine Zeltsiedlung von Obdachlosen sein, die zum Ort solidarischer Praxis wird, an dem z.B. Transkids und Kriegstraumatisierte und Eheflüchtlinge neue Formen von ›Familie‹ erfinden. Heterotopie als Herrschaftssicherung wäre klassischerweise die Psychiatrie, die sozialen Ausschluss bzw. Re-Normalisierung nicht-normgerechter psycho-sozialer Subjektivität institutionalisiert.

Differenz. Heterotopie »designates the coexistence of different orders of space, the materiality of different forms of social relation and modes of belonging.« (Ebd.: 10) Demnach ist die ›dritte Seite des Spiegels‹ mit Probyn gesprochen eine Figur des *outside belongings*. Sie ist Bedingung und Effekt von ›Zugehörigkeiten‹, die nicht auf Identifizierungsprozessen beruhen, die keiner Subjekt/Objekt-Logik folgen, sondern Identifizierungen als mehrfach verschobene (reflektierte und projizierte) Bilder fassen, in denen sich Begegnungen der *Others of the Other* und der *Others of Oneself* überlagern. Während *Alice in Wonderland* durch den Spiegel hindurchtritt und in einer Phantasiewelt landet, bildet die ›dritte Seite des Spiegels‹, auch wenn sie ein Phantasieprodukt ist, eine ›Oberfläche im Sozialen‹ (Probyn), eine Heterotopie. Die produktiven Effekte, die von diesem Un-Ort ausgehen, können sich als Prozesse projektiver Integration vollziehen, die insofern der ›dritten Seite des Spiegels‹ analog sind, als ein (mit Begehren aufgeladenes) Bild den Schauplatz für eine Dezentrierungsbewegung des Selbst und eine Wertschätzung von Differenz bildet. Im Unterschied zur projektiven Integration wird jedoch auf die Integration der drei Seiten des Spiegels verzichtet und stattdessen die nicht-stillstellbare, irreduzible Potentialität, die in den Begegnung der Andersheiten Anderer und der Andersheiten des Selbst liegt, hervorgehoben. Diesen Begegnungen nicht einzig Vorstellungs-, sondern auch soziale Räume zu eröffnen, ist Teil des queeren Projekts der *outside belongings*, das Heterotopien bewohnbar macht und für vielfältige ›Durchquerungen‹ (Lorenz) öffnet.[21]

Die Schlussszene von Muholis Video *Enraged by a Picture* kann als eine Heterotopie der dritten Seite des Spiegels gelesen werden. Muholi eröffnet den Film mit der Bemerkung, sie habe sich immer gefragt, was wohl passierte, würde sie ihre Photographien im öffentlichen Raum ausstellen. In der Mitte des Filmes sieht die Betrachter_in eine Szene, in der eine Photograph_in (Muholi selbst?) als *street photographer* auf einem belebten Gehsteig Porträtphotos herstellt, wobei zwei plakatgroß reproduzierte Schwarz-Weiß-Bilder, eines von einer Person, die ihre Brüste abbindet, und eines von der mit den Händen geschützten Scham und der Narbe auf dem Bein einer Vergewaltigungsüberlebenden, ihre professionellen Fähigkeiten demonstrieren. Die mimischen

21 Hier wäre es interessant, Anknüpfungen an die künstlerische Strategie der *inhabitation* zu suchen, die Irit Rogoff (2006) vorschlägt, um zu verstehen, wie Interventionen in konkrete geo-politische Räume das Zusammenspiel materiell-semiotischer Bedingungen, affektiver Verwicklungen und kultureller Praxen verändern.

Reaktionen der zum Teil im *close up*, zum Teil als Überblick gefilmten Passant_innen wirken als Spiegelbilder, die Muholis Eingangsfrage reflektieren. Am Ende des Films findet sich die Betrachter_in auf einer mehrspurigen Ausfallstraße, die vermutlich vom Township ins Stadtzentrum führt. Auf zwei riesigen Plakatwänden am Rande der Straße sind Photographien von Muholi ausgestellt: erneut die Person, die die Brüste abbindet, und ein Bild, das Kondome und Dental Dams zeigt. Diese Einstellung produziert eine Heterotopie, oder besser noch, eine ›unzeitgemäße Utopie‹ (Castro Varela), einen ›Ort ohne Ort‹, der neue Zukünfte antizipiert. Möglich wird dieser heterotopische Ort, weil die ›dritte Seite des Spiegels‹ die Andersheit des Anderen repräsentiert, die somit in den sozialen Raum eintreten kann. Begehren bewegt sich in Muholis Bildern und verwirklicht ein *outside belongings*.

Muholis visueller Aktivismus, welcher (Selbst-)Repräsentation als Arbeit am kulturellen Archiv und den das Archiv organisierenden Machtrelationen versteht, wirkt nicht einzig als eine Ermächtigung zur Selbstrepräsentation, die die hegemonialen Darstellungsregime aufgreift und zwecks anerkennender und ehrender Repräsentation dissidenter und polymorpher Körper und Sexualitäten umarbeitet (vgl. Schaffer 2008). Vielmehr stellt er auch eine Praxis des *outside belongings* dar, die Repräsentationen und Zugehörigkeiten schafft, die nicht an die hegemonialen Klassifikationen und Konventionen gebunden bleiben. Ähnlich, wie in Probyns Ansatz Bilder die Oberfläche des Sozialen gestalten, sieht auch Muholi Stimmen und Bilder als Teil einer ›Landschaft‹ und den Eintritt in die Landschaft als Ergebnis von Machtkämpfen. *Outside belongings* gewinnt allerdings eine dramatischere Bedeutung, wenn es Vergewaltigung und Tod sind, die das *outside* zugleich anzeigen und ahnden:

»On Freedom Day of this year, another lesbian was raped and murdered. It is not safe. Doing this kind of documentation on our lesbian and gay lives, and taking these photos, is a risk for me. I am scared! But still, we need our images and our voices to be part of the social, political, and cultural landscape of this country and so I will not be silent.« (Muholi, E-Mail an ae, 05.05.2008)

Doppeldeutig verweist *outside belongings* zugleich auf die Möglichkeit, dass unerwartete Bilder in unerwarteter Weise in den sozialen Raum eintreten und diesen gestalten, aber auch auf die Gefahr des Verlusts der Zugehörigkeit durch mörderischen Ausschluss. Paradoxerweise bedeutet der Verzicht auf sozio-kulturelle Präsenz oft eine gewisse Sicherheit, während der Eintritt in die kulturelle Ordnung, sei es mit Hilfe des staatlichen Antidiskriminierungsgesetzes, das in Südafrika eines der fortschrittlichsten weltweit ist, oder durch kollektive Praxen der Selbstrepräsentation, eine_n der Gefahr der Vergewaltigung und Ermordung aussetzt (vgl. Muholi 2004; Range 2008). So fragt Muholi: »Why do we witness black butches contracting HIV from heterosexual men who rape them? Why, in the postcolonial gender trajectory of South African Township life, does the heterosexual black masculinity appear to be invested in raping black lesbian women?« (Muholi 2004: 122) – und macht damit zugleich klar, wie sehr lesbische Lebensweisen die Geschlechtervorstellungen herausfordern, dass Lesben keineswegs unter die Kategorie ›Frauen‹ zu subsumieren sind und dass eine weitere Dimension der Demütigung zu berücksichtigen ist, wenn Lesben durch eine Vergewaltigung in ihrer Maskulinität verletzt werden. Umso radikaler erscheint es mir in Anbetracht dieser Gewalt, dass *Isibuko I* das Wagnis eingeht, am pornographischen Genre zu arbeiten und dieses durch eine Photographie herauszufordern, die nicht nur die Verbindung von Pornographie und Gewalt untergräbt, sondern auch die phallische Repräsentation der Penetration umarbeitet.

Die gerahmte Poesie des Anus

Während auch eine Lesart des Bildes, die das *fisting*-Potential übergeht, die Erotik der Selbstberührung, den zärtlich-gezielten Umgang mit dem eigenen Anus, dessen Verdopplung als ›Blütenknospe‹ und das Herausstrecken des nackten Hinterns vermutlich als sexuell decodiert, ist das Interessante der *fisting*-Variante, dass eben nicht das Penetrieren selbst dargestellt ist, sondern ein Moment im Vorfeld des benannten Aktes. Es wird eine Inszenierung für die Kamera geleistet, die die Hand als Sexualorgan zur Schau stellt und eine manuelle Penetration verspricht. Bedeutet die Sichtbarkeit des Sexualorgans, dass hier ein lesbisches Äquivalent des *money shot* zu sehen ist, der bislang im pornographischen Visuellen dem Manne vorbehalten war? Da der visuelle Beweis seiner Potenz nicht erhältlich ist, solange er in einen Körper eingedrungen ist, fordert der *money shot*, dass er ›außerhalb‹ der Partner_in ejakuliert (vgl. Williams 1998). Wobei der *money shot* angeblich auch deshalb diesen Namen trägt, weil er in beträchtlichem Maße die Lukrativität der Pornoindustrie sichert.

Doch was stellt die Hand außerhalb des Körpers unter Beweis? Geht es auch hier um eine imaginäre Potenz, sei es eine sexuelle oder eine ökonomische? Und was bedeutet es, dass im Gegensatz zum *money shot* keine Nachträglichkeit, sondern ein Potential repräsentiert ist? Offenbar, so legt die Bildbetrachtung nahe, müssen keine ›Indizien‹ in

Form von Sperma, Mösensaft oder Shit präsentiert werden; vielmehr wird eine Bewegung antizipiert: Noch müssen sich die Finger um den Daumen rollen, um überhaupt fisten zu können. Mein Vorschlag wäre, dass gerade im Potential, im Versprechen, im Aufschub *Begehren* repräsentiert wird, während im demonstrativen Ejakulieren des pornographischen Schwanzes eine *Befriedigung* zum Ausdruck kommt, die ein vorhergehendes Begehren nur erahnen, es nur noch als Spur aufscheinen lässt. Übertragen ins Feld der ökonomischen Metaphorik ließe sich sagen, dass die ökonomische Repräsentation bei Muholi ohne materielle Symbolisierung des Wertes auskommt, dass kein Fetischobjekt, keine Ware, keine Konsumpraxis vonnöten ist, da das Begehren weder auf Befriedigung zielt noch an einer Figur des Mangels orientiert ist.[22]

Doch was wäre eine Ökonomie, die ohne Ware auskommt? Lässt sich Kapitalismus ohne Warenfetischismus denken? Bedenkenswert ist, dass *Isibuko I* durchaus darauf setzt, Schaulust zu produzieren, ohne dass jedoch ein begehrender Blick sich ein Objekt des Begehrens schaffen könnte. So Begehren auf der Bühne erscheint, geschieht dies, ohne dass dabei die Aufteilung in Subjekt und Objekt des Begehrens wiederholt wird; definitiv, ohne dass ›Weiblichkeit‹ als Garant eines per se maskulin konnotierten Begehrens dienen muss, wie dies psychoanalytisch lange Zeit nahegelegt wurde. Dass dies gelingt, hängt maßgeblich mit der Spiegelszene und damit, wie diese die Betrachter_in positioniert, zusammen. Aufgrund dessen, dass ich auf dem Bild ein Spiegelbild betrachte, muss ich mich als Betrachter_in in unmittelbarer Nähe zu_ Abgebildeten befinden, oder vielmehr, wird mir nahegelegt, dass ich d_ Abgebildete bin. Das, was ich vor mir sehe, ist mein eigenes Spiegelbild, das mir zur Identifizierung zur Verfügung gestellt wird, auf das ich Wünsche oder Abwehr projizieren kann. In der Spiegelszene fallen Betrachter_in und Betrachtete_r zusammen: Ein unbeobachtetes Beobachten ist hier nicht möglich. D_ Betrachter_in ist nicht als distanzierte Bildkonsument_in positioniert, weil sie sich entweder mit d_ Abgebildeten oder d_ Bildproduzen_in identifizieren muss.

Die Blickkonstellation ebenso wie die begrenzte Explizitheit des Aktes lässt zunächst Zweifel aufkommen, ob das Bild zur pornogra-

---

22 Hierin liegt der Unterschied zu einem Konzept des Begehrens, das an lacanscher Psychoanalyse orientiert ist. Lacan (1991b) betont zwar auch, dass Begehren nicht auf Befriedigung zielt bzw. kein Begehren mehr ist, sobald es befriedigt wird, doch bleiben Versprechen, Potentialität, Überschuss bei ihm dennoch am Mangel und an einer Besessenheit mit einer Imagination von Ganzheit und Erfüllung ausgerichtet.

phischen Vermarktung geeignet wäre. Ihm fehlt ein zentraler Aspekt des *money shot,* dass nämlich der monetäre Gewinn des pornographischen Werkes durch einen Schwall Ejakulat zu symbolisieren sei. Zwar ließe sich argumentieren, dass die Inszenierung für die Kamera die Normen des pornographischen Bildes bedient. Doch scheint dies primär die Funktion zu haben, die Standards herauszufordern, sprich, die Hand als sexuelles Organ und Verkörperung sexueller Handlungsmächtigkeit ins Bild zu setzen und daran zu erinnern, dass Penetration weder des Penis noch des Dildos bedarf. Hinsichtlich der Blickkonstellation zeigt sich jedoch die Ambiguität des Verhältnisses von Sexualität und Ökonomie bzw. die Verschränkung queerer und neoliberaler Diskurse. Stellt sich eine Vermarktbarkeit heute womöglich gemäß anderen Kriterien ein? Denn einerseits wird eine Aufspaltung und Komplementierung von Subjekt und Objekt des Begehrens unterlaufen, andererseits ähnelt die Identifizierung, die die Betrachter_in mit dem Bild oder der Bildproduzent_in eingeht und die nicht an eine Verdinglichung gebunden ist, spätmodernen Formen des Marken- und Dienstleistungskapitalismus, in dem die Ware nicht als Objekt, sondern als Imaginäres und Affektives konsumiert wird.[23]

Wenn *Isibuko I* also nicht nur als Anfechtung heteronormativer, sondern auch rassistisch-(post-)kolonialer Traditionen zu verstehen ist, die im Sklavenhandel, in Völkerschauen und auch bei den Auftritten der *Hottentotten-Venus* als kulturelles Kapital zum Tragen gekommen sind und kommen, so ist dies nicht mit einer Verweigerung des Fetischismus, des Spektakels oder der pornographischen Vermarktbarkeit zu begründen. Inwiefern ist eine solche Verweigerung gar nicht notwendig, um queere kulturelle Politiken zu betreiben?

---

23 Hier scheint sich mir ein erneuter Umbruch im Verhältnis von Kapitalismus, Rassismus und (Hetero-)Sexismus zu vollziehen, der kritisch abzugleichen wäre an dem Übergang zum Warenrassismus (*commodity racism*), den McClintock (1995) für die Entwicklung des Britischen Empire im 19. Jahrhundert diagnostiziert: »[...] commodity racism, by which evolutionary racism and imperial power were marketed on a hitherto unimaginable scale. In the process, the Victorian middle-class home became a space for the display of imperial spectacle and the reinvention of race, while the colonies – in particular Africa – became a theatre for exhibiting the Victorian cult of domesticity and the reinvention of gender.« (Ebd.: 34) Inwiefern vollzieht sich in der Identifizierung mit positiv konnotierten Bildern eine Neuformatierung kapitalistisch vermittelter Rassismen, Sexismen und Heteronormativität, die zunehmend vom Warenfetisch entkoppelt sind?

Das Spektakel als Spielraum

Das Spektakel ist sowohl für koloniale und postkoloniale als auch für die spätmodern-medialen Verhältnisse von entscheidender Bedeutung, wenn es darum geht, die Relationen von ›Selbst‹ und ›Anderen‹ zu verhandeln und Differenz – symbolisch und affektiv – zu codieren. Das Spektakel bezeichnet ein demonstratives Zur-Schau-Stellen von Bildern ›d_ Anderen‹, wobei dies zumeist mit Begehren aufgeladene, oftmals exotisierte oder befremdliche Bilder sind. Das Spektakel ist vielfach dafür kritisiert worden, dass es das Bild um des Bildes Willen feiert und von den herrschaftsgesättigten Bedingungen seiner Produktion ablenkt, dass es ›zum Bild macht‹ und ›entfremdet‹, was als soziale Existenz wahrgenommen werden sollte, und dass es den Betrachter_innen einen Platz zugesteht, an dem sie der Schaulust frönen können, ohne sich selbst als verwickelt in die Machtrelationen der – medial vermittelten Sozialität oder der sozio-ökonomisch bedingten Repräsentation – wahrnehmen zu müssen (McClintock 1995; Hall 1997). Doch kann das Spektakel nicht auch, so möchte ich fragen, gerade in dem Maße, in dem es die (notwendig) medial vermittelte Beziehung zu Anderen und zum Sozialen hervorhebt und Illusionen von Authentizität und Unmittelbarkeit untergräbt, dazu beitragen, die machtvollen Prozesse der Bedeutungsproduktion, Wirklichkeitskonstruktion und Subjektkonstituierung aufzuzeigen?

Was die Beziehung z_ Anderen betrifft, bleibt, insofern das Spektakel zum voyeuristisch distanzierten Blicken einlädt, die Differenz zwischen Betrachter_in und Betrachteten gewahrt. Eine Reflexion auf die Prozesse der Identifizierung und des Begehrens scheint nicht notwendig. Was aber, wenn der Spiegel explizit gemacht und die ›dritte Seite des Spiegels‹ ins Spektakel einbezogen wird? Verändert sich nicht der Charakter des Spektakels, wenn die Protagonist_innen nicht mehr klar identifizierbar sind und d_ Betrachter_in eine distanzierte Position nicht wahren kann, weil die Anderen ihrer Selbst am Spektakel beteiligt sind? Das Spektakel ist dann ein Problem, wenn soziale Körper als Bilder für alle möglichen, entwertenden oder aufwertenden, gewaltsamen oder privilegierenden Projektionen einstehen müssen. Umgekehrt, kann jedoch auch eine Situation entstehen, wo sich das Bild mit dem sozialen Körper verbündet und zum Transportmittel von Anerkennung und Begehren wird. Das Spektakel muss nicht als passives Objekt codiert werden. Ein Spektakel zu sein, kann auch heißen, über ein entsprechendes *savoire-faire* zu verfügen, eine Pose einnehmen zu können, zu wissen, wie eine_r sich ›lesbar‹ macht, sowie die Reaktionen des Publikums antizipieren zu können (vgl. Silverman 1996; Lorenz 2007).

Wer zum Spektakel wird, ist definitiv ins kulturelle Imaginäre eingetreten. Was also kann verhindern, dort die Codes aufzugreifen und zu resignifizieren oder den Rahmen zu verschieben?

Das queer-politische Anliegen einer öffentlichen sexuellen Existenz, die nicht der heteronormativ-zweigeschlechtlichen Normierung unterworfen ist und deren Integrität in ihrer singulären, sozial gelebten Besonderheit gewahrt wird, kann nicht darauf verzichten Sichtbarkeit/en herzustellen. Trotz seiner problematischen historischen ›Rahmung‹ bleibt das Spektakel diesbezüglich interessant, da es darauf besteht, die sexuelle Existenz öffentlich zur Aufführung zu bringen. Damit entgeht es der Privatisierung, da das Spektakel erst im Zusammenspiel mit einem Publikum zum Spektakel wird. Statt also das Spektakel zu verwerfen, besteht die Herausforderung darin, es so zu nutzen, dass die neoliberal forcierten Paradoxien – sei es die gleichzeitige Privatisierung und Veröffentlichung der Sexualität, sei es das Risiko der Sichtbarkeit, die zugleich Gefahr und Versprechen ist – aufrecht erhalten und produktiv gewendet werden können: Um die Privatisierung dissidenter Sexualität/en und polymorpher KörperSubjektivitäten nicht als Ausschluss aus der Öffentlichkeit, sondern als Erlangen persönlicher Integrität erfahren zu können, sind Praxen der Veröffentlichung zu reklamieren – und zu erfinden. Soll dies, wie Johanna Schaffer (2008) fordert, auch in gesellschaftliche Anerkennung münden, so ist Arbeit an den Regimen der Sichtbarkeit nötig.

In diesem Sinne ist der Bezug zwischen kulturellen Praxen und Produktionsverhältnissen keineswegs ausschließlich als Einarbeitung in eine kapitalistisch organisierte Kulturindustrie oder den Kunstmarkt zu verstehen, sondern beinhaltet gleichermaßen Fragen nach dem Herstellen dissidenter, widerständiger Repräsentationsverhältnisse. Diese Arbeit an den Regimen der Sichtbarkeit, die nicht zuletzt auch mit dem Darstellen und Umarbeiten von symbolisch-strukturellen und sozialen Gewaltverhältnissen (von Bildern der Alterität über postkoloniale Privilegien- und Dominanzregime bis hin zu *hate crimes*) befasst ist, kann auch als Aneignung des Spektakels erfolgen. Robert McRuer (2006) sieht ein produktives Potential darin, dass im Spektakel das ›Merkwürdig-Fremde‹ zugleich abgewehrt und mit Begehren aufgeladen wird. Hinischtlich der von ihm vertretenen Verbindung von Queer Theory and Disability Studies, die er unter dem Titel *Crip Theory* präsentiert, argumentiert er, dass die Präsentation von Behinderung als ein merkwürdiges, fremdes, entferntes Spektakel zwar zunächst eine Abgrenzung von Seiten der Betrachter_in bewirkt, die jedoch zugleich dadurch brüchig wird, dass die als ›fremd‹ markierte Figur der Betrachter_in eine begehrlich-begehrende Annäherung vorschlägt. Meiner Ansicht nach entfaltet sich die Produktivität dieser Ambivalenz dann, wenn das Merkwürdig-Fremde den Subjektstatus der Betrachter_in erfasst (vgl. Engel 2008b). Queer-politisch stehen die kollektiven und gesellschaftlichen Formationen dieser post-souveränen sozio-sexuellen KörperSubjektivitäten auf dem Programm: Welche Formen sozialen und globalen Zusammenlebens unterstützen polymorphe Existenz? Wie wollen sie wirtschaften? Und in welchem Rahmen bewegen sich die vom Begehren bewegten Bilder, die queerer visueller Aktivismus zirkulieren lässt?

6 ›Dazwischen‹ geraten und produktiv geworden. Methodologische Reflexionen zur sozialen Produktivität von Bildern

Im Kontext kritischer Kulturwissenschaften wird, wie in der Einleitung dargelegt, Repräsentation als Bedeutungsproduktion und Wirklichkeitskonstruktion sowie als Modus der Subjektkonstituierung gekennzeichnet. Diese Prozesse werden als Machtprozesse analysiert, die durch historisch sich wandelnde, geo-politische und symbolisch-diskursive Herrschaftsverhältnisse beeinflusst sind und auf diese einwirken. Materielle Objekte der Repräsentation, die im Rahmen dieses Buches als ›Bilder‹ vertreten sind, sind hierbei eingespannt in ein Dreieck der Kulturproduktion, der Darstellungsfaktoren und der Rezeption bzw. Lektüre. Ihre Bedeutung entsteht immer aus dem Zusammenspiel dieser Dimensionen und verändert sich in dem Maße, wie Produktion, Darstellung und Rezeption in sich keine statischen, klar voneinander geschiedenen Gegebenheiten sind, sondern ein Feld dynamischer und machtgesättigter Beziehungen ausbilden. Es entfalten sich also ›Zwischenräume‹, und zwar sowohl zwischen der Darstellung (dem medialen Objekt der Repräsentation und seiner formalen Verfasstheit) und der Rezeption (einer von sozio-kulturellen Konventionen gespeisten subjektiven Lektürepraxis) als auch zwischen dem Darstellungsobjekt und der Produktion (die unter spezifischen Bedingungen und mit bestimmbaren Mitteln und Ressourcen erfolgt). Diese Zwischenräume, die im Rahmen der vorhergehenden Bildlektüren als Schauplätze der Bedeutungsproduktion und Wirklichkeitskonstruktion genutzt worden sind, sollen im Folgenden methodologische Aufmerksamkeit erfahren.

Denn dieses nicht fixierbare ›Dazwischen‹ (*in between*), das die hier präsentierten Bildlektüren erfahrbar machen, stellt die Voraussetzung dessen dar, was ich kulturelle Politiken nenne. Dank des Dazwischen lassen sich Bedeutungsproduktion, Wirklichkeitskonstruktion und Subjektkonstituierung als unabschließbare Prozesse verstehen, in denen Normen und Konventionen bestätigt oder brüchig werden, sich Rahmen-Wechsel vollziehen, Diskurse sich mit Darstellungspraxen verschalten oder Phantasie und Begehren dem morphologischen und/ oder kulturellen Imaginären überraschende Wendungen bereiten.

Mit einer übergeordneten kulturellen Konvention ist hierbei jedoch zu rechnen: Diese lautet, dass die ›Arbeit‹ der Bedeutungsproduktion unbemerkt zu bleiben habe. Es soll so scheinen, als seien Produktion und Darstellung, Darstellung und Rezeption gradlinig und transparent miteinander verbunden. Doch lädt gerade diese Konvention zu künstlerischen und queeren Interventionen ein. (Queere) kulturelle Politiken machen sich diese Zwischenräume zunutze, um – mehr oder weniger gezielt, mehr oder weniger unbewusst, mehr oder weniger kontrolliert – Äquivalenzen oder Brüche zwischen der Produktionsweise, dem medialen Objekt, dem Dargestellten und dem Wahrgenommenen und seiner Interpretation in der Lektüre zu produzieren. Entscheidend ist es also zu fragen, was und wie produziert, dargestellt und gelesen wird, sowie Unbestimmtheiten, Verschiebungen und Widersprüche, die auf den verschiedenen Ebenen auftreten können, als produktiv anzusehen. Veränderung erfolgt dann weder einfach durch veränderte Produktionsweisen (z.B. subkulturelle Praxen), durch veränderte Darstellungsinhalte oder -formen (z.B. Abbildung queerer Körper oder queere Abbildung von Körpern) noch durch veränderte Rezeption (z.B. *queer reading*), sondern dadurch, dass im ›Dazwischen‹ von Produktion, Darstellung und Lektüre Normen und Konventionen brüchig werden und unerwartete ästhetische Ereignisse und Erfahrungen sich vollziehen.[1]

Demnach reicht es also nicht aus, sich allein auf die Themen und Formen der Darstellung zu konzentrieren oder von queeren kulturellen Politiken zu fordern, sie sollten ›neue‹ Bilder von Geschlecht und Sexualität erfinden oder Altvertrautes auf neue Weise darstellen, um sichtbar zu machen, was bislang nicht repräsentiert war. Es reicht auch nicht

1 Drei Sammelbände sind jüngst im deutschsprachigen Raum veröffentlicht worden, die queere kulturelle Repräsentations- und Lektürepraxen vorstellen und methodologisch reflektieren; vgl. Babka/Hochreiter (2008) mit stärkerem Fokus auf die Philologien und Adorf/Brandes (2008) sowie Paul/ Schaffer (2009) zur visuellen Kultur.

aus, Strategien des *queer reading* zu entwerfen und die Verantwortung den Zuschauer_innen zuzuschieben, denen aufgebürdet wird, produktiv schauend noch den homophobsten Charakter, noch die heteronormativste Erzählung umzuarbeiten. Selbst die Prozesse der Identifizierung und des Begehrens werden komplizierter, wenn ein ›Dazwischen‹ berücksichtigt wird. Denn die Identifizierung erfolgt nicht einfach mit einer Figur, sondern kann sich z.B. zwischen einer Farbkonstellation und einer biographischen Erinnerung der Betrachter_in entfalten; ein Begehren richtet sich nicht einfach auf die Protagonist_in des Bildes, sondern kann sich z.B. als Bewegung zwischen einem Wissen um die subkulturelle Produktionsweise und der speziellen Medialität eines hippen Objekts aktualisieren.

Unter Anerkennung der Zwischenräume in den Prozessen der Bedeutungsproduktion und Wirklichkeitskonstruktion gibt es weder ein kulturelles Produkt, dass *per se* queer wäre, noch eine Lesart, die sich selbstgefällig als solche verstehen könnte. Zugleich ergeben sich jedoch vom Prinzip her unendliche Möglichkeiten produktiver Umarbeitung, deren Möglichkeiten und Bedingungen ich im Folgenden genauer umreißen möchte, indem ich methodologisch auf die Lektüren reflektiere, die ich in den vorhergehenden Kapiteln entwickelt habe.

Bilder als Produktivkräfte kultureller Politiken

Von der ›Verführung in die privatisierte Verantwortung‹ bis zum ›Paar werden – Strange werden‹ habe ich den sozialen Mechanismus der projektiven Integration anhand von Bildern und mittels Bildlektüren untersucht. In diesem Rahmen funktionieren zum einen Bilder als soziale Praxen und Instrumente der Gouvernementalität, die die projektive Integration als ein Versprechen oder Angebot an potentielle Betrachter_innen herantragen. Zum anderen beruht die projektive Integration darauf, dass Rezipient_innen mentale, psychisch-imaginäre und kulturelle Bilder produzieren und diese in soziale Praxen einspeisen. Die projektive Integration macht sich die Mehrdeutigkeit des Bildbegriffes zunutze, der zugleich mediale Bilder und Vorstellungen (mentale Bilder, Phantasien) sowie sprachliche Bilder (Metaphern etc.) bezeichnet, so dass vielfältige Übersetzungsprozesse notwendig sind, die jeweils Veränderungspotentiale bergen. Im Verlauf der Arbeit habe ich entsprechend Bilder, Vorstellungen, kulturelle Imaginationen und Phantasien begrifflich unterschieden, wobei mir explizit daran gelegen ist, die Vieldeutigkeit des Bildbegriffs nicht stillzustellen (vgl. Mitchell 1987).

Das Material meiner Lektüren sind zweidimensionale, gestaltete Gegenstände, denen bestimmte Formen, Farben und Texturen zu eigen sind, oder genauer, es sind technisch produzierte, zweidimensionale Abbildungen dieser zweidimensionalen Gegenstände, die durch die Art der Reproduktion in ihren Farben, Texturen oder der Größe ihrer Formen verändert worden sind. Doch wenn ich diese Gegenstände ›Bilder‹ nenne, sind diese keinesfalls als isolierte Entitäten gemeint, sondern ist immer der oben genannte Produktionszusammenhang inklusive seiner dynamischen Zwischenräume mit aufgerufen. Die Bedeutung von Bildern entwickelt sich aus einem bestimmten Kontext heraus und nimmt auf diesen Bezug, auch wenn sie ihn überschreitet. Methodologisch geht es mir mit diesem Buch darum, genauer zu bestimmen, wie sich mittels kulturwissenschaftlicher Bildlektüren etwas über gesellschaftspolitische Zusammenhänge aussagen und die soziale Produktivität von Bildern einschätzen lässt. Wenn ich somit die Diversifizierung geschlechtlicher und sexueller Subjektivitäten und Lebensformen in Relation zur Verfügbarkeit von Bildern und medialen Repräsentationen stelle, bedeutet dies nicht, dass diese Repräsentationen Abbild oder gradliniger Ausdruck sozialer Verhältnisse sind. Wohl aber wird ein Zusammenhang zwischen sozio-subjektiven Lebensmöglichkeiten, (Selbst-)Repräsentationen und öffentlicher Artikulation sowie dem kulturellen Archiv verfügbarer Bilder vermutet und ausgelotet. Johanna Schaffer (2008) behandelt diesen Zusammenhang im Hinblick auf die Möglichkeiten ›visueller Anerkennung‹. Hierbei geht es ihr genau darum, wie ›Sichtbarkeitspolitiken‹ so gestaltet werden können, dass sie nicht einfach das kulturelle Archiv durch ›ehrende‹ Bilder erweitern, sondern die Darstellungsregime und die darin eingefassten Codes der Entwertung, Stereotypisierung oder Verwerfung herausfordern. In dem Maße, wie dies gelingt, können die entsprechend veränderten Darstellungsformen eine ›Ehrung‹ der Polymorphen bedeuten, und das heißt deren Anerkennung als Subjekte der sozio-politischen Ordnung.[2]

Im Rahmen dieses Buches ist die Frage nach dem Verhältnis von Sichtbarkeits- bzw. Repräsentationspolitiken und sozialer/politischer Gestaltungsmächtigkeit insofern erweitert worden, als es nicht allein um soziale und politische Anerkennung geht, sondern deren Möglich-

2 Zu debattieren wäre, ob Schaffers Position ein Zugeständnis an Integrationspolitiken ist, die queer-politisch vielfach mit Skepsis betrachtet werden, weil sie Konkurrenzen um den Einschluss und neu-formierte Grenzziehungen forcieren und an der hegemonialen Ordnung ausgerichtet bleiben (vgl. Warner 1999; Cohen 2005; Gerbig 2007; Engel 2007a; 2009b).

keiten und Grenzen in Anbetracht neoliberaler sozio-ökonomischer Transformationen und kommerzialisierter Öffentlichkeiten betrachtet worden sind. Diesbezüglich stellen die Kommerzialisierung von Medien und Kulturproduktion sowie die Kulturalisierung kommerzieller Werbung eine offensichtliche Verflechtung zwischen Ökonomie und Bildproduktionen dar, die es einleuchtend erscheinen lässt, die neoliberal vermittelten Zusammenhänge von Sexualität und Ökonomie anhand von Bildlektüren zu untersuchen. Angesichts dieser Verflechtung mag eine Vereinnahmungsthese naheliegen, doch bin ich hier der Strategie gefolgt, diese These zunächst einzuklammern, um dann anhand der Lektüren detailliert zu bestimmen, wie sich neoliberale Vereinnahmungen queerer Diskurse, queere Interventionen in neoliberale Diskurse, Ähnlichkeiten und Ununterscheidbarkeiten, aber auch Differenzen ausdrücken. Indem die Bilder als kontextgebunden, aber handlungsmächtig im interdependenten Prozess der Bedeutungsproduktion erweisen, können sie *agency*-Funktionen in Bildpolitiken entfalten, die sich nicht von vornherein – sei es auf eine Vereinnahmung oder eine Widerständigkeit – festlegen lassen. Es ist also sehr wohl möglich, dass Bilder, entgegen der Funktion, die ihnen in einem neoliberalen Diskurs z.B. im Rahmen einer Werbeanzeige zugewiesen werden, queer-politisch als ›gewinnbringend‹ angesehen und strategisch genutzt werden können. Hinzu kommt, dass Bilder auch Produkte künstlerischer, wissenschaftlicher und bewegungspolitischer Wissensproduktion sind, die feministische und queere Perspektiven artikulieren, diese womöglich in einen kapitalismuskritischen Kontext und in eine komplexe, interdependente Macht- und Herrschaftskritik einordnen. Als solche können sie widerständige Funktion übernehmen; doch ist damit keineswegs ausgeschlossen, dass sie zugleich im Kontext neoliberaler Diskurse und Praxen zum Einsatz kommen.[3] In diesem Sinne verstehe ich Bilder als Schnittstelle verschiedener Diskurse, in denen sich – zumindest potentiell – hegemoniale Kämpfe verdichten. Da es mir jedoch wichtig ist, den Umgang mit Bildern nicht auf diese diskursanalytisch-herrschaftskritische Perspektive zu verengen, werde ich im Folgenden die kunst-, medien- und repräsentationstheoretischen Überlegungen methodisch reflektieren, die für meine Lektürepraxen bedeutsam sind.

---

3 Ein hervorragendes Beispiel für die Übersetzung queerer Wissensproduktion ins neoliberale, an Diversity orientierte kommerzialisierte Feld ist die Website der Gay Marketing Agentur *Ungleich Besser. Homo Economics*: www.homoeconomics.de/ (19.12.2008).

Mit Bildern zusammenarbeiten

Sollen Rezeptionsprozess und die damit einhergehende Bedeutungsproduktion und Wirklichkeitskonstruktion als unhintergehbares Zusammenspiel von medialem Bild, Produktions- und Lektürepraxis betrachtet werden, so heißt dies auch, den Bildern eine gewisse Unkontrollierbarkeit, Eigenmächtigkeit und konstitutive Kraft oder, wie Renate Brosch (2004) formuliert, eine *agency*-Funktion zuzugestehen. Brosch versteht hierunter die Tatsache, dass Bilder »gesellschaftliche Zusammenhänge bzw. Identitäten stiften und Steuerfunktionen übernehmen« (ebd.: 63). In ähnlichem Sinne spricht Sigrid Adorf (2007) von einer Zusammenarbeit mit Bildern und bezeichnet das Bild als »herausforderndes Gegenüber, das meine Stellungnahme verlangt« (ebd.: 14). Dieses Verhältnis mündet für sie in eine Frage nach dem politischen Veränderungspotential durch Bilder, nämlich »[o]b und wie sich daraus ein Verhältnis ableiten lässt, das als verändernd angesehen werden kann, nicht zuletzt in einem politischen Sinne« (ebd.), womit sie das politische Veränderungspotential im Verhältnis oder im Dazwischen von Bild und Rezipient_in ansiedelt. Im Anschluss daran formuliert sich mein Anliegen, mit Bildern in einer Weise zusammenzuarbeiten, die zugleich deren Konstituiertheit sowie ihre gezielten Funktions- und ihre kontingenten Wirkungsweisen in sozio-kulturellen Machtverhältnissen anerkennt. Die Diskurse, Praxen, Institutionen und Phantasien, die diese Machtverhältnisse ausmachen, sollen als Anlass und Schauplatz politischer Interventionen aufgefasst werden. Angesichts dessen sind Bilder nicht einfach Medien oder Instrumente in den Händen politischer Subjekte, sondern konstitutive Kräfte, die den Status als (politisches) Subjekt hervorbringen – oder unterlaufen. Aus queer/feministischer Perspektive stelle ich die Frage, wie Bilder in die Bedingungsgefüge heteronormativer Ordnung solcher Art eingreifen, dass kategoriale Zuordnungen, identitäre Stillstellungen und daran geknüpfte Hierarchie- und Privilegiensysteme untergraben werden.

In kritischer Erweiterung von Renate Broschs Überlegungen möchte ich meine eigene Lektürepraxis als eine Form der ekphratischen Lektüre bezeichnen, in der sich semiologische und kompositionsanalytische Elemente, Diskursanalyse und queere Interventionen miteinander verweben. Brosch sieht die besondere Bedeutung der Ekphrasis, die die genaue Beschreibung eines Bildes (in der Regel eines Kunstwerks in einem literarischen Text oder einer öffentlichen Rede)[4] meint, darin, dass eine ›imaginative Doppelung‹ geschaffen wird, die als eine performative Wiederholung verstanden werden kann: »aufgrund ihrer imaginativen Doppelung [tendiere die Ekphrasis, ae] zu einer Ästhetik des Performativen« (Brosch 2004: 61), das heißt, in ihr vollziehe das Bild Wirkungen und produziere, da das performativ wiederholte Bild niemals eine exakte Doppelung ist, Veränderungen. Ich knüpfe sowohl an dieses Veränderungspotential an (vgl. Engel 2008b) als auch an den Gedanken, dass die Ekphrasis als eine Figur der antiken Rhetorik darauf ausgerichtet ist, ihre Rezipient_innen in bestimmter Weise zu bewegen – womit sie mir sehr geeignet erscheint, um in kulturellen Politiken zum Einsatz zu kommen.

Indem ich die ekphratische Lektüre mit politischen Diskursen verschalte und diskursanalytisch ergänze, wird es mir möglich, die Wirkungsweisen von Macht/Wissen und sozio-historischen Machtrelationen in Bildern auszuloten. Die Ekphrasis erweitere ich durch einen semiologischen und kompositionsanalytischen Umgang mit dem Bild, in den sowohl semantische, pragmatische und machtanalytische Fragen (z.B. Code, Wissensregime) als auch die Untersuchung ästhetischer und rhetorischer Figuren (z.B. Metaphern, Metonymien, Paradoxien) und Argumente (z.B. Dialektik), aber auch der Komposition und komplexer Figurationen des Bildes einfließen können.[5] Als queere Intervention verstehe ich zunächst all das, was die Regeln, Konventionen und Erwartungen des Bildes oder der Lektüre durcheinanderbringt, überraschende, irritierende oder provokative Elemente in die Begegnung mit dem Bild einbringt, das, was ich als Strategie der VerUneindeutigung ausgearbeitet habe oder was, im Sinne dekonstruktiver Praxen, die im BildText implizit wirkenden ›Spuren‹ oder das im ›Unbewussten‹ des BildTextes sich bewegende Begehren aktiviert. Rezeptionserfahrungen, und seien es unbewusste, affektive oder körperliche Reaktionen auf das Bild, können so ebenfalls Eingang in die Lektüre finden, ohne dass sie jedoch von den beschreibenden oder analytischen Praxen zu trennen wären (vgl. Barthes 1989).

Statt einer Unterscheidung von Text und Bild, von sprachlichen und visuellen Dimensionen, die den Zwischenraum von medialem Bild und Lektüre beleben, gehe ich mit Jacques Rancière (2006) davon aus, dass ›Sichtbares‹ und ›Sagbares‹ ineinandergreifen, wobei beides immer nur

---

4 Ein oft erwähntes Beispiel der Ekphrasis ist die Beschreibung des Schildes Achills in Homers *Illias*, ein jüngeres wäre die ausführliche Beschreibung des Pergamonaltars am Anfang von Peter Weiss' *Ästhetik des Widerstands*.

5 Bezüglich methodologischer Fragen kunst- und kulturwissenschaftlicher Bildlektüren vgl. Lauretis (1987; 1996), Barthes (1989), Schade/Wenk (1995), Rose (2001), Lister/Wells (2001), Leeuwen/Jewitt (2001), Hill/Helmers (2004), Leeuwen (2005), Rancière (2006), Brandes (2008).

bis zu einem gewissen Grade durch die Medialität des Bildes bestimmt sei; vielmehr würden immer auch Konventionen, Machtrelationen und ›Regime der Bildlichkeit‹ (ebd.: 13) relevant:

»[...] [D]as Bild [ist] nicht ausschließlich ein Element des Sichtbaren. Es gibt Sichtbares, das kein Bild ist und es gibt Bilder, die nur aus Worten bestehen. Aber das allgemein bekannteste Regime der Bilder inszeniert die Beziehung zwischen dem Sagbaren und dem Sichtbaren, eine Beziehung die gleichzeitig aus der Analogie und aus der Unähnlichkeit des Sagbaren und Sichtbaren besteht. Diese Beziehung benötigt in keiner Weise die materielle Präsenz des Sagbaren und Sichtbaren. Das Sichtbare kann in bedeutsamen Tropen angeordnet werden, das Wort kann eine Sichtbarkeit entwickeln, die blenden kann.« (Ebd.: 14)

Während die Regime der Bilder oder der Bildlichkeit bei Rancière eher vage ein Set historisch spezifischer kultureller und technologischer Umgangsweisen mit Bildern bezeichnen, bietet Silverman (1996) einen Begriff des Blickregimes an, der in elaborierter Weise ein komplexes Zusammenspiel von *gaze, look* und *screen* bezeichnet. Hierunter fasst sie das dynamisch verfasste Ineinandergreifen von historisch-kulturellen und symbolischen Regeln, die bestimmen, wie etwas dargestellt und intelligibel werden kann (*gaze*), dem virtuellen Archiv aller kulturell verfügbaren Bilder (*screen*) und dem individuellen, durch Biographie, soziale Positionierung und psychische Disposition strukturierten Blicken (*look*). Hinzu kommen außerdem die je verfügbaren technologischen und institutionellen Bedingungen, die bestimmen, wie etwas Zu-Sehen-Gegeben wird (Schade/Wenk 1995; Hentschel 2001). Hiermit ist ein komplexes Feld bezeichnet, in dem Machtprozesse in der visuellen Kultur wirksam werden, aber auch vielfältige Ansatzpunkte für Veränderungen gefunden werden können.

Macht und *agency* in der Ekphrasis

Renate Brosch (2004) bezeichnet ekphratische Lektüren als einen Machtkampf zwischen Bild und Text (vgl. ebd.: 71), um darauf hinzuweisen, dass sowohl in konkreten Lektüren als auch in methodologischen Reflexionen auf die Ekphrasis häufig eine Abhängigkeit des Bildes vom Text behauptet oder eine Unterordnung unter den Text betrieben wird. Statt nun aber für ein vorgeblich machtfreies Dialogmodell zu plädieren, sieht Brosch eine Chance darin, die in der Lektüre virulente Interaktion von Bild und Text als Machtauseinandersetzung zu fassen, da auf diese Weise auch eine Veränderung von Machtverhältnissen erfolgen könne. Genau diesen Gedanken möchte ich aufgreifen und zu diesem Zwecke aufzeigen, wie Brosch die Möglichkeit einer kritisch-transgressiven Wendung erklärt. Diesbezüglich kommt der oben erwähnten *agengy*-Funktion des Bildes entscheidende Bedeutung zu: Sie erlaube, so Brosch, zum einen, eine tendenziell das Bild kolonisierende Macht interpretierender Lektüre zu kontern, zum anderen aber auch einer Ontologisierung des Bildes entgegenzutreten, die diesem eine inhärente Macht jenseits seiner sozio-diskursiven Funktionen zuspräche. Broschs Anliegen besteht also darin, statt einer »verbale[n] Bemächtigung einer visuellen Repräsentation« (ebd.) die Ekphrasis als dynamisches Geschehen, als Text-Bild-Interaktion oder als »inszenierten Machtkampf zwischen zwei Darstellungsweisen zu verstehen, bei dem die kulturellen Prämissen des jeweiligen Kontexts zum Tragen kommen« (ebd.).

Interessant erscheint mir, dass damit eine Gegenseitigkeit herausgestellt wird: der Eintritt von Diskursen, Konventionen und sozialen Macht/Wissen-Regimen ins Bild, aber auch die Einmischung des Bildes in eben diese sozio-diskursiven Machtverhältnisse. Somit ist die Feststellung, dass es sich bei der ekphratischen Lektüre um einen Machtprozess handelt, keineswegs von Nachteil. Wenn Brosch kritisch schreibt: »Die Appropriation des Visuellen, die die Ekphrasis triumphierend durchführt, ist wesentlich öfter eine Umdeutung als eine Annäherung« (ebd.), kann dies auch viel versprechend gedeutet werden: Es ist durchaus möglich, dass die ekphratische Lektüre die Annäherung an normative, herrschafts- oder gewaltförmige Figurationen oder Funktionen des Bildes verweigert. Um das Bild jedoch einer Umdeutung zu unterziehen, müssen gewisse Elemente oder Dimensionen des Bildes ›bereit sein‹, sich in die transgressive Lektüre einzufügen, so dass sich, wie Brosch formuliert, das Verhältnis zwischen Text und Bild interaktiv entwickeln kann. Solche Elemente möchte ich, wie unten genauer ausgeführt, mit Roland Barthes (1989) als *punctum* bezeichnen.

Überzeugend erscheint mir, dass Ekphrasis gleichermaßen das Bild und die Lektüre stark macht. Indem sie den Prozess der Lektüre als Machtkampf oder machtgesättigte Interaktion zwischen Bild und Betracher_in fasst, können Verfestigungen auf der einen wie auf der anderen Seite angefochten werden. Hierbei stellt sich jeweils die Frage, welche Formen von *agency* sich entfalten können und welche machtvollen Bedingtheiten greifen.

Imaginative Doppelung: Von der bildhaften Überschrift zur produktiven Negation

Ein weiterer wichtiger Grund, warum ich meine methodische Herangehensweise am Prinzip der Ekphrasis ausrichte, besteht darin, dass die ekphratische Lektüre eine, wie Brosch formuliert, ›imaginative Doppelung‹ des Bildes produziert. Damit stellt sie eine strukturelle Ähnlichkeit zwischen Bild und Lektüre her: Als kulturelle Produkte bedürfen beide einer Leser_in/Betrachter_in, um in den sozio-kulturellen Raum hineinwirken zu können. Hiermit ist die Idee der Signifikationskette aufgerufen, in der jede Lektüre ihrerseits wieder ein Repräsentationsprodukt ist, das neue Lektüren bewirkt. Somit wird zum einen die Unabschließbarkeit der Bedeutungsproduktion verdeutlicht, andererseits unterstreicht der Begriff der imaginativen Doppelung auch, dass dieser Prozess nicht abstrakt ist, sondern sich in konkreten (mentalen, sprachlichen, visuellen) Bildern ausformt, die, wenn sie materielle Form annehmen, zirkulieren können. Zum anderen ist es mittels der imaginativen Doppelung möglich, unterschiedliche Formen und Rhetoriken der Beschreibung sowie ästhetische und repräsentationspolitische Strategien am Material zu erproben und dies zu nutzen, um Verschiebungen, die durch performative Wiederholungen kultureller Vorstellungen, Diskurse oder Normen stattfinden, zu ›reflektieren‹. Als ›imaginative Doppelung‹ erfolgt dieses Reflektieren in einer Weise, die die Verschiebung nicht mit Analysen oder Erklärungen versieht, also keine analytische Distanz einnimmt, sondern – so Reflektieren als ein identifikatorisch/projektiver Spiegelungsprozess verstanden wird – sich selber in die Prozesse der Bild- und Bedeutungsproduktion verwickelt. Des Weiteren erlaubt die ekphratische Lektüre, so sie nicht einem Abbildideal, sondern der imaginativen Doppelung verschrieben ist, heterogenes kulturelles Material in den Lektüreprozess eintreten zu lassen und unerwartete intertextuelle Bezüge zu produzieren. In meinen Lektüren lassen sich mindestens drei verschiedene Formen der imaginativen Doppelung nachweisen:

Zum einen bringe ich sprachliche Bilder im Format von ›Überschriften‹ in die Lektüre ein, so zum Beispiel die ›Verführung in die privatisierte Verantwortlichkeit‹. Diese Form der Doppelung ruft Vorstellungsbilder auf und bringt diese zugleich ›auf den Begriff‹. Das heißt, sie stellt Überschriften bereit, die es erlauben, verschiedene Bilder in ein Ähnlichkeitsverhältnis miteinander zu setzen und vergleichbar zu machen. Hierbei handelt es sich nicht einfach um Metaphern oder Metonymien, sondern eher um Katachresen (Bildbrüche), die eine Irritation oder eine Ironisierung erzeugen, indem sprachliche Bilder kombiniert werden, die nicht ohne Weiteres in Verbindung miteinander gebracht werden (z.B. Verführung und Verantwortung). Dadurch eröffnen die sprachlichen Bilder Einstiegsorte nicht nur für Bilder des kulturellen Archivs, sondern auch für soziale Diskurse und wissenschaftliche Theorien, deren zentrale Begrifflichkeiten sich in die Überschrift einfügen können. Auf diese Weise wird im Verhältnis zum visuellen Material, an dem die Lektüre ansetzt, durch die imaginative Doppelung in Form einer ›Überschrift‹ nicht nur visuelles mit sprachlichem Material verschaltet, sondern es werden auch Begegnungen oder Konfrontationen unterschiedlicher Diskurse (z.B. neoliberaler und queerer) provoziert. Indem hierbei überraschende, ungewöhnliche oder abwegige Bezüge entstehen, eröffnet sich queerendes Potential.

Zum Zweiten greife ich bezüglich der imaginativen Doppelung Roland Barthes' (1989) Konzept des *punctum* auf, das es erlaubt, ein subjektiv bedeutsames, vielleicht unauffälliges oder randständiges Detail des Bildes zum Ausgangspunkt einer assoziativen, womöglich biographisch begründeten – an Erinnerungen, Phantasien, Affekte, Begehren anknüpfenden – Lektüre zu machen.[6] Unmittelbar naheliegende, konventionalisierte Zugänge zum Bild werden damit umgangen, was mir aus queer-theoretischer Perspektive viel versprechend erscheint. Das bedeutet jedoch nicht, dass die ekphratische Lektüre deshalb das *studium*, die konventionalisierte Analyse kultureller Codes, Diskurse und Mythen, vernachlässigen müsste (ebd.: 60). Vielmehr kann die Ekphrasis sich ohne Weiteres auch aus kompositionsanalytischen, semiologischen, ideologiekritischen, diskursanalytischen oder dekonstruktiven Momenten speisen und in solche münden – also eine Verbindung von *punctum* und *studium* darstellen. Eine Passage der Bildlektüre, die durch ein *punctum* inspiriert ist, wäre z.B. die Interpretation des Begriffs ›Da sein‹ als Heideggers existenzphilosophische Kategorie ›Dasein‹ (imaginative Doppelung, die in der performativen Wiederholung einen ›Fehler‹ produziert). Das *punctum* besteht zunächst in der unreflektierten Verknüpfung des ›ge-heideggerten‹ Begriffs mit der visuell dargestellten Hand und motiviert im Anschluss daran eine

6 Das *punctum* ist bei Barthes (1989) ein Detail, das mich fesselt, das aber nicht sogleich der Decodierungsarbeit des *studium* unterzogen wird bzw. sich dieser widersetzt und nicht benannt werden kann, sondern mich in innere Unruhe versetzt (vgl. ebd.: 60): »Die Wirkung ist da, doch lässt sie sich nicht orten, sie findet weder ihr Zeichen noch ihren Namen; sie ist durchdringend und landet dennoch in einer unbestimmten Zone meines Ichs; sie ist schneidend und gedämpft, ein stummer Schrei. Seltsamer Widerspruch: sie ist ein dahintreibender Blitz.« (Ebd.: 62)

Zusammenarbeit zwischen Bild und Lektüre, die eine von Derrida inspirierte queere Version ›sexueller Sorgebeziehungen‹ hervorbringt (vgl. S. 84).

Zum Dritten entwerfe ich imaginative Doppelungen mittels einer Bewegung der Negation, also indem ich ›ausmale‹, was das Bild nicht zeigt. In diesem Falle kann Queerness, können die Überraschungen und Verschiebungen, die ein Bild bereithält, dadurch verdeutlicht werden, dass Klischees, Stereotype oder Erwartungen, die die Visualisierung eines bestimmten Begriffs oder Zusammenhangs anleiten, expliziert werden – so etwa die Assoziation von Hausarbeit mit Weiblichkeit. Dies geht allerdings teilweise damit einher, dass eben diese Klischees ein weiteres Mal reproduziert werden. Da ich aber davon ausgehe, dass Klischees unbewusst sowieso wirksam sind und die Wahrnehmung und Deutung von Bildern beeinflussen, besteht die Herausforderung eher darin, Formen der Wiederholung zu finden, die nicht zur Sedimentierung konventionalisierter Bedeutung beitragen. So habe ich beispielsweise mit Bezug auf Zanele Muholis Photographie vorgeschlagen, dass das Bild darüber funktioniert, dass die kulturelle Ikone der *Hottentotten-Venus* als eine Abgrenzungsfigur im Hintergrund wirkt. Meiner Ansicht nach konnte ich diese Figur in meiner Lektüre deshalb aufrufen, ohne sie zu verstärken, weil Muholis Bild der kulturellen Ikone einen neuen Kontext verschafft, statt sie zu wiederholen. Damit zeigt sich, dass die Sedimentierung dann nicht mehr problemlos funktioniert, wenn das Klischee oder Stereotyp in einem Kontext erscheint, in dem es sich gegenüber Alternativbildern behaupten muss und seine Selbstverständlichkeit bzw. seine Hegemonie einbüßt. Genau dieser Prozess wird durch die imaginative Doppelung generell nahegelegt: Das Stereotyp wird aufgerufen, gerade um die Besonderheit des Ausgangsbildes durch Abgrenzung herauszuarbeiten.

In welcher Relation steht die imaginative Doppelung zur VerUneindeutigung oder dem, was Sigrid Adorf (2007) in Bezug auf Jacques Rancière als eine Politik des Unähnlichkeit-Herstellens bezeichnet? Die drei Strategien, die ich in meinen Lektüren eingesetzt habe, sind jeweils an der VerUneindeutigung orientiert, da sie explizit eingesetzt werden, um normative, normalisierende und hierarchisierte Verhältnisse aufzubrechen (vgl. Engel 2002: 163f.). Dies ist jedoch keineswegs in der imaginativen Doppelung oder der ekphratischen Lektüre als solcher angelegt. Vielmehr können diese auch ohne Weiteres darauf zielen, Variationen des gleichen (hetero-)normativen Motivs zu schaffen und dieses durch Wiederholung zu bestärken und zu sedimentieren. Zwar erhöhen sich auch damit die Chancen, dass in der Wiederholung performative Verschiebungen geschehen. Eine Machtanalytik sowie die

Frage, wie Bilder im Kontext spezifischer Herrschaftsrelationen zum Einsatz kommen und Wirkungen entfalten, sind jedoch nicht obsolet. Vielmehr ist es, wie auch hinsichtlich der Strategie der VerUneindeutigung, für macht- und herrschaftskritische Auseinandersetzungen mit Bildern oder kulturellen Politiken nötig, die Normen und Normalitätsregime zu bezeichnen, in denen sie wirksam werden, um bestimmen zu können, inwiefern eine bestimmte Repräsentationspraxis bezüglich dieser Normalitäten Denormalisierungen und Enthierarchisierungen bewirkt oder nicht.[7]

Visuelle Argumentation

Hinsichtlich der Machtanalytik sowie der Frage, wie Bilder im Kontext spezifischer Herrschaftsrelationen zum Einsatz kommen und Wirkungen entfalten, eröffnet Anthony Blairs (2004) Konzept der ›visuellen Argumentation‹ eine weitere Dimension, die über die Diskursanalyse, die Frage nach den Codes und Wissensregimen sowie den Bedingungen der Produktion und Zirkulation der Bilder hinausgeht. Visuelle Argumentation, wie sie vielfach im Kontext der Werbung und der politischen Propaganda zum Einsatz kommt, ist laut Blair eine Form visuellen Überzeugens (persuasion) mit dem Anliegen, Meinungen oder Haltungen zu verändern (vgl. ebd.: 42f.). Auch wenn sie durchaus damit einhergeht, Affekte zu aktivieren oder Stereotypen zu wiederholen, so liegt der analytische Fokus darauf, dass eine ›Argumentation‹ Gründe liefert, und es stellt sich die Frage, wie diese Begründungen visuell verfasst sind und ausgedrückt werden. Als Argumentation beinhaltet sie drei Schritte: eine Behauptung oder Auffassung visuell zu präsentieren, Gründe für diese anzugeben und damit eine Schlussfolgerung plausibel zu machen (vgl. ebd.: 45ff.).[8] Blair macht keinen prinzipiellen Unterschied zwischen verbaler und visueller Argumentation. Vielmehr sei

7 Enthierarchisierung und Denormalisierung sind definitive, aber kontextgebundene und prozessuale Kriterien, um Veränderungen zu beurteilen. Sie benötigen kein absolutes normatives Ideal (›die freie, egalitäre, gerechte, queere Gesellschaft‹), sondern bedingen relative Urteile, die aber bezogen auf einen bestimmten Kontext zu sagen erlauben, ob eine Verschärfung oder Abschwächung von Hierarchien, normativen Ein- und Ausschlüssen oder normalisierenden Zurichtungen erfolgt ist (vgl. Engel 2002: 204ff.).

8 Dies auf Barthes' Begriffe des *studium* und des *punctum* zu beziehen, könnte heißen, dass sich die imaginative Doppelung gerne an einem *punctum* festmacht, während die visuelle Argumentation das *studium* speist. Wobei

es genau deshalb gerechtfertigt von Argumentation zu sprechen, weil eine strukturelle Ähnlichkeit (Behauptung, Gründe, Schlussfolgerung) besteht. Um dennoch eine Spezifik des Visuellen zu behaupten, stellt Blair die These auf, dass visuelle stärker als verbale Argumentation auf enthymemen beruht, also darauf, eine Prämisse auszulassen und die Betrachter_innen zu aktivieren, sie zu füllen und sich somit aktiv an der Überzeugungsarbeit zu beteiligen (52). Außerdem sei sie stärker bewegend oder heraufbeschwörend (evocative) und würde eher rhetorisch ›verführen‹, als der Betrachter_in durch Rede und Gegenrede (dialektische Argumentation) eine eigene Meinung abzuverlangen (50ff.).

Die Werbeanzeige mit dem Titel ›Anhängerkupplung?‹ entwickelt eine visuelle Argumentation, die das textuelle Geschehen deutlich überschreitet: Auf der textuellen Ebene wird argumentiert, das Unternehmen habe keineswegs nur Autos im Kopf, und dies wird damit begründet, dass es sich an den CSD-Feierlichkeiten beteilige, bei denen es ›im Namen der Liebe‹ unterwegs sei. Auf der visuellen Ebene stellt die Autoindustrie ein *enthymemen* dar, das heißt, sie wird als Prämisse der Argumentation ausgelassen und kann nur begrifflich, über die Synekdoche ›Anhängerkopplung?‹, aufgerufen werden. Wird dieses textuelle Element der visuellen Argumentation jedoch einbezogen, so beantwortet das Händchenhalten das Fragezeichen mit einem ›ja‹ und die Autoindustrie wird zu einer Kupplerin in Liebesdingen, die durch die Morgenröte eine Zukunft erlangen.

Dadurch, dass visuelle Argumentation im Allgemeinen und *enthymemen* im Besonderen darauf bauen, die Betrachter_innen aktiv in die Lektüre zu verwickeln und sie emotional/affektiv anzusprechen, sind sie gut geeignet, Subjekte durch Selbstregierung in Herrschaftsverhältnisse einzubinden. In diesem Sinne würde ich vorschlagen, die visuelle Argumentation als Aspekt der *agency*-Funktion des Bildes zu verstehen. Im Hinblick darauf, die soziale Produktivität und Transformationsmacht von Bildern zu verstehen, hat dies den Vorteil, dass kein rationales, intentionales Subjekt hinter der Argumentation vermutet werden muss. Zugleich ist das Bild aber auch nicht einfach neutrales Medium oder passiver Ausdruck einer ihm äußerlichen Ideologie, sondern Agens der Bedeutungsproduktion und Wirklichkeitskonstruktion. Wenn von einer Performativität des Bildes ausgegangen wird, so ist diese nicht als simples Sich-Vollziehen der Norm im Bild gefasst, sondern der erfolgreiche Vollzug oder das Scheitern der Norm hinge davon ab,

es laut Blair auch nicht das Bild, sondern ein Element des Bildes ist, das als Begründung eines Arguments fungiert – womöglich ein *punctum*?

ob durch die visuelle Argumentation ein überzeugender Begründungszusammenhang vorgelegt wird. Womit nicht gesagt sein soll, dass nicht auch affektive, habituelle, kontextuelle oder arbiträre Gründe den performativen Vollzug der Norm begleiten. Ein Scheitern der Norm wäre jedoch nicht einfach eine verfehlte Wiederholung, sondern könnte auch ein Hinweis darauf sein, dass die Argumentation nicht einleuchtet, die Rhetorik ihr Publikum verfehlt, das Publikum seine aktive Beteiligung verweigert oder daran scheitert, die Prämisse zu ergänzen.

Wenn visuelle Argumentation daran ausgerichtet ist, die Bedeutungsproduktion in ›geordnete Bahnen‹ zu lenken und einen Eindruck von Rationalität zu erwecken, setzt eine queere/queerende ekphratische Lektüre darauf, Überraschungen, Verschiebungen oder Unterbrechungen in einen (vorgeblich) glatten Prozess der Bedeutungsproduktion einzubauen – indem entweder der Argumentationsverlauf gestört wird oder die visuelle Argumentation als solche umgangen und andere Anknüpfungspunkte für die Lektüre gewählt werden. So kann sich die ekphratische Lektüre sowohl um ein visuelles Argument herum entfalten als auch ein Bild verdoppeln; sie kann ein Argument in eine Imagination verwandeln und, oder umgekehrt. Eine interessante Frage wäre, ob es auch eine queere Argumentation geben kann oder ob Prozesse des queering oder der VerUneindeutigung ein argumentatives Setting unterlaufen. Wäre es beispielsweise möglich, in Ines Doujaks Bild (vgl. Kap. 3) eine Argumentation ausfindig zu machen? Und wäre diese, angesichts der Konsequenz, mit der das Bild Ambiguitäten und Ambivalenzen produziert, eine queere Argumentation?

Lektüre und Leser_in der Lektüre

Im Anschluss an die vorhergehenden Überlegungen stellt sich die Frage, ob die ekphratische Lektüre auch eine Form der Argumentation und, aufgrund der imaginativen Doppelung, die sie produziert, eine Form der visuellen Argumentation ist. Oder würde die Tatsache, dass die imaginative Doppelung sich gerade nicht aus rationalen Gründen oder objektiven Zusammenhängen speist, sondern oftmals assoziativ operiert, dafür sprechen, die ekphratische Lektüre nicht als Argumentation zu fassen? Aber stellt sich nicht dennoch eine machtanalytische Frage, die auch für die visuelle Argumentation relevant ist, nämlich ob ekphratische Lektüren, gleichgültig ob sie ungewöhnliche Bezüge eröffnen oder vertraute Klischees wiederholen, eher eine Manipulation als eine Aktivierung kritischer Leser_innen darstellen? Während Renate Brosch viel Energie darauf verwendet, das Verhältnis zwischen

Bild und Betrachter_in in der ekphratischen Lektüre in seinen Machtdimensionen wahrzunehmen und nach beidseitiger agency sowie nach Rückkopplungsschlaufen zu suchen, bleibt das Verhältnis zwischen der Verfasser_in der Lektüre und ihrer Leser_in erstaunlicherweise unproblematisiert. Selbstkritisch wäre dementsprechend zu fragen, inwiefern die Lektüre Nahelegungen produziert, die bewirken, dass die eigene subjektive Lesart jemand anderem ›aufgezwungen‹ oder in sie hinein verführt wird. Dies als rhetorisches Anliegen kultureller Politiken zu verstehen, verbietet nicht die Reflexion darauf, welche Macht- und Herrschaftsrelationen diesbezüglich zwischen Kulturproduzent_in und Leser_in/Betrachter_in aktiviert werden.

Diesbezüglich schlägt die (feministische) Kulturwissenschaft vor, sich mit Blickregimen und Adressierungsweisen zu befassen sowie die Frage zu stellen, welche Formen der Subjektivierung forciert werden: Wie wird die Betrachter_in im Verhältnis zum Geschehen und den dargestellten Figuren positioniert? Welches Wissen, welche Macht wird ihr dadurch verfügbar gemacht oder zugesprochen? Wodurch wird vielleicht die Irritation oder Dezentrierung einer Position bewirkt? Wodurch werden Identifizierungen nahelegt? Und welche Formen – z.B. vojeuristischen, fetischistischen oder ek-statischen Begehrens – werden wie evoziert?[9] Oder, bezogen auf sprachliche Adressierungsweisen, wodurch unterscheiden sich Rhetoriken, die in ein ›wir‹ hineinziehen, ein ›du‹ ansprechen oder ein ›ich‹ enthüllen? Welche Effekte können generalisierte Aussagen, detailgenaue Beschreibungen oder die Darlegung subjektiver Rezeptionserfahrungen bewirken? Was bedeutet es, eine Bildbeschreibung mit wertenden oder affektiven Adjektiven zu versehen, ohne dies als subjektive Reaktionen zu kennzeichnen (z.B. ein irritierendes Bild versus ein Bild, das mich irritiert)? Welche Bedeutung

---

9 Die Filmtheoretikerin Judith Mayne (1993) führt zur Untersuchung von Adressierungsweisen den Begriff ›*the spectator*‹ ein, der sowohl von den Subjektpositionen, die der Film auf der Ebene der Darstellung anbietet (bzw. die die Darstellung als kulturelle Ideale z.B. geschlechtlicher Subjektivität organisieren), als auch von den konkreten sozialen Zuschauer_innen, die mit ihren Biographien, ihrem Wissen, ihren sozialen Verortungen, ihren Wünschen im Kino sitzen, zu unterscheiden ist – eine typische Figur des Dazwischen. Teresa de Lauretis (1996) untersucht Adressierungsweisen, indem sie visuelle kulturelle Produkte, insbesondere Filme als Phantasieszenarien beschreibt, in die die Zuschauer_in eingeladen wird einzutreten. Die Adressierung wird entsprechend als Positionierung im Phantasieszenario verstanden und entsprechend ist es möglich, dass ein Film z.B. alle seine Betrachter_innen als Lesben adressiert – was nicht heißt, dass sie alle diese Adressierung annehmen würden, aber die Möglichkeit ist eröffnet.

kann der Begründung affektiver Reaktionen und deren Unterfütterung durch formale Aspekte des Bildes zukommen? Was heißt es, konventionelle Lesarten aufzurufen und welchen Unterschied macht es, wenn diese als Ideologie, als Mythos, als Code, als Norm bezeichnet oder als Wahrheit oder Normalität präsentiert werden?

Mit der ekphratischen Lektüre versuche ich ein Setting zu schaffen, in dem das Bild als Interaktionspartner_in auftreten und eine eigenmächtige *agency* an den Tag legen kann, während ich mir meinerseits herausnehme, respektvoll und doch respektlos Angebote an das Bild heranzutragen. Ein Teil dessen, was diese Machtdynamik ausmacht, ist, dass sie vor den potentiellen Augen einer Leser_in stattfindet, die quasi als ethische Instanz diese Beziehung betrachtet, ihrerseits jedoch in eine Machtrelation mit dem Produkt verwickelt ist, welches ich als Produzent_in – dank einer Infrastruktur der Zirkulation – ihr zu Verfügung gestellt habe. Diese Überlegungen gewinnen zudem eine weitere Dimension, werden sie im Kontext neoliberaler Transformationsprozesse auf der Folie gelesen, dass mittels Bildern und kulturellen Politiken Allianzen produziert bzw. irritiert oder aufgekündigt werden sollen. In diesem Sinne kann es interessant sein, die Rhetoriken dieser Allianz- und Konsensproduktion anhand eigener Praxen zu analysieren, um zu verstehen, wie hierbei sozio-ökonomische Interessengegensätze und unterschiedliche Wünsche und Begehren vermittelt werden.

Phantasie und Begehren in der Performativität

Meine These ist, dass sich eine soziale Produktivität der Bilder – und das heißt auch, eine potentiell queerende Praxis – dann entfaltet, wenn es gelingt, die performative Wiederholung, die sich in der ekphratischen Lektüre vollzieht, mit einem sich in Bildern bewegenden Begehren zu verschalten. Zu diesem Zwecke ist es jedoch notwendig, die ›Phantasielosigkeit der Performativität‹ zu kontern, wie ich dies in ›How to Queer Things with Images‹ (Engel 2009c) vorschlage. Das Konzept der Performativität trägt dazu bei, das Zusammenspiel von Bedeutungsproduktion und Wirklichkeitskonstruktion zu verstehen, insofern es kennzeichnet, wie durch Signifikationsprozesse soziale Wirkungen erzielt werden. Im Laufe seiner Entwicklung von J. L. Austins Formulierung im Rahmen der Sprechakttheorie, der gemäß Sprechen als Handeln gilt (Austin [1962] 2002), über Jacques Derridas Verweis, dass dieser Prozess grundlegend an Konventionen gebunden ist (Derrida [1972] 1999), zu Judith Butlers Verständnis der Performativität als Wiederholen sozialer Normen (Butler 1991; 1995) wird es zunehmend dem autonomen

Handlungssubjekt entzogen und stattdessen als Prozess der Konstituierung (sexuierter) Subjektivitiät aufgefasst. Daran anknüpfend entfaltet sich jedoch auch die Kritik, dass Veränderung in Butlers Modell nur über Verschiebungen im Prozess der Wiederholung stattfinden können, jedoch keine Gestaltungsmacht denkbar ist, die ihre eigene Bedingtheit überschreitet (Lorey 1996; Engel 2002).[10] Mit der Praxis der ekphratischen Lektüre scheint dieses Problem insofern überwunden, als die performative Wirkung sich in der imaginativen Doppelung vollzieht, in der sowohl dem Bild als auch dem Zusammenspiel von Bild und Lektüre eine *agency*-Funktion zukommt. Dass sich hiermit eine Relevanz hinsichtlich gesellschaftspolitischer Transformationen im Allgemeinen argumentieren lässt, ist bereits deutlich geworden. Doch wie lassen sich queerende Veränderungspraxen in das Feld der Performativität einladen, ohne allein auf Verschiebungen der Norm zu hoffen?

Um dies zu klären, erscheint es mir notwendig, einen Zusammenhang zwischen Phantasie, Bilderzeugung und sozialer Produktivität zu fassen, so dass die Phantasie als in gesellschaftlichen Machtverhältnissen konstituiert erscheint und doch auch zu deren politischer Anfechtung beitragen kann. Welche Rolle kann ihr in der Performativität zukommen? Geht es um die Performativität der Phantasie? Oder darum, die Performativität als ein sich durch Wiederholen von Normen und Phantasien vollziehenden Modus der Macht zu verstehen?[11] Doch was bedeutet in diesem Zusammenhang Phantasie? Ich möchte im Anschluss an die Überlegungen Jean Laplanches und Jean-Bertrand Pontalis' (1992) zur Entstehung von Phantasie und Sexualität vorschlagen, eine Phantasie als ein mit Begehren aufgeladenes Vorstellungsbild zu verstehen. Eine Phantasie ermöglicht die Verschiebung

---

10 Dorothea von Hantelmann (2007) nutzt das Konzept der Performativität, um für ein gesellschaftspolitisches Gestaltungs- und Veränderungspotential von Kunst zu argumentieren, das sie, im Anschluss an Butler, in Verschiebungen sieht, die sich aus der Teilhabe an den Konventionen, nicht aus dem Bruch mit diesen ergeben.

11 Ich lasse hier eine Doppeldeutigkeit von Phantasietätigkeit und Phantasiebild/-szenario bestehen. Der Bezug auf Phantasietätigkeit oder Vorstellungsvermögen bedeutet nicht notwendig deren Ontologisierung, sondern kann, wie Astrid Deuber-Mankowsky (1998) verdeutlicht, auch macht- und herrschaftsanalytisch genutzt werden: So argumentiert sie, dass aus einer Leugnung der Bildhaftigkeit des Denkens, also der Abhängigkeit des Denkens vom Vorstellungsvermögen, der Effekt erwächst, dass soziale ›Andere‹ (z.B. Frauen, Schwarze) den Bildstatus zu verkörpern haben, damit sich das ›rationale Subjekt‹ als ein Subjekt reinen, abstrakten Denkens verkennen kann.

des Wunsches von einem realen Objekt der Bedürfnisbefriedigung zu einem phantasmatischen Objekt sexuellen Begehrens. In der Ausdeutung des Phantasiebildes in Form von Repräsentationen (Zeichen, Objekten oder Subjekten) entsteht der Kontakt oder die Vermittlung zwischen Innenwelt und Außenwelt.

Für Teresa de Lauretis (1996), die direkt an die Überlegungen von Laplanche/Pontalis anschließt, bedeutet dies, dass die Phantasie von entscheidender Bedeutung für die Konstituierung der psycho-sozio-sexuellen Subjekte und deren Einbindung in soziale Beziehungen und gesellschaftliche Verhältnisse ist. Dabei fasst sie Phantasie als Geschehen, mittels dessen Normen auf die Körper projiziert werden; sei es, dass sie Bilder der Identifizierung, der Ähnlichkeit oder Differenz zur Verfügung stellen; sei es, indem bestimmte Körperzonen erogen aufgeladen werden; sei es, indem bestimmte Merkmale, die kulturell sanktioniert sind, affektiv angeeignet werden (vgl. ebd.: 15; 20). Des Weiteren werden die Körper eingeladen, ihr Verhältnis zu den Normen in » geteilten Phantasieszenarien« (121) aufzuführen. Phantasie ist bei Lauretis kein innerliches und persönliches, sondern ein aufgeführtes, sozial gelebtes Geschehen (133; 245). Da es hierbei notwendigerweise darum geht, diverse, womöglich inkohärente kulturelle und individuelle Phantasien miteinander zu vermitteln, lässt sich nicht im Vorfeld sagen, ob eine Phantasie zur Durchsetzung dominanter Normen oder zu deren Umarbeitung oder Ersetzung beiträgt (112; 267ff.).

Um auf die Performativität zurückzukommen, so erscheint mir interessant, dass im Falle der Phantasie die Frage nach dem ›Gelingen‹ des Sprechaktes oder dem erfolgreichen Wiederholen der Norm ausgesetzt ist. Die Unglücksfälle, Missbräuche, Regelverletzungen, die laut Austin ein Scheitern des performativen Aktes kennzeichnen, können gerade die performative Wirksamkeit einer Phantasie ausmachen. Entsprechend kann das Nicht-Erfüllen der Norm dazu führen, dass das Begehren neue Bewegungsrichtungen erproben kann; oder ein Begehren kann sich gerade an der Dissidenz oder dem Nicht-Erfüllen der Norm entzünden. Hierbei bleibt allerdings die Ausrichtung an der Norm, und sei es, indem sie ignoriert oder verweigert wird, bestehen. Wenn sich die Bilder jedoch mit anderen Vorstellungen, Bildern oder Geschichten und den daran geknüpften psycho-sozialen, materiellen und diskursiven Kontexten verbinden, kommt der Phantasie eine Produktivität zu, die sich nicht mehr über die Ausrichtung an der Norm erklären lässt. So sieht Elspeth Probyn (1996) Bilder als die Form oder den Modus an, in denen sich Begehren bewegt; Bilder sind semiotisch-materiell-affektive Kräfte, aber sie bestimmen sich nicht durch einen

Referenten, sondern über die Verbindungen, die sie stiften. In deleuzianischer Manier schreibt sie:

»[...] [I]mages of girls and girls and horses have no referent other than the mélange of bodies and affections that send them of.« (Ebd.: 56) «[...] [T]hey move as lines of desire [...] they must be read as initiating altered and alternative relations within a matrix of class, race, and ethnicity as well as sexuality. While they cannot be allowed to condense into categorized notions of being, they can, however, carry longing; they throw us forward into other relations of becoming and belonging.« (Ebd.: 59).

Phantasien – Bilder oder Szenarien – sind demnach der Modus, in dem sich Begehren bewegt. Mit dem ›bewegten Begehren‹ tritt in die Performativität etwas potentiell anderes ein als ein ›Wiederholen der Norm‹. Zumindest wird das Wiederholen der Norm affektiv oder sexuell aufgeladen (vgl. Butler 1994; Lorenz/Kuster 2007), womöglich entfalten sich aber auch ganz andere Fluchtlinien, Verkettungen oder Bewegungsrichtungen, als die Norm verlangt. So zeigt etwa Renate Lorenz anhand ihres historischen Beispiels einer Hausangestellten im Viktorianischen England, wie der Schmutz, mit dem sie bei der Arbeit umgeht, sexuell aufgeladen und zum Fetisch wird, den sie in einem geteilten Phantasieszenario mit ihrem bürgerlichen Liebhaber nutzen kann, um die Bedeutung und den sozialen Wert ihrer Tätigkeiten umzuarbeiten – und diese Recodierungen auch zurück in ihre Arbeitsverhältnisse zu tragen (vgl. Lorenz 2007b: 116f.). Für Lorenz bedeutet dies, dass der Fetisch dank der feministisch/queeren Lektüre, die er durch Teresa de Lauretis erfahren hat,[12] zu einer semiotisch-materiellen visuellen Repräsentation sexueller Phantasien wird, die soziale und politische Effekte zeitigen:

»Sie [Lauretis, ae] verwendet entsprechend den Begriff des ›Fetischs‹, um die Geschichte der Regulierung der Sexualität umzuarbeiten, und betrachtet ihn als bedeutsames Zeichen jeder Sexualität, die nicht normativ-heterosexuell ist. Eine solche Betrachtung des Fetischs möchten wir als ein politisches Pro-

---

12 Teresa de Lauretis (1996) verbindet ihre queere Relektüre der Psychoanalyse Sigmund Freuds, aus der sie eine Theorie entwickelt, die das Begehren als grundsätzlich ›pervers‹ und ›fetischistisch‹ kennzeichnet, mit Charles Sanders Peirces Konzept der Semiosis sowie Foucaults Machtanalytik und gewinnt damit ein komplexes Verständnis subjektiver und gesellschaftlicher Veränderung mittels Repräsentationspraxen und kultureller Politiken.

jekt einstufen, das die Phantasien der kolonialen Geschichte aufgreift und aneignet und die normalisierende Regulierung von Waren, Geld, Sexualität und Geschlecht sozusagen falsch versteht. Der Fetisch lässt sich entsprechend als ein Zeichen der Denormalisierung begreifen.« (Ebd.: 123)

Hiermit verdeutlicht Lorenz, dass Phantasien und insbesondere geteilte Phantasieszenarien nicht nur normative Regulierungen der Sexualität umarbeiten können, sondern durch die sozio-historische und geo-politische Einbindung des Sexuellen, die im Rahmen dieses Buches als Frage nach dem Verhältnis spätmoderner Sexualität und neoliberaler Ökonomie aufgeworfen ist, auch in makropolitische Diskurse und Verhältnisse verändernd intervenieren können (vgl. auch Lorenz 2009: 69ff.)

Eine queere Ökonomie der Bilder

Inspiriert durch queere künstlerische Praxen vertrete ich die Auffassung, dass visuelle Bildproduktion ein Feld ist, in dem das kulturelle Bildarchiv und die Darstellungs- und Wahrnehmungskonventionen herausgefordert und umgearbeitet werden. Mich interessiert, inwiefern visuelle Repräsentationen entstehen, die nicht das erfüllen, was die geo-historischen, sozio-kulturellen Regeln der Intelligibilität vorgeben. Mich interessiert, inwiefern diese Repräsentationen bedeutsam werden – zumindest für diejenigen, die von vorherrschenden Regeln und Repräsentationsrastern verletzt, entwertet oder ausgeschlossen werden, und/oder für diejenigen, die nach neuen Bildern und Artikulationsweisen suchen –, aber auch, inwiefern eine sozio-politische Bedeutsamkeit entsteht, weil die entsprechenden Bilder in einen intertextuellen und kulturellen Austausch mit dominanten Repräsentationen treten. Hierbei stehen künstlerische und kommerzielle Praxen ebenso wenig in einem diametralen Verhältnis wie queere und neoliberale Politiken. Vielmehr hat sich durch die Bildlektüren bestätigt, dass es sinnvoller ist, nach queeren und neoliberalen Topoi, Rhetoriken, ästhetischen Figuren und Diskursen zu fragen, deren gemeinsames, vielleicht widerstreitendes Auftreten im selben Bild zu untersuchen und anzuerkennen, dass queere und neoliberale Positionen weder eindeutig bestimm-

Diese sind immer verbunden mit dem, was Lauretis den Prozess der ›sexuellen Strukturierung‹ nennt, nämlich die sich fortwährend konstituierende und verändernde Ausbildung sexueller Subjektivität, welche ein Prozess der Repräsentation und der Selbstrepräsentation ist (vgl. auch Lauretis (1987).

bar noch klar voneinander abzugrenzen sind. Insofern es jedoch aus queer-politischer Perspektive gleichermaßen darum geht, Differenzen als Modi sozialer Klassifikation und Hierarchisierung zurückzuweisen, wie darum, Differenz als Alterität, als irreduzible Andersheit und singuläre Besonderheit auszudrücken und anerkannt zu finden, betrachte ich Bilder als Schauplätze für den Umgang mit dieser Aporie. Sie kann im Verhältnis zu neoliberalen Formen der Wertschätzung und des ›Feierns‹ sowie der Vereinnahmung und Abwehr von Differenz/en betrachtet werden. Die Figur der Paradoxie hat sich diesbezüglich als diejenige entpuppt, mittels derer die Aporie der Differenz mit politischen Praxen verschaltet wird.

Die Verschiebungen und Regelverletzungen, die im Kontext queerer Repräsentationspraxen entstehen und die kulturell verfügbaren Vorstellungen von Geschlecht und Sexualität verändern, verweisen nicht auf ein Begehren nach ›objektivem Wissen‹, sondern auf ein politisch motiviertes Projekt, das einem verobjektivierten Wissen quantifizierender und rationalisierender Sozialwissenschaften ein poststrukturalistisch inspiriertes Wissen zur Seite stellen möchte. Letzteres sucht die sozio-diskursiven, psycho-sozialen und ästhetisch-kulturellen Machtrelationen zu explizieren, aus denen Wissen – in seiner jeweiligen Spezifik – hervorgeht. Im Anschluss an Foucault wird ›Wahrheit‹ entsprechend als ein Wahrheitseffekt verstanden, der in konkreten Macht/Wissenkomplexen hervorgebracht wird. Ein derart machtgebundenes Wissen stellt auch die Universalisierbarkeit in Frage und trachtet stattdessen danach, mit anderen Wissensangeboten in Konkurrenz oder in kontroverse Debatten einzutreten. Diese Vision agonaler Auseinandersetzungen statt antagonistischer Kämpfe um die Durchsetzung eines universalisierten Gesellschaftsmodells sind im Verlaufe dieser Arbeit mehrfach mit einer poststrukturalistischen Version der Hegemonietheorie verschaltet und für herrschaftskritische Überlegungen genutzt worden.

Demnach bringen kulturelle Politiken Bilder bzw. visuelle Repräsentationen in hegemonialen Kämpfen zum Einsatz. Meine These ist, dass Bilder deshalb für kulturelle Politiken von besonderem Interesse sind, weil sie, im Sinne Laclaus/Mouffes (1991), gleichzeitig als ›Elemente‹ und als artikulierte ›Momente‹ eines Diskurses auftreten bzw. durch artikulierte, das heißt politisierte Momente und frei flottierende Elemente gebildet werden.[13] Im Modus artikulierter Momente

13 Im Sinne Laclaus/Mouffes (1991) sind ›Elemente‹ und ›Momente‹ nicht verschiedene Entitäten, sondern verschiedene Modi innerhalb des sozio-

treten sie als Kräfte innerhalb hegemonialer Auseinandersetzungen auf. Mit Laclau/Mouffe wird es jedoch möglich, auch die implizite politische Wirksamkeit von Bildern zu reflektieren, also zu berücksichtigen, dass auch die Elemente, die nicht Teil eines etablierten politischen Diskurses sind, sozio-politische Produktivität entfalten können. Im Hinblick auf queere kulturelle Politiken und soziale Transformationen liegt hierin ein entscheidendes Potential, geht es doch aus queer-theoretischer Perspektive gerade darum, dem, was als kulturell nicht intelligibel gilt, zu seinem Recht zu verhelfen.

In diesem Sinne schließe ich, ähnlich wie Linda Hentschel (2007) an Foucaults Überlegungen zu spätmodernen Regierungstechnologien an und bezeichne die Bilder als ›Instrumente und Agenten der Gouvernementalität‹. Wenn Hentschel von ›Regierungstechnologien des Visuellen‹ spricht, greift sie einen sehr spezifischen Aspekt aus Foucaults Konzept der Bio-Macht auf. Dieser erklärt, dass Regierung über Risikokonstruktionen erfolgt, die entsprechend Präventationsmaßnahmen und Versprechen der Gefahrenbewältigung hervorbringen. Bilder sind demnach so verfasst oder eingesetzt, dass sie »einem Bewältigungs- und Sicherheitsphantasma dienen können« (195). Wenn Hentschel allerdings davon spricht, dass »Medienbilder als quasi-polizeiliche Techniken« (ebd.: 195) fungieren, wird diese Regierungsweise zwar zugespitzt, eine Aufmerksamkeit für die Prozesse des ›Dazwischen‹ wird jedoch zugleich erschwert. Der Effekt von Hentschels Zuspitzung ist, dass die Betrachter_innen den Bildern als Regierungstechologien unterworfen sind und scheinbar bereitwillig die ikonographischen Vorgaben eines kollektiven Bildergedächtnisses aktivieren, um ihrem Sicherheitsbedürfnis gerecht zu werden (191). Nur ein ›Antlitz‹, der Eintritt des Anderen, kann das Sicherheitsdispositiv durchkreuzen und eine »prekarisierte Ordnung des Visuellen« (198) bewirken. Im Unterschied dazu erscheint mir wichtig, die Prekarität von vornherein im Verhältnis zwischen Bild und Betrachter_in, Bild und Bildproduktion, Produktionsverhältnissen und Betrachter_in zu verorten. Eine Gouvernementalität der Bilder steht damit weniger im Dienste eines bestimmten Machtdispositivs, als dass sie Machtkämpfe und Verschiebungen von Kräfteverhältnissen forciert, indem Bilder gouvernemental »das Feld

diskursiven Feldes: »Die aus der artikulatorischen Praxis hervorgehende strukturierte Totalität nennen wir *Diskurs*. Die differentiellen Positionen, insofern sie innerhalb eines Diskurses artikuliert erscheinen, nennen wir *Momente*. Demgegenüber bezeichnen wir jede Differenz, die nicht diskursiv artikuliert ist, als *Element*.« (Laclau/Mouffe 1991: 155)

eventuellen Handelns anderer zu strukturieren« (Foucault 1987: 255). Stärker als Hentschel greife ich aus Foucaults Gouvernementalitätsverständnis den Aspekt der ›Anreizung‹ und des Zum-Handeln-Anregens auf. Signifikant für den Gouvernementalitätsbegriff erscheint mir Foucaults Aussage, dass Regierung darin bestehe, mittels Regierungspraxen die Handlungsweisen anderer zu beeinflussen, die sich damit als handelnde Subjekte konstituieren (vgl. Lemke 1997; Engel 2003). Damit ist Gouvernementalität notwendig mit Praxen der Freiheit verbunden, und zwar der Freiheit eines durch Machtverhältnisse konstituierten, post-souveränen Subjekts (vgl. Foucault 1987; Krasmann 2003: 139). ›Bilder als Instrumente der Gouvernementalität‹ interessieren mich somit im Hinblick darauf, welche Formen der Subjektivität, der Körper-Subjektivität in ihren je spezifischen Ethnisierungen und Sexuierungen sie befördern. Neben gouvernementalen Normierungen und ›quasi-polizeilichen‹ Disziplinierungen ist es durchaus auch möglich und, so würde ich sagen, im Sinne queerer kultureller Politiken erstrebenswert, dass Bilder d_ Polymorphen eine queere Gouvernementalität entfalten bzw. als queere Regierungstechnologien wirksam werden. Statt davon auszugehen, dass eine spezifische gouvernementale Macht, so zum Beispiel ein neoliberales Individualisierungsparadigma oder ein Sicherheitsdispositiv, die Gouvernementalität einer bestimmten Epoche oder eines bestimmten geo-politischen Raums strukturieren, gehe ich aus hegemonietheoretischer Perspektive davon aus, dass immer verschiedene Regierungsformen in einem hegemonialen Ringen miteinander stehen. Kulturelle Politiken gewinnen gerade durch diese agonale Verfasstheit des Politischen an Bedeutung. Denn es geht eben nicht darum, die gesamte Bevölkerung auf ein bestimmtes Gouvernement einzuschwören, sondern darum, dass die Einzelnen sich als (potentiell) Handelnde (nicht so) regieren lassen. In diesem Sinne möchte ich Susanne Krasmanns Einschätzung aufgreifen, indem ich im folgenden Zitat den Begriff Sprache durch Bilder ergänze:

»Sprache [und Bilder sind insofern, ae] konstitutiv für Praktiken, als sich in [ihnen] das Möglichkeitsfeld des Denkens und Handelns artikuliert. [...] Sie bilde[n] die Schnittstelle, an der eine politische Rhetorik Formen der Subjektivierung strukturiert.« (Krasmann 2003: 138)

Diese gouvernementalitätstheoretischen Überlegungen verdeutlichen, dass Subjektivität und Herrschaft, Subjektkonstituierung und Regierungstechnologien unmittelbar und unhintergehbar miteinander verschaltet sind. Diese Auffassung trifft sich mit Ansätzen queer/feministischer Theorie, für die Sexualität und Geschlecht nicht zu reduzieren sind auf Dimensionen der Subjektivität und intimer sozialer Beziehungen. Die Konstituierung komplex und vielfältig verkörperter Subjektivitäten, ihre Identifizierungen, Begehrensformen und sexuellen Praxen sind immer zugleich Momente der Konstituierung des Gesellschaftlichen. Umgekehrt bedeutet dies für die hier angestellten methodologischen Gedanken, dass auch kulturelle Politiken, die auf der Ebene von Selbstrepräsentation ansetzen oder Bilder von polymorphen Körpern und dissidenten Sexualitäten schaffen, nicht zu beschränken sind auf eine Sphäre des Persönlichen, sondern die Formen und Prozesse des heteronormativ verfassten Gesellschaftlichen erfassen und verändern. In diesem Sinne sind auch Phantasieproduktion und psycho-sozio-sexuelle Prozesse gesellschaftspolitisch bedeutsame Kräfte.

7 Umbildungen von Sexualität und Ökonomie – Exit

»Even neoliberal true believers, from the editors of The Economist to Wall Street denizens, have shifted gears to support more state action to rescue capitalism from a feared global free fall. The political question within the neoliberal fold is: Will state action take the form of global warfare, corporate welfare, or a renewed, limited social democracy?« (Duggan 2003: 20)

Diesen Verweis auf eine Krise des Neoliberalismus und die daran anknüpfenden politischen Fragen hat Lisa Duggan nicht etwa nach der weltweiten Finanzkrise im Anschluss an den Zusammenbruch etlicher führender Bankhäuser im Jahre 2008, sondern bereits fünf Jahre zuvor angeboten. Statt sich nun darauf zu konzentrieren, die Formen staatlicher Aktivität zu kritisieren, die den Zusammenbruch neoliberaler Ökonomien verhindern und die Kriseneffekte abfedern sollen, sei hier, ganz im Sinne Duggans, vorgeschlagen, die Gunst der Stunde zu nutzen und zu überlegen, wie von queer-politischer Seite gesellschaftspolitische Gestaltungsmacht reklamiert werden und welche veränderten ökonomischen Praxen entwickelt werden können. Wie Gibson-Graham (2005) nahelegen, geht es darum, andere ökonomische Praxen zu imaginieren und im Experiment zu erproben sowie Subjektivierungsweisen zu forcieren, die die entsprechenden Veränderungsprozesse unterstützen.

Anhand von Bildlektüren künstlerischer und kommerzieller visueller Repräsentationen habe ich im vorliegenden Buch nicht nur exemplarisch herausgearbeitet, gemäß welchen kulturellen Vorstellungen und diskursiven Figuren sich in spätmodernen, neoliberalen Gesellschaften das Verhältnis von Sexualität und Ökonomie gestaltet, ich habe auch gezeigt, wie Bilder durch ihre Teilhabe an kulturellen Politiken soziale Produktivität entfalten. Insofern Bilder als Agenten der Gouvernementalität wirksam werden, können sie nicht nur zur Durchsetzung neoliberaler Transformationen, sondern auch zu deren Anfechtung beitragen. Sie sind Instrumente hegemonialer Kämpfe, aber auch deren Austragungsort, da in den Bildern oder durch die Bildlektüren unterschiedliche, teilweise gegensätzliche Diskurse und politische Perspektiven aufeinandertreffen, in den Widerstreit treten oder Allianzen eingehen.

Dem Status als Bild kommt dabei besondere Bedeutung zu, da Prozesse der projektiven Integration über die affektive Besetzung von Bildern funktionieren: In der Verschaltung von persönlichen Phantasien und kulturellem Imaginären mit den im Bildarchiv sozial verfügbaren Bildern und deren künstlerischen und kommerziellen Umarbeitungen befördert die projektive Integration die Ausbildung von Subjektivitäten, die ein affirmativ-funktionales Verhältnis zu Differenz und Andersheit einnehmen und sich damit in neoliberale Anforderungshorizonte einpassen. Bedeutsam wird in diesem Zusammenhang, dass Bilder im Sinne materieller visueller Repräsentationen immer zugleich Projektionen von Phantasien und Projektionsflächen für Phantasien sind. Wenn Phantasien dann als mit Begehren aufgeladene Vorstellungsbilder gelten, können queere Begehrensformen in kulturelle Bildproduktionen münden, die die Regime sozialer Normalität herausfordern und mittels Phantasien gesellschaftspolitische Veränderung antizipieren. Eben dies wäre im Kontext queerer kultureller Politiken auch hinsichtlich des Ökonomischen von Nutzen.

Kapitalismuskritik wird, folgt tran Luc Boltanski und Eve Chiapello (2003), zum einen von sozialen Bewegungen gespeist, die gegen ausbeuterische Praxen und Verhältnisse bzw. für materielle Umverteilung ›nach unten‹ sowie globale und/oder soziale Gerechtigkeit kämpfen, zum anderen von kulturellen Bewegungen oder dem, was die Autor_innen ›Künstlerkritik‹ nennen, die gegen die Einschränkung oder Funktionalisierung menschlicher Freiheit, Individualität, Integrität und Kreativität kämpft. Spätestens seit dem Einsetzen neoliberaler Entwicklungen sowie deren Kritik sind diese beiden Stränge nicht mehr deutlich voneinander zu trennen. Denn neoliberale Entwicklungen sind maßgeblich dadurch gekennzeichnet, dass sie die Elemente der Verteilung (Verfügen über materielle Ressourcen und Kapital) und der Anerkennung (als Subjekt ökonomischen Handelns) miteinander verweben und diversifizierte, flexibilisierte Kombinationsformen statt relativ stabiler Klassenpositionen anbieten. Entsprechend beruht Lisa Duggans (2003) queer/feministische, kapitalismuskritische Argumentation darauf zu zeigen, dass neoliberale Kräfte sich systematisch kultureller Politiken bedienen und die Anerkennungsforderungen verschiedener sozialer Bewegungen aufgreifen, um Zustimmung für politische Maßnahmen zu erlangen, die letztlich auf eine Umverteilung von Ressourcen ›nach oben‹ hinauslaufen.

Die Anerkennungszugeständnisse sind im Kontext postfordistischer Produktion und spätmoderner Gouvernementalität nicht nur funktional, insofern sie eine Diversität von Konsum- und Arbeitssubjektivitäten affirmieren, sondern können auch als ›notwendig‹ betrachtet werden, da sie die Identifizierung mit dem ökonomischen System ermöglichen. Denn die neoliberalen ökonomischen Verhältnisse beruhen darauf, dass die Einzelnen sich aktiv in die ökonomischen Erfordernisse einarbeiten und dem neoliberalen Umbau gesellschaftlicher Verhältnisse – explizit oder implizit durch ihre Praxen – zustimmen. Es entsteht eine neue Subjektivitätsform, die ›Unternehmer_innen ihrer selbst‹, die virtuos im Managen widersprüchlicher Anforderungen und prekärer Situationen sind. ›Sexuelle Arbeit‹ ist von entscheidender Bedeutung für die Konstituierungsprozesse dieser Subjektivitäten (Boudry/Lorenz/Kuster 1999; Lorenz/Kuster 2007; Lorenz 2009), ebenso wie Sexualität in neoliberalen kulturellen Politiken zum Einsatz gebracht wird, um zwischen Privatheit und Öffentlichkeit bzw. dem Persönlichen und der sozialen Existenz zu vermitteln und um anzuregen, in soziale Beziehungen und den Umgang mit Differenz und Alterität zu investieren (Foucault 1983; Alexander 2005).

Ich habe den Begriff der projektiven Integration eingeführt, um die Funktionsweisen neoliberaler Diversity-Politik kritisch betrachten zu können. ›Projektive Integration‹ kennzeichnet eine typisch spätmoderne Form des gesellschaftlichen Umgangs mit Differenz/en, die Diversität als kulturelles Kapital zu nutzen weiß und sich dadurch besonders gut mit den Anforderungen neoliberaler Regierung und ökonomischer Diskurse verbindet. Da sich projektive Integration dadurch auszeichnet, dass sie Differenz nicht als das ganz Andere der Identität fasst, sondern klare Grenzziehungen zwischen Selbst und Anderem auflöst, wird die Verlässlichkeit des hegemonialen normativen Horizonts, auf den sich Assimilation und Multikulturalismus berufen, fragwürdig und die Norm selbst der Vervielfältigung ausgesetzt. Dies befördert, so meine These, dass sich in spätmodernen Gesellschaften ein neuer hegemonialer Konsens ausbildet, der vermittelt über Prozesse projektiver Integration Allianzbildungen zwischen dominanzgesellschaftlichen und (vormals) marginalisierten Gruppen bewirkt und eine weitreichende Zustimmung zu neoliberalen Umstrukturierungen hervorbringt. Hierbei zeigt sich, dass queere, privatwirtschaftliche und staatliche

Vorstellungsbilder und Diskurse nicht sauber voneinander getrennt, sondern integral verwoben sind. Das aber bedeutet auch, dass Kritik und Umarbeitung sozio-ökonomischer Verhältnisse aus der Verwicklung in eben diese erfolgen muss.

Ein zentrales Argument dieses Buches lautet, dass sich eine hegemoniale Allianzbildung gemäß der Vorstellung vollzieht, dass Sexualität eine Privatangelegenheit sei. Diese diskursive Figur erlaubt nicht nur eine Pluralisierung geschlechtlicher und sexueller Lebensformen, solange diese im Privaten verbleiben und die dominant heteronormative Verfasstheit des Gesellschaftlichen nicht in Frage stellen. Wie ich im Kapitel ›Verführung in die privatisierte Verantwortung‹ gezeigt habe, konstruiert jene Figur Sexualität zudem als Mittlerin zwischen individualisierter Autonomie und familiären bzw. gemeinschaftlichen Verantwortungs- und Sorgerelationen. Von Seiten der *lgbt*-Lobbypolitik kann dies insofern attraktiv erscheinen, als damit Teilhabe an den kulturellen Idealen und sozialen Institutionen von Familie und Verwandtschaft versprochen wird. Hinsichtlich der neoliberalen Umstrukturierungen des Sozialstaats kann entsprechend Zustimmung zur privatisierten, in den familiären Raum verlagerten Verantwortung erhofft werden, da diese als Ausdruck intimer Bindungen präsentiert wird. Zugleich bedeutet Privatisierung der Sexualität unter neoliberalen Vorzeichen nicht, dass diese damit aus der Öffentlichkeit verbannt wäre. In den Kapiteln ›Paar werden – Fremd werden‹ und ›Spektakel im Rahmen‹ habe ich gezeigt, dass in dem Maße, wie der öffentliche Raum privatwirtschaftlich organisiert ist, sich auch die Sexualität als Privatangelegenheit dort abspielen kann, ja Sexualität als kommerzialisiertes Spektakel gern gesehen ist, da sie die Formel, Marktfreiheit ermögliche sexuelle Freiheit, zu bestätigen scheint. Die Alternative besteht darin, der ökonomischen Privatisierung der Sexualität entgegenzutreten, aber nicht nostalgisch darauf zu beharren, dass das Private politisch sei, sondern die ›Implosion‹ von Privatem und Öffentlichem als Bedingung aufzugreifen, um öffentlichen Raum für diverse Sexualitäten zu schaffen – ohne diese notwendigerweise der Marktlogik zu unterwerfen. Anhand der Bildlektüren hat sich gezeigt, dass im Kontext queerer kultureller Politiken eine Aneignung und Umarbeitung des Spektakels interessant ist, weil damit die (notwendig) medial vermittelte Beziehung zu Anderen und zum Sozialen hervorgehoben und Illusionen von Authentizität und Unmittelbarkeit untergraben werden können. Die Frage ist also, ob es gelingen kann, von Seiten des Spektakels aus die Position des dominanten Subjekts zu untergraben, insofern dieses zu einer begehrlich-begehrenden Annäherung an das ›Merkwürdig-Fremde‹ verführt wird, die den eigenen Subjektstatus anficht.

Im dritten Kapitel habe ich mich damit befasst, wieso aus poststrukturalistisch-hegemonietheoretischer Perspektive betrachtet den Paradoxien eine Schlüsselstellung bezüglich neoliberaler Transformationen zukommt: Einerseits lässt sich zeigen, wie paradoxe soziale Anforderungen politisch eingesetzt werden, um die Einzelnen zu aktivieren, persönliche Lösungen für sozio-ökonomische Widersprüche zu finden bzw. deren Unauflösbarkeit als schicksalhaft zu entpolitisieren. Andererseits habe ich ausgehend von den Bildlektüren vorgeschlagen, Paradoxien als Einstiege für queere kulturelle Politiken zu wählen, die post-identitäre feministische, antirassistische und kapitalismuskritische Perspektiven artikulieren. Diese Politiken betreiben statt des Auflösens ein Aufrechterhalten von Paradoxien oder eine Produktion von Ambiguität, um ein Verständnis des Politischen zu unterstützen, das nicht auf Wahrheiten und totalisierende Schließungen, sondern auf fortdauernde hegemoniale Kämpfe und ›offene Zukünftigkeit‹ setzt.

Ein derartiges Verständnis des Politischen verschaltet sich mit poststrukturalistischer Ökonomiekritik, die, wie Urs Stäheli (2008) darlegt, mit Hilfe zweier argumentativer Strategien die scheinbare Monolithik der ökonomischen Ordnung untergräbt: Zum einen werden die Genealogien und diskursiven Konstruktionen herausgearbeitet, durch die das Ökonomische in seinen spezifischen historischen Formen überhaupt erst hervorgebracht wird, so dass die Konstitution des Ökonomischen als unmittelbar mit Machtprozessen verschaltet erscheint (vgl. ebd.: 302). Zum anderen wird der Blick auf die Unmöglichkeit ökonomischer Totalisierungen gelegt, also hervorgehoben, wo die Versuche, eine selbstreferentielle Geschlossenheit eines Systems ökonomischer Prozesse zu behaupten, scheitern (304). In Folge dieser Argumentationsstrategien entsteht ein Bild heterogener ökonomischer Praktiken und Diskurse (298) sowie ökonomischer Subjektivierungsweisen, die mitnichten alle auf die Figur des *homo oeconomicus* oder der ›Unternehmer_in ihrer selbst‹ zu reduzieren sind (309).

Wenn das Ökonomische somit als Produkt diskursiver und affektiver kultureller Praxen angesehen wird, kann die zu Tage tretende Heterogenität zum Anlass und Ausgangspunkt kultureller Politiken genommen werden, die sich nicht der Dominanz des sich globalisierenden neoliberalen Kapitalismus unterwerfen. Queere kulturelle Politiken nuzen diesbezüglich die ›Kollaborationen‹ von Sexualität und Ökonomie, die sich im Kontext spätmoderner, pluralistischer Verhältnisse etablieren. Diese Kollaborationen verweisen nicht allein auf den neoliberalen Zugriff auf das Sexuelle, vielmehr kann umgekehrt Sexualität auch zum Ansatzpunkt widerständiger Praxen werden und sexuelle Arbeit in die ökonomischen Prozesse kritisch, subversiv oder sabotierend eingreifen. Hierbei kann daran angeknüpft werden, dass die Verschaltung von Bedürfnisbefriedigung, Wunscherfüllung und Wunschproduktion mit den Produktions- und Reproduktionsverhältnissen, kurz: von Begehren und Ökonomie, eine lange Tradition hat. Sowohl Mangel- als auch Überschussmodelle des Begehrens erklären bereits seit Jeremy Bentham (Streben nach Lust, Vermeiden von Schmerz und ihr kalkuliertes Gegeneinander-Aufrechnen) und Karl Marx (Warenfetischismus) die kapitalistische Dynamik (Cornwall 1997; Hennessy 2000; Stäheli 2008; Habermann 2008), wobei die Frage ist, wie queere Begehrenstheorien, die die Subjekt/Objekt-Trennung unterlaufen, zu veränderten ökonomischen Perspektiven führen können.

Seit Entstehung der Finanzökonomie ist Ökonomie nicht mehr unbedingt am Knappheitsparadigma orientiert (der Preis steigt mit der Nachfrage und dem entsprechend knapper werdenden Angebot), sondern verschreibt sich parallel dazu einer Logik des Exzesses (der Vermehrung des Profits dank einer Preisbildung, die unabhängig ist von einer Deckung in Gütern oder Geld). Darin ähnelt sie dem Geldspiel: »Durch das Geldspiel wird die Anbindung von Geld an eine Repräsentations- und Äquivalenzsemantik aufgelöst. Das Geldspiel ermöglicht, etwas ohne Gegenleistung zu erhalten – kurz ›to get something for nothing‹.« (Stäheli 2007: 60f.) Stäheli befasst sich mit der Ähnlichkeit zwischen der Börsenspekulation und dem Glücksspiel – sowie mit den ökonomischen Diskursen, die bemüht sind, eine Unterscheidung zwischen beiden zu etablieren (vgl. ebd.: 53ff.), die die Ernsthaftigkeit und Ökonomizität der Spekulation garantieren soll, obwohl Letztere nicht anders als das Glücksspiel von einer gesteigerten Selbstreferentialität (50) und einer Lust an der Kontingenz sowie dem damit einhergehenden Versprechen paradiesischer Fülle (68) und Intensität (71) getragen ist.

Damit zeigt sich eine Nähe zwischen der Finanzökonomie und einem Verständnis des Begehrens, das nicht an Bedürfnisbefriedigung ausgerichtet oder durch einen Mangel angetrieben ist, sondern auf Produktivität und Bewegung oder Zirkulation setzt. Das Begehren macht sich nicht am Objekt fest, sondern bewegt sich im Modus von Phantasiebildern oder in geteilten Phantasieszenarien. Doch ist in der Finanzspekulation die Lust an der Zirkulation und das »Vergnügen am sich selbst schaffenden Geld« (112) nicht zu trennen von der Profitorientierung. Das Phantasma eines ›sich selbst schaffenden Geldes‹ ist nur dadurch aufrechtzuerhalten, dass die Finanzökonomie entkoppelt wird von den Produktions- und Reproduktionsverhältnissen, die sich mit Problemen des Mangels, der Knappheit und der Verteilungsgerechtigkeit herumschlagen. Dennoch lässt sich mit Gibson-Graham (2005) fragen, ob ein Modell des Begehrens als Produktivität und Bewegung, gerade ob der darin angelegten Lust an der Kontingenz, nicht doch auch dazu führt, dass veränderte Formen des Wirtschaftens und nicht-kapitalistischer Ökonomien gewünscht und deren Umsetzung vorangetrieben werden. Für Gibson-Graham ergibt sich Veränderung dann, wenn über Formen der Profitnutzung politisch entschieden werden kann und diese nicht automatisch in private Verfügungsmacht münden, wobei möglichst vielfältige Zugänge zur Beteiligung an derartigen Entscheidungen zu eröffnen seien (vgl. ebd.: 101ff.). Zuvor wäre allerdings, so möchte ich betonen, auch eine zweite Frage zu politisieren, nämlich wie der Profit erwirtschaftet wird, über dessen Nutzung dann entschieden wird. Bezogen auf die Finanzspekulation, im Grunde genommen jedoch auch bezogen auf Produktions- und Reproduktionspraxen, auf sexuelle oder schlicht alle sozialen Interaktionen, die durch Machtdifferenzen gekennzeichnet sind, wäre eine einfache Regel zu beachten: Das Spiel darf nur auf Kosten derer gehen, die sich entscheiden, am Spiel teilzunehmen. Nur aus deren Vermögen und Kapazitäten (Arbeitskraft, Zeit, Engagement, Kreativität, Affekt), und nicht durch Ausbeutung anderer darf Profit erwirtschaftet werden. Doch was heißt hinsichtlich der Teilnahme am Spiel ›sich entscheiden können‹, am Spiel teilzunehmen? Zu diesem Zwecke bedarf es nicht allein ökonomischer Unabhängigkeit – also der Möglichkeit, sich durch ein individuell verfügbares, nicht mit Zwängen gekoppeltes Einkommen selbst versorgen zu können –, sondern auch ökonomischer Handlungsmächtigkeit, also der Möglichkeit, zumindest die eigenen Einkommensverhältnisse, besser jedoch auch gesellschaftliche und globale ökonomische Verhältnisse mit gestalten zu können.

Eine derartige ökonomische Handlungsmächtigkeit anzuerkennen – oder einzufordern – heißt, dass ungefähr fünf Milliarden Jugendliche und Erwachsene zu ›Entscheidungen in der Unentscheidbarkeit‹ bereit stehen, die die Gestaltung globaler ökonomischer Verhältnisse betreffen. Eine interessante Frage ist, inwiefern hierbei sexuelle Subjekts aktiv werden und auf welche Weise unterschiedliche Begehrensformen zum Tragen kommen. Des weiteren fragt sich, warum nicht insbesondere diejenigen, die den kapitalistischen Anforderungsprofilen privatisierter Leistungs-, Verantwortungs- und Eigentumsnormen nicht gerecht werden, Möglichkeiten haben sollten, sich Formen zu überlegen und zu erproben, wie zum einen die ökonomische Grundversorgung aller Menschen sichergestellt und wie zum anderen gesellschaftlicher Reichtum erwirtschaftet werden kann, der es erlaubt, nicht-profitable Arbeiten und Tätigkeiten (wie soziale und affektive sowie Reproduktions-, Gesundheits-, Bildungs- und Kulturarbeit) zu finanzieren. Was könnte es zudem heißen, profitorientierte Tätigkeiten wie kapitalistische

Produktion und Spekulation so zu gestalten, dass sie jeweils nur auf Kosten derer erfolgen, die sich entscheiden, sich daran zu beteiligen, bzw. dass es für alle möglich wird, der Teilnahme an kapitalistischen Prozessen zu entsagen, ohne dass damit die individuelle ökonomische Versorgung gefährdet wäre? Wie können unterschiedliche Wirtschaftsformen so nebeneinander bestehen bzw. ineinandergreifen, dass für gesellschaftliche und globale Verteilungsgerechtigkeit gesorgt ist? Wie können sich Konsumtionsformen, die auf nicht-kapitalistischer Mehrwertproduktion und auf kapitalistischer Profitwirtschaft beruhen, ergänzen? Und welche Rolle kommt kulturellen Politiken und visuellem Aktivismus hierbei zu?

Insofern dies Fragen sind, bezüglich derer gegensätzliche Interessen, Begehren und Privilegien aufeinandertreffen, werden sie in hegemoniale Kämpfe münden und eher nach einer Organisation des Dissenses als nach Konsensproduktion verlangen. Wenn Gibson-Graham (2005) eine Politik der ›ökonomischen Diversität‹ vertreten, so geht es ihnen darum, keine normative oder teleologische Perspektive zu fixieren, sondern das Gesellschaftliche inklusive seiner Institutionen so zu organisieren, dass heterogene und offene Prozesse von unterschiedlichen sozialen Positionen aus mit gestaltet werden können. Gibson-Grahams Ansatz kann als Verbindung von Anerkennungs- und Umverteilungspolitiken verstanden werden, insofern sie Gemeinwohl an Gemeinschaft-ohne-Gemeinsamkeit orientieren und sowohl eine kollektive Gerechtigkeitsperspektive verfolgen als auch Raum und Ressourcen für Singularität zu schaffen trachten.

Eine Forderung aus queer-politischer Perspektive könnte demnach lauten, ökonomische und politische Rahmenbedingungen zu schaffen, die es Menschen ermöglichen, Freude an der Instabilität und Nichtfixierbarkeit von Identitäten sowie der Kontingenz gesellschaftlicher Verhältnisse und der Unentscheidbarkeit von Entscheidungen zu entwickeln, kurz: als Polymorphe in polymorphen Verhältnissen zu leben und Strategien der VerUneindeutigung zu verfolgen, um (hetero-)normative Verhältnisse zu queeren. Das bedeutet keineswegs, queer zur normativen Perspektive zu erheben und allen Menschen zu allen Zeiten eine Freude an der Kontingenz abzuverlangen. Der entscheidende Punkt liegt eher darin, dass weder eine identitätsfreudige noch eine kontingenzfreudige Lebensweise irgendjemandem zum Nachteil gereichen sollte. Damit entstünde Raum, in dem queeres Begehren als kapitalismuskritische Kraft wirken und sich Neugier und Experimentierfreude zwecks Erprobung und Umsetzung veränderter Formen des Wirtschaftens und nicht-kapitalistischer Ökonomie entwickeln könnte.

Literatur

Adorf, Sigrid (2007): »Nicht unmittelbar, sondern bedingt. Zum performativen Verhältnis von Subjekt und Bild am Beispiel einer Videoprojektion«. In: FKW. Zeitschrift für Geschlechterforschung und visuelle Kultur 44, S. 14-22.

Adorf, Sigrid/Brandes, Kerstin (Hg) (2007): *›Indem es sich weigert eine feste Form anzunehmen‹. Kunst, Sichtbarkeit, Queer Theory.* Schwerpunktheft von FKW. Zeitschrift für Geschlechterforschung und visuelle Kultur, 45.

Alexander, Jacqui M. (2005a): »Erotic Autonomy as a Politics of Decolonization. An Anatomy of Feminist and State Practice in the Bahamas Tourist Economy« [1997]. In: Dies.: *Pedagogies of Crossing. Meditations on Feminism, Sexual Politics, Memory, and the Sacred,* Durham/London: Duke UP, S. 21-65.

Alexander, Jacqui M. (2005b): »Imperial Desire/Sexual Utopias. White Gay Capital and Transnational Tourism« [2001]. In: Dies.: *Pedagogies of Crossing. Meditations on Feminism, Sexual Politics, Memory, and the Sacred,* Durham/London: Duke UP, S. 66-88.

Allolio-Näcke, Lars/Kalscheuer, Britta/Manzeschke, Arne (Hg.) (2005): *Differenzen anders denken. Bausteine zu einer Kulturtheorie der Transdifferenz,* Frankfurt/M.: Campus.

Austin, John L. (2002): *Zur Theorie der Sprechakte* (a. d. Engl. v. Eike v. Savigny), Stuttgart: Reclam.

Babka, Anna/Hochreiter, Susanne (Hg.) (2008): *Queer Reading in den Philologien. Modelle und Anwendungen.* Wien: Vienna UP.

Barthes, Roland (1989): *Die helle Kammer. Bemerkungen zur Photographie* [1980] (a. d. Franz. v. Dietrich Leube), Frankfurt/M.: Suhrkamp.

Beger, Nicolas (2004): *Tensions in the Struggle for Sexual Minority Rights in Europe: Que(e)rying Political Practices,* Manchester: Manchester UP.

Bhabha, Homi (1994): *The Location of Culture.* London/New York: Routledge.

Blair, Anthony J. (2004): »The Rhetoric of Visual Arguments«. In: Charles A. Hill/Marguerite Helmers (Hg.): *Defining Visual Rhetorics,* Mahwah, New Jersey: Lawrence Erlbaum, S. 41-61.

Bojadžijev, Manuela (2008): *Die windige Internationale. Rassismus und Kämpfe der Migration.* Münster: Westfälisches Dampfboot.

Boltanski, Luc/Chiapello, Eve (2003): *Der neue Geist des Kapitalismus,* Konstanz: UVK.

Boudry, Pauline/Kuster, Brigitta/Lorenz, Renate (Hg.) (1999): *Reproduktionskonten fälschen. Heterosexualität, Arbeit und Zuhause,* Berlin: b_books.

Bower, Lisa (1997): »Queer Problems/Straight Solutions: The Limits of a Politics of ›Official Recognition‹«. In: Shane Phelan (Hg.): *Playing with Fire. Queer politics, queer theories,* New York: Routledge, S. 267-291.

Brandes, Kerstin (2004): »›What are you lookn at‹ Fotografie und die Spuren des Spiegel(n)s«. In: Susanne v. Falkenhausen/et al (Hg.), *Medien der Kunst. Geschlecht, Metapher, Code,* Marburg: Jonas, S. 148-163.

Brandes, Kerstin (2004): »Hottentot Venus. Re-Considering Saartjie Baartman: Configurations of the ›Hottentot Venus‹ in Contemporary Cultural Discourse, Politics, and Art.« In: Helene von Oldenburg, Andrea Sick (Hg.): *Virtual Minds. Congress of Fictitious Figures,* Bremen: thealit, S. 40-55.

Brandes, Kerstin (2007): »›Exotische Wilde‹ – Grenzfiguren als Symptome einer neoliberalen Bilderpolitik«. FKW. Zeitschrift für Geschlechterforschung und visuelle Kultur 44, S. 22-30.

Brandes, Kerstin (2008): *Strategien des Ent/Fixierens in foto-künstlerischen Inszenierungen von geschlechtlich und ethnisch-kulturell codierter Identität und Differenz (1994-1996),* unveröffentlichte Doktorarbeit, Universität Oldenburg; erscheint (2009) bei transcript.

Bröckling, Ulrich/Krasmann, Susanne/Lemke, Thomas (Hg.) (2000): *Gouvernementalität der Gegenwart. Studien zur Ökonomisierung des Sozialen,* Frankfurt/M.: Suhrkamp.

Brosch, Renate (2004): »Die ›gute‹ Ekphrasis: Grenzgänge der Repräsentation«. In: Dies. (Hg.): *Ikono/Philo/Logie: Wechselspiele von Texten und Bildern,* Berlin: trafo, S. 61-78.

Brown, Wendy (1995): *States of Injury. Power and Freedom in Late Modernity*, Princeton: Princeton UP.

Brown, Wendy (2006): *Regulating Aversion. Tolerance in the Age of Identity and Empire*, Princeton: Princeton UP.

Brunnett, Regina (2007): *Symbolische Gesundheit und Arbeit. Eine hegemonietheoretische Studie zum Mehrwert von Gesundheit im Postfordismus*, unveröffentlicht Dissertation, Universität Hamburg, Institut für Soziologie.

Butler, Judith (1991): *Das Unbehagen der Geschlechter* (a. d. Amerik. v. Kathrina Menke), Frankfurt/M.: Suhrkamp.

Butler, Judith (1995): *Körper von Gewicht. Die diskursiven Grenzen des Geschlechts* (a. d. Amerik. v. Karin Wördemann), Berlin: Berlin Verlag.

Butler, Judith (1998a): *Haß spricht. Zur Politik des Performativen* (a. d. Amerik. v. Kathrina Menke und Markus Krist), Berlin: Berlin Verlag.

Butler, Judith (1998b): »Merely Cultural«. new left review 227 (1), S. 33-44.

Butler, Judith (2001): *Antigones Verlangen: Verwandtschaft zwischen Leben und Tod* [2000] (a. d. Amerik. v. Rainer Ansén), Frankfurt/M.: Suhrkamp.

Butler, Judith (2004a): »The Question of Social Transformation«. In: Dies.: *Undoing Gender*, New York: Routledge, S. 204-231.

Butler, Judith (2004b): »Longing for Recognition«. In: Dies.: *Undoing Gender*, New York: Routledge, S.131-151.

Butler, Judith (2007): »Folter und die Ethik der Fotografie«. In: Linda Hentschel (Hg.): *Bilderpolitik in Zeiten von Krieg und Terror. Medien, Macht und Geschlchterverhältnisse*, Berlin: b_books, S. 205-227.

Butler, Judith (2008): »›Politics under Conditions of Precariousness and Violence.‹ Im Interview mit Antke Engel«. In: Marina Gržinić/Rosa Reitsamer (Hg.): *New Feminisms. Worlds of Feminism, Queer and Networking Conditions*, Wien: Loecker, S. 135-146.

Butler, Judith/Laclau, Ernesto/Žižek, Slavoj (2000): *Contingency, Hegemony, Universality. Contemporary Dialogues on the Left*, London/New York: Verso.

Caixeta, Luzenir (2003): »Anthropophagie als Antwort auf die eurozentrische Kulturhegemonie. Oder: Wie die Mehrheitsgesellschaft feministische Migrantinnen schlucken ›muss‹«. In: Hito Steyerl/Encarnación Gutiérrez Rodríguez (Hg.): *Spricht die Subalterne deutsch? Migration und Postkoloniale Kritik*. Münster: Unrast, S. 186-194.

Castro Varela, María do Mar/Dhawan, Nikita (2005): *Postkoloniale Theorie. Eine kritische Einführung*, Bielefeld: transcript.

Castro Varela, María do Mar/Dhawan, Nikita (2006): »Das Dilemma der Gerechtigkeit: Migration, Religion und Gender«. Das Argument, 266, 48. Jg., Heft 3, 2006, S. 427-440.

Castro Varela, María do Mar/Dhawan, Nikita (2007): »Prekarität und Subalternität – Zusammenhänge und Differenzen«. Verein Shedhalle 2007, S. 15-17.

Castro Varela, María do Mar (2007): *Unzeitgemäße Utopien. Migrantinnen zwischen Selbsterfindung und gelehrter Hoffnung*, Bielefeld: transcript.

Chow, Rey (2001): »Gender and Representation«. In: Elisabeth Bronfen/Mischa Kavka (Hg.): *Feminist Consequences. Theory for the New Century*, New York: Columbia UP, S. 38-57.

Coffey, Judith/Emde, V.D./Emerson, Juliette/Huber, Jamie/Klarfeld, Roman*/Köppert, Katrin/Mann, LCavaliero (Hg.) (2008): *queer leben – queer labeln? (Wissenschafts-)kritische Kopfmassagen*. Freiburg: fupf.

Cohen, Cathy J. (1999): *The Boundaries of Blackness. Aids and the Breakdown of Black Politics*, Chicago: Chicago UP.

Cohen, Cathy J. (2005): »Punks, Bulldaggers, and Welfare Queens: The Radical Potential of Queer Politics?«. In: Patrick E. Johnson/Mae G. Henderson (Hg.): *Black Queer Studies. A Critical Anthology*, Durham/London: Duke UP, S. 21-51.

Connell, R. W. (1995): »Democracies of Pleasure: thoughts on the goals of radical sexual politics«. In: Linda Nicholson/Steven Seidman (Hg.), *Social Postmodernism. Beyond Identity Politics*, Cambridge: Cambridge UP, S. 384-395.

Cooper, Davina (2002): »Imagining the Place of the State: Where Gouvernance and Social Power Meet«. In: Diane Richardson/Steven Seidman (Hg.): *Handbook of Lesbian and Gay Studies*, London et al.: Sage, S. 231-252.

Cornell, Drucilla (1998): *At the Heart of Freedom. Feminism, Sex, and Equality*, Princeton: Princeton UP.

Cornwall, Richard R. (1997): »Deconstructing silence: the queer political economy of the social articulation of desire.« In: Review of Radical Political Economics 29 (1), S.1-130.

Cruz-Malavé, Arnaldo/Manalansan IV, Martin F. (Hg.) (2002): *Queer Globalizations. Citizenship and the Afterlife of Colonialism*, New York/London: New York UP.

Cvetkovich, Ann (2001): »Fierce Pussies and Lesbian Avengers. Dyke Activism Meets Celebrity Culture«. In: Elisabeth Bronfen/Mischa

Kavka (Hg.): *Feminist Consequences. Theory for the New Century*, New York: Columbia UP, S. 283-319.

Davis, Angela (1982): *Rassismus und Sexismus. Schwarze Frauen und Klassenkampf in den USA* [1981] (a. d. Amerik. v. Erika Stöppler), Berlin: Elefanten Press.

Deleuze, Gilles/Guattari, Félix (1997): *Der Anti-Ödipus. Kapitalismus und Schizophrenie* (a. d. Franz. v. Bernd Schwibs), Frankfurt/M.: Suhrkamp.

Derrida, Jacques (1988): *Geschlecht (Heidegger)* (a. d. Franz. v. Hans Dieter Gondek), Wien: Passagen.

Derrida, Jacques (1991a): »Geschlecht: Sexual Difference, Ontological Difference« [1987]. In: Peggy Kamuf (Hg.): *Behind the Blinds. A Derrida Reader*, New York: Columbia UP, S. 378-402.

Derrida, Jacques (1991b): »Choreographies« (Interview by Christie McDonald) [1982]. In: Peggy Kamuf (Hg.): *Behind the Blinds. A Derrida Reader*, New York: Columbia UP, S. 440-456.

Derrida, Jacques (1994): »The Spatial Arts: An Interview with Jacques Derrida by Peter Brunette and David Wills«. In: Peter Brunette/ David Wills (Hg.): *Deconstruction and the Visual Arts. Art, Media, Architecture*, Cambridge: Cambridge UP, S. 9-32.

Derrida, Jacques (1996): *Gesetzeskraft. Der ›mystische‹ Grund der Autorität* [1990] (a. d. Franz. v. Alexander García Düttmann), Frankfurt/M.: Suhrkamp.

Derrida, Jacques (1999): »Signatur, Ereignis, Kontext« [1972]. In: Ders.: *Randgänge der Philosophie* (a. d. Franz. v. Donald W. Tuckwiller), Wien: Passagen, S. 325-352.

Derrida, Jacques (2002): *Politik der Freundschaft* [1994] (a. d. Franz. v. Stefan Lorenzer), Frankfurt/M.: Suhrkamp.

Deuber-Mankowsky, Astrid (1998): »Geschlecht und Repräsentation. Oder, wie das Bild zum Denken kommt«. Die Philosophin 18, S. 24-41.

Dhawan, Nikita (2007): *Impossible Speech. On the Politics of Silence and Violence*, St. Augustin: Academia.

Dietze, Gabriele (2006): »Critical Whiteness Theory und Kritischer Okzidentalismus. Zwei Figuren hegemonialer Selbstreflexion«. In: Martina Tißberger et al. (Hg.): *Weiß – Weißsein – Whiteness. Kritische Studien zu Gender und Rassismus_Critical Studies on Gender and Racism*, Frankfurt/M.: Peter Lang.

Dietze, Gabriele/Haschemi Yekani, Elahe/Michaelis, Beatrice (2007): »Checks and Balances. Zum Verhältnis von Intersektionalität und Queer Theory«. In: Katharina Walgenbach/et al. (Hg.): *Gender als*

interdependente Kategorie. Neue Perspektiven auf Intersektionalität, Diversität und Heterogenität, Opladen: Budrich, S. 107-139.
Doujak, Ines (2008): *Siegesgärten/Victory Gardens*, Wien: Schleebrügge.
Duggan, Lisa (2003): *The Twilight of Equality. Neoliberalism, Cultural Politics, and the Attack on Democracy*, Boston: Beacon Press.
Eiblmayer, Sylvia (1993): *Die Frau als Bild. Der weibliche Körper in der Kunst des 20. Jahrhunderts*, Berlin: Reimer.
Elam, Diane (1994): *Feminism and Deconstruction. Ms. en Abyme*. London/New York: Routledge.
El-Tayeb, Fatima (2003): »Begrenzte Horizonte. Queer Identity in der Festung Europa«. In: Hito Steyerl/Encarnación Gutiérrez Rodríguez (Hg.): *Spricht die Subalterne deutsch? Migration und Postkoloniale Kritik*. Münster: Unrast, S. 129-145.
Eng, David L./et al. (Hg.) (2005): »What's Queer about Queer Studies Now?«. Social Text 23 (3-4).
Engel, Antke (2002): *Wider die Eindeutigkeit. Sexualität und Geschlecht im Fokus queerer Politik der Repräsentation*, Frankfurt/M.: Campus.
Engel, Antke (2003): »Wie regiert die Sexualität? Michel Foucaults Konzept der Gouvernementalität im Kontext queer/feministischer Theoriebildung«. In: Encarnación Guttiérez Rodríguez/Marianne Pieper (Hg.): *Gouvernementalität. Eine sozialwissenschaftliche Debatte im Anschluss an Foucault*, Frankfurt/M.: Campus, S. 224-239.
Engel, Antke (2005a): »Entschiedene Interventionen in der Unentscheidbarkeit. Von queerer Identitätskritik zur VerUneindeutigung als Methode«. In: Cilia Harders/et al. (Hg.): *Forschungsfeld Politik*, Wiesbaden: VS Verlag, S. 261-282.
Engel, Antke (2005b): »Die Verschränkung von Sexualität und Ökonomie. Subjektkonstituierung unter neoliberalen Vorzeichen«. In: Waltraud Ernst (Hg.): *Leben und Wirtschaften Geschlechterkonstruktionen durch Arbeit*, Münster: LIT, S. 136-152.
Engel, Antke (2006a): »A Queer Politics of Representation: Exploring the Intersections of Sexuality and Economy«. framework: the finnish art review 5, S. 18-22.
Engel, Antke (2006b): »Wer ist – wer – ist politisches Subjekt? Eine Kritik der Toleranz unter dem Gesichtspunkt politischer Partizipation./Who is – Who – is the Political Subject. A Critique of Tolerance from the Viewpoint of Political Participation« (a. d. Engl. v. Silvia Baur und Jon Smale). In: Farida Heuck/et al. (Hg.): *Gefährliche Kreuzungen. Grammatik der Toleranz*, München: Silke Schreiber, S. 128-142.

Engel, Antke (2006c): »Szenarien des Begehrens. Post-ödipale Begehrenstheorien aus queer-theoretischer Perspektive«. juridikum. zeitschrift im rechtsstaat, 4, S. 210-215.

Engel, Antke (2006d): »Traveling Images. Desire as Movement. Desire as Method«. In: Tomasz Basiuk et al. (Hg.): *Out Here: Local and International Perspectives in Queer Studies*, Cambridge: Cambridge Scholars Press, S. 13-24.

Engel, Antke (2007a): »Unter Verzicht auf Autorisierung. Foucaults Begriff der Akzeptanz und der Status des Wissens in queerer Theorie und Bewegung«. In: Ronald Langner/et al. (Hg.): *Ordnungen des Denkens. Debatten um Wissenschaftstheorie und Erkenntniskritik*, Münster: LIT, S. 269-286.

Engel, Antke (2007b): »Challenging the Heteronormativity of Tolerance Pluralism. Articulations of Non-normative Sexualities«. redescriptions. Yearbook of Political Thought and Conceptual History, 11, S. 78-98.

Engel, Antke (2007c): »No Sex, No Crime, No Shame. Privatized Care and the Seduction into Responsibility«. Nora. Nordic Journal of Women's Studies, vol. 15 (2-3), S. 114-132.

Engel, Antke (2008a): »Gefeierte Vielfalt. Umstrittene Heterogenität. Befriedete Provokation. Sexuelle Lebensformen in spätmodernen Gesellschaften«. In: Rainer Bartel/et al. (Hg.): *Heteronormativität und Homosexualitäten*, Innsbruck et al.: Studien Verlag, S. 43-63.

Engel, Antke (2008b): »Das Bild als Akteur – das Bild als Queereur. Methodologische Überlegungen zur sozialen Produktivität der Bilder«. FKW. Zeitschrift für Geschlechterforschung und visuelle Kultur 45, S. 12-25.

Engel, Antke (2008c): »Geschlecht und Sexualität. Jenseits von Zweigeschlechtlichkeit und Heteronormativität«. In: Stephan Moebius/ Andreas Reckwitz (Hg.): *Poststrukturalistische Sozialwissenschaft*, Frankfurt/M.: Suhrkamp, S. 330-346.

Engel, Antke (2009a): »Unauffällig, unbehelligt – und staatstragend. Sexualpolitiken in Zeiten konservativer Restauration« In: Andreas Krass (Hg.): *Queer Theory*, Berlin: trafo, erscheint Frühjahr 2009

Engel, Antke (2009b): »Des/Integration politisieren. Dissidente Sexualitäten und eine Politik des agonalen Pluralismus«. In: María do Mar Castro Varela (Hg.): *Soziale (Un)Gerechtigkeit. Kritische Perspektiven auf Diversity, Intersektionalität und Antidiskriminierung*, Münster et al.: LIT, erscheint Frühjahr 2009.

Engel, Antke/et al. (Hg.) (2005): »Queere Politiken. Analysen, Kritik, Perspektiven«. femina politica. Zeitschrift für feministische Politikwissenschaft 14 (1).

Engel, Antke/Schuster, Nina (2007): »Die Denaturalisierung von Geschlecht und Sexualität. Queer/feministische Auseinandersetzungen mit Foucault«. In: Frank Bettinger/Roland Anhorn/Johannes Stehr (Hg.): *Foucaults Machtanalytik und Soziale Arbeit,* Wiesbaden: VS Verlag, S. 134-153.

Englert, Kathrin (2007): Globalisierte Hausarbeiterinnen in Deutschland, in: Melanie Groß/Gabriele Winker (Hg.): *Queer- | feministische Kritiken neoliberaler Verhältnisse,* Münster: Unrast, 79-101.

Erel, Umut/Haritaworn, Jinthana/Gutiérrez Rodríguez, Encarnación/Klesse, Christian (2007): »Intersektionalität oder Simultaneität?! – Zur Verschränkung und Gleichzeitigkeit mehrfacher Machtverhältnisse«. In: Hartmann, Jutta/et al. (Hg.) (2007): *Heteronormativität. Empirische Studien zu Heterosexualität als gesellschaftlichem Machtverhältnis,* Wiesbaden: VS Verlag, S. 239-250.

Ernst, Waltraud (Hg.) (2005): *Leben und Wirtschaften Geschlechterkonstruktionen durch Arbeit,* Münster: LIT.

Evans, David T. (1993): *Sexual Citizenship. The Material Construction of Sexualities,* London: Routledge.

Florida, Richard (2002): »The Rise of the Creative Class«. In: http://www.washingtonmonthly.com/features/2001/0205.florida.html (12.02.2007).

Foucault, Michel (1983): *Der Wille zum Wissen. Sexualität und Wahrheit, Bd. I.* [Paris 1976] (a. d. Franz. v. Ulrich Raulff und Walter Seitter), Frankfurt/M.: Suhrkamp.

Foucault, Michel (1987): »Warum ich Macht untersuche: Die Frage des Subjekts« und »Zur Genealogie der Ethik. Ein Überblick über laufende Arbeiten« [1983] (Gespräch mit Hubert L. Dreyfus u. Paul Rabinow). In: Hubert L. Dreyfus/Paul Rabinow (Hg.): *Michel Foucault. Jenseits von Strukturalismus und Hermeneutik* (a. d. Amerik. v. Claus Rath und Ulrich Raulff), Weinheim: Athenäum, S. 243-291.

Foucault, Michel (2000): »Die Gouvernementalität« [1977/78] (a. d. Franz. v. Hans-Dieter Gondeck). In: Ulrich Bröckling/et al. (Hg.): *Gouvernementalität der Gegenwart. Studien zur Ökonomisierung des Sozialen,* Frankfurt/M.: Suhrkamp. S. 41-67.

Friedrichs, Jürgen/Jagodzinski, Wolfgang (1999) (Hg.): *Soziale Integration,* Opladen: Westdt. Verlag) 1999.

Fuss, Diana (1995): *Identification Papers. Readings on Psychoanalysis, Sexuality, and Culture,* New York: Routledge.

Gabilondo, Joseba (2002): »Like Blood for Chocolate, Like Queers for Vampires: Border and Global Consumption in Rodríguez, Tarantino, Arau, Esquivel, and Troyano«. In: Arnaldo Cruz-Malavé/

Martin Manalasan IV (Hg.): *Queer Globalizations. Citizenship and the Afterlife of Colonialism*, New York: New York UP, S. 236-264.

Ganz, Kathrin (2007): »Neoliberale Re-Familiarisierung und queerfeministische Lebensformenpolitik«. In: Melanie Groß/Gabriele Winker (Hg.): *Queer- | feministische Kritiken neoliberaler Verhältnisse*, Münster: Unrast, S. 51-77.

Garland Thomson, Rosemarie (Hg.): *Freakery. Cultural Spectacles of the Extraordinary Body*, New York/London: New York UP.

Gatens, Moira (1996): *Imaginary Bodies. Ethics, Power and Corporeality*, London/New York: Routledge.

Genschel, Corinna (1997): »Umkämpfte sexualpolitische Räume. Queer als Symptom«. In: Stefan Etgeton/Sabine Hark (Hg.): *Freundschaft unter Vorbehalt. Chancen und Grenzen lesbisch-schwuler Bündnisse*, Berlin: Querverlag, S. 77-98.

Genschel, Corinna (2001): »Erstrittene Subjektivität: Die Diskurse der Transsexualität«. Das Argument, 243 (6), S. 281-283.

Gerbig, Do. (2007): *Möglichkeiten des Widerstands einer ›prozessual-strategischen‹ Subjektivität aus queer-feministischer Sicht.* Unveröffentlichte Diplomarbeit, Universität Hamburg, Institut für Soziologie.

Gibson-Graham, J. K. (1996): *The End of Capitalism (as we know it)*, Cambridge/Mass.: Blackwell.

Gibson-Graham, J.K. (2005): *A Postcapitalist Politics*, Minneapolis: University of Minnesota Press.

Giesser, Markus/Ludwig, Gundula (2008): »›Endlose Transaktionen‹. Eine hegemonietheoretische Aneignung Foucaults und deren Nutzen für die feministische Staatstheorie«. Prokla 151 (2), S. 271-288.

Gluckman, Amy/Reed, Betsy (Hg.) (1997): *Homo Economics. Capitalism, Community, and Lesbian and Gay Life*, London: Routledge.

Gramsci, Antonio (1991-2002): *Gefängnishefte. Kritische Gesamtausgabe (10 Bd.)* (a. d. Ital. v. Klaus Bochmann, Ruedi Graf, Wolfgang Fritz Haug, Peter Jehle, Gerhard Kuck, Joachim Meinert und Leonie Schröder), Berlin: Argument.

Groß, Melanie/Winker, Gabriele (Hg.) (2007): *Queer- | feministische Kritiken neoliberaler Verhältnisse*, Münster: Unrast.

Gržinić, Marina (2008): »Former Yugoslavia, Queer and Class Struggle«. In: Marina Gržinić/Rosa Reitsamer (Hg.): *New Feminisms. Worlds of Feminism, Queer and Networking Conditions*, Wien: Loecker, S. 328-349.

Gutiérrez Rodríguez, Encarnación (2003a): »Gouvernementalität und die Ethnisierung des Sozialen. Migration, Arbeit und Biopolitik«. In: Encarnación Guttiérez Rodríguez/Marianne Pieper (Hg.):

Gouvernementalität. Eine sozialwissenschaftliche Debatte im Anschluss an Foucault, Frankfurt/M.: Campus, S. 161-178.

Gutiérrez Rodríguez, Encarnación (2003b): »Repräsentation, Subalternität und postkoloniale Kritik«. In: Hito Steyerl/Encarnación Gutiérrez Rodríguez (Hg.): *Spricht die Subalterne deutsch? Migration und Postkoloniale Kritik*. Münster: Unrast, S. 17-37.

Gutiérrez Rodríguez, Encarnación (2007): »›Sexuelle Multitude‹ und prekäre Subjektivitäten – Queers, Prekarisierung und transnationaler Feminismus«. In: Pieper, Marianne et al. (Hg.): *Empire und die biopolitische Wende. Die internationale Debatte im Anschluss an Hardt und Negri*, Frankfurt/M.: Campus, S. 125-139.

Ha, Kien Nghi (2005): *Hype um Hybridität. Kultureller Differenzkonsum und postmoderne Verwertungstechniken im Spätkapitalismus*, Bielefeld: transcript.

Ha, Kien Nghi (2006): »Crossing the Border? Hybridity as Late-Capitalistic Logic of Cultural Translation and National Modernisation«. http://eipcp.net/transversal/1206/ha/en (16.02.2007).

Haase, Matthias/et al. (Hg.) (2005): *Outside. Die Politik queerer Räume*, Berlin: b_books.

Habermann, Friederike (2008): *Der homo oeconomicus und das Andere. Hegemonie, Identität und Emanzipation*, Baden-Baden: Nomos.

Haehnel, Birgit (2006): »Geschlecht und Ethnie«. In: Anja Zimmermann (Hg.): *Kunstgeschichte und Gender. Eine Einführung*, Berlin: Reimer, S. 29-313.

Halberstam, Judith (1998): *Female Masculinity*, Durham/London: Duke UP.

Halberstam, Judith (2005): *In a Queer Time & Place. Transgender Bodies, Subcultural Lives*, New York: New York UP.

Hale, Jacob (1998): »Consuming the Living, Dis(re)membering the Dead in the Butch/FTM Borderlands«. GLQ. A Journal of Lesbian and Gay Studies, 4 (2), S. 311-348.

Hall, Stuart (1997): »The Spectacle of the ›Other‹«. In: Ders. (Hg.): *Representation. Cultural Representation and Signifying Practices*, London et al.: Sage, S. 223-290.

Hall, Stuart (2004): *Ideologie, Identität, Repräsentation. Ausgewählte Schriften 4*, Hamburg: Argument.

Hall, Stuart (Hg.) (1997): *Representation. Cultural Representation and Signifying Practices*, London et al.: Sage.

Hantelmann, Dorothea (2007): *How To Do Things With Art. Zur Bedeutsamkeit der Performativität von Kunst*, Zürich/Berlin: diaphenes.

Hark, Sabine/Genschel, Corinna (2003): »Die ambivalente Politik von Citizenship und ihre sexualpolitische Herausforderung«. In:

Gudrun-Axeli Knapp/Angelika Wetterer (Hg.): *Achsen der Differenz. Gesellschaftstheorie und feministische Kritik II*, Münster: Westfälisches Dampfboot, S. 134-169.

Hark, Sabine (2005): *Dissidente Partizipation. Eine Diskursgeschichte des Feminismus*, Frankfurt/M.: Suhrkamp.

Härtel, Insa/Schade, Sigrid (Hg.) (2002): *Körper und Repräsentation*, Opladen: Leske + Budrich.

Hartmann, Jutta/et al. (Hg.) (2007): *Heteronormativität. Empirische Studien zu Heterosexualität als gesellschaftlichem Machtverhältnis*, Wiesbaden: VS Verlag.

Hartmann, Martin (2002): »Widersprüche, Ambivalenzen, Paradoxien. Begriffliche Wandlungen in der neueren Gesellschaftstheorie«. In: Axel Honneth (Hg.): *Befreiung aus der Mündigkeit. Paradoxien des gegenwärtigen Kapitalismus*, Frankfurt/M.: Campus: S. 221-251.

Harvey, David (2005): *A Brief History of Neoliberalism*, Oxford: Oxford UP.

Haschemi Yekani/Beatrice Michaelis (Hg.)(2005): *Quer durch die Geisteswissenschaften. Perspektiven der Queer Theory*, Berlin: Querverlag.

Heidegger, Martin (1963): *Sein und Zeit* [1926], Tübingen: Max Niemeyer.

Heidegger, Martin (1978): »Metaphysische Anfangsgründe der Logik im Ausgang von Leibniz« [1928], in: Ders.: *Gesamtausgabe* 26, Frankfurt/M.: Klostermann.

Heidenreich, Nanna (2005): »‚Der Kampf der Subkulturen' – Homophobie vs. Rassismus?«. In: Elahe Haschemi Yekani/Beatrice Michaelis (Hg.): *Quer durch die Geisteswissenschaften. Perspektiven der Queer Theory*, Berlin: Querverlag, S. 203-215.

Heitmeyer; Wilhelm/Imbusch, Peter (Hg.) (2005): *Integrationspotenziale einer modernen Gesellschaft. Analysen zur gesellschaftlichen Integration und Desintegration*, Wiesbaden: VS Verlag.

Hennessy, Rosemary (2000): *Profit and Pleasure. Sexual Identities in Late Capitalism*, New York: Routledge.

Hentschel, Linda (2001): *Pornotopische Techniken des Betrachtens. Raumwahrnehmung und Geschlechterordnung in visuellen Apparaten der Moderne*, Marburg: Jonas.

Hentschel, Linda (2007): »Haupt oder Gesicht. Visuelle Gouvernementalität seit 9/11«. In: Linda Hentschel (Hg.): Bilderpolitik in Zeiten von Krieg und Terror. Medien, Macht und Geschlchterverhältnisse, Berlin: b_books, S. 183-200.

Hentschel, Linda (Hg.) (2007): *Bilderpolitik in Zeiten von Krieg und Terror. Medien Macht und Geschlechterverhältnisse*, Berlin: b_books.

Herrmann, Steffen Kitty (2003): »Performing the Gap - Queere Gestalten und geschlechtliche Aneignung«. http://www. genderkiller.de/wissen%20neu/texte%20queer%20kitty.htm (19.09.06)

Herz, Marion (2001): »Fingern im Geschlecht. Eine Geschlechtsbehandlung«. In: Ulrike Bergermann/Andrea Sick/Andrea Klier (Hg.): *Hand. Medium - Körper - Technik*, Bremen: thealit, S. 181-194.

Hieber, Lutz/Villa, Paula-Irene (Hg.) (2007): *Images von Gewicht. Soziale Bewegungen, Queer Theory und Kunst in den USA*, Bielefeld: transcript.

Hill, Charles A./Helmers, Marguerite (Hg.) (2004): *Defining Visual Rhetorics*, Mahwah, New Jersey: Lawrence Erlbaum.

Hillmann, Karl-Heinz (2007): *Wörterbuch der Soziologie* (5., vollst. überarbeitete Aufl.). Stuttgart: Kröner.

Hochschild, Arlie R.: »Bei der Arbeit Zuhause«. In: Pauline Boudry/et al. (Hg.) (1999): *Reproduktionskonten fälschen. Heterosexualität, Arbeit und Zuhause*, Berlin: b_books, S. 64-85.

Hochschild, Arlie Russell (2002): *Keine Zeit. Wenn die Firma zum Zuhause wird und zu Hause nur Arbeit wartet* [1997] (a. d. Engl. v. Hella Beister), Opladen: Leske + Budrich.

Holert, Tom (2008): *Regieren im Bildraum*. Berlin: b_books/Polypen.

Holert, Tom (Hg) (2000): *Imagineering. Visuelle Kultur und Politik der Sichtbarkeit*, Köln: Oktagon.

Holzhey, Christoph (2001): *Paradoxical Pleasures in Aesthetics. Masophobia, Sexual Difference, and E.T.A. Hoffmann's Kater Murr* (unpublished PhD dissertation), Graduate School of Arts and Sciences, Columbia University.

Honneth, Axel (Hg.) (2002): *Befreiung aus der Mündigkeit. Paradoxien des gegenwärtigen Kapitalismus*. Frankfurt/M.: Campus.

Horkheimer, Max/Adorno, Theordor W. (1991): *Dialektik der Aufklärung. Philosophische Fragmente* [1947], Frankfurt/M.: Fischer.

Illouz, Eva (2003): *Der Konsum der Romantik. Liebe und die kulturellen Widersprüche des Spätkapitalismus*, Frankfurt/M.: Campus.

Ingraham, Chrys (1996): »The Heterosexual Imaginary: Feminist Sociology and Theories of Gender«. In: Steven Seidman (Hg.): *Queer Theory/Sociology*, Cambridge, Massachusetts: Blackwell, S. 168-193.

Initiative Queer Nations (Hg.) (2006): *In unserem Namen [In Our Name]*, Berlin: Selbstverlag.

Kanak Attak (1998): »Manifest«. http://www.kanak-attak.de/ka/about/manif_deu.html (09.07.2008).

Klesse, Christian (2007): »Heteronormativität und qualitative Forschung. Methodische Überlegungen«. In: Hartmann, Jutta/et al. (Hg.): *Heteronormativität. Empirische Studien zu Heterosexualität als gesellschaftlichem Machtverhältnis*, Wiesbaden: VS Verlag, S. 35-51.

Knowles, Caroline/Sweetman, Paul (Hg.) (2004): *Picturing the Social Landscape. Visual Methods and the Sociological Imagination*, London/New York: Routledge.

Krasmann, Susanne (2003): *Die Kriminalität der Gesellschaft. Zur Gouvernementalität der Gegenwart*, Konstanz: UVK.

Krebs, Angelika (2002): *Arbeit und Liebe. Die philosophischen Grundlagen sozialer Gerechtigkeit*, Frankfurt/M.: Suhrkamp.

Kreisky, Eva (2001): »Ver- und Neuformungen des politischen und kulturellen Systems. Zur maskulinen Ethik des Neoliberalismus«. Kurswechsel, 4, S. 38-50.

Lacan, Jacques (1991a): »Das Spiegelstadium als Bildner der Ichfunktion« [1949] (a. d. Franz. v. Peter Stehlin). In: Jacques Lacan: *Schriften I*, Weinheim/Berlin: Quadriga, S. 61-70.

Lacan, Jacques (1991b): »Die Bedeutung des Phallus« [1958] (a. d. Franz. v. Chantal Creusot, Norbert Haas, Samuel M. Weber). In Jacques Lacan: *Schriften II*, Weinheim/Berlin: Quadriga, S. 120-132.

Laclau, Ernesto (2005): *On Populist Reason*, London: Verso.

Laclau, Ernesto/Mouffe, Chantal (1991): *Hegemonie und radikale Demokratie. Zur Dekonstruktion des Marxismus* [1985] (a. d. Engl. v. Michael Hintz u. Gerd Vorwallner), Wien: Passagen.

Laplanche, J./Pontalis, J.-B. (1994): *Das Vokabular der Psychoanalyse* [1967] (a. d. Franz. v. Emma Moersch), Frankfurt/M.: Suhrkamp.

Laplanche, Jean/Pontalis, J.-B. (1992): *Urphantasie. Phantasien über den Ursprung, Ursprünge der Phantasie* [1985] (a. d. Franz. v. Max Looser), Frankfurt/M.: Fischer.

Lauretis, Teresa de (1987): *Technologies of Gender: Essays in Theory, Film, and Fiction*, Bloomington/Indiana.

Lauretis, Teresa de (1996): *Die Andere Szene. Psychoanalyse und lesbische Sexualität* (a. d. Amerik. v. Karin Wördemann), Berlin: Berlin Verlag.

Lebensztejn, Jean-Claude (1994): »Starting out from the Frames (Vignettes)« In: Peter Brunette/David Wills (Hg.): *Deconstruction and the Visual Arts. Art, Media, Architecture*, Cambridge: Cambridge UP, S. 118-140.

Leeuwen, Theo Van (2005): *Introducing Social Semiotics*, London/New York: Routledge.

Leeuwen, Theo Van/Jewitt, Carey (2001): *Handbook of Visual Analysis*, London et al.: Sage.

Leidinger, Christiane (2003): *Medien, Herrschaft, Globalisierung. Folgenabschätzung zu Medieninhalten im Zuge transnationaler Konzentrationsprozesse*, Münster: Westfälisches Dampfboot.

Lemke, Thomas (1997): *Eine Kritik der politischen Vernunft. Foucaults Analyse der modernen Gouvernementalität*, Berlin/Hamburg: Argument.

Lemke, Thomas (2000): »Neoliberalismus, Staat und Selbsttechnologien. Ein kritischer Überblick über die governmentality studies«. Politische Vierteljahresschrift 41 (1), S. 31-47.

Lettow, Susanne (2001): *Die Macht der Sorge. Die philosophische Artikulation von Geschlechterverhältnissen in Heideggers ›Sein und Zeit‹*, Tübingen: edition diskord.

Liebsch, Burkhard (2004): »Gewalt und Legitimität«. In: Friedrich Jaeger/Jörn Rüsen (Hg.): *Handbuch der Kulturwissenschaften*, Bd. 3, Suttgart/Weimar: Metzler, S. 503-520.

Liebsch, Burkhard (2007): *Subtile Gewalt. Spielräume sprachlicher Verletzbarkeit*, Weilerswist: Velbrück.

Lindfors, Bernth (1996): »Ethnological Show Business: Footlighting the Dark Continent«. In: Rosemarie Garland Thomson (Hg.): *Freakery. Cultural Spectacles of the Extraordinary Body*, New York/London: New York UP, S. 207-218.

Link, Jürgen (1998): *Versuch über den Normalismus. Wie Normalität produziert wird*, Opladen/Wiesbaden: Westdeutscher Verlag.

Lister, Martin/Wells, Liz (2001): »Seeing Beyond Belief: Cultural Studies as an Approach to Analysing the Visual«. In: Leeuwen, Theo van/Jewitt Carey (Hg.): *Handbook of Visual Analysis*, London: Sage, S. 61-91.

Lorenz, Renate (2007a): »long working hours of normal love. hannah cullwick's photographs and diaries«. In: Dies.: *normal love. precarious sex. precarious work*, Berlin: b_books, S. 104-125.

Lorenz, Renate (2007b): »the diaries I/II. hannah cullwick«. In: Renate Lorenz/Brigitta Kuster: *sexuell arbeiten. Eine queere Perspektive auf Arbeit und prekäres Leben*, Berlin: b_books, S. 25-150.

Lorenz, Renate (2008): »Queere Kunst, oder: Eine Freak-Theorie der Gegenwartskunst«. Unveröffentlichtes Vortragsmanuskript, Zürcher Hochschule der Künste.

Lorenz, Renate (2009): *Aufwändige Durchquerungen. Subjektivität als sexuelle Arbeit*, Bielefeld: transcript.

Lorenz, Renate/Kuster, Brigitta (2007): *Sexuell arbeiten. Eine queere Perspektive auf Arbeit und prekäres Leben*, Berlin: b_books.

Lorey, Isabell (1996): *Immer Ärger mit dem Subjekt. Theoretische und politische Konsequenzen eines juridischen Machtmodells: Judith Butler,* Tübingen: discord.

Lorey, Isabell (2007a): »Weißsein und Immunisierung. Zur Unterscheidung zwischen Norm und Normalisierung«. http://translate.eipcp.net/strands/03/lorey-strands01de (16.06.08).

Lorey, Isabell (2007b): »Vom immanenten Widerspruch zur hegemonialen Funktion. Biopolitische Gouvernementalität und Selbst-Prekarisierung von KulturproduzentInnen«. In: Gerald Raunig/Ulf Wuggenig (Hg.): *Kritik der Kreativität.* Wien: Turia+Kant, S. 121-136

Losert, Annett (2007): »Die Perspektive der Queer Theory auf Diversity Management – eine (hoffentlich) konstruktive Kritik«. www.wu-wien.ac.at/service/institute/gender/vernetzungstreffen/losert_queer_theory_und_diversity_management_wien_0507.pdf (12.12.2008)

Ludwig, Gundula (2006): »Zwischen ›Unternehmerin ihrer selbst‹ und ›fürsorgender Weiblichkeit‹. Regierungstechniken und weibliche Subjektkonstruktionen im Neoliberalismus«. beiträge zur feministischen theorie und praxis, 68, S. 49-59.

Ludwig, Gundula (2007): »Gramscis Hegemonietheorie und die staatliche Produktion von vergeschlechtlichten Subjekten«. Das Argument 270, 196-205.

Lummerding, Susanne (2008): »SEX/Geschlecht, Medialität und das Politische – Zur Re-Definition einer Kategorie« In: Waltraud Ernst et al. (Hg.): *Performativität & Performance. Geschlecht in Musik, Bildender Kunst, Theater und Neuen Medien,* Münster et al.: Lit-Verlag, S. 177–187.

Lummerding, Susanne (2005): *agency@? Cyber-Diskurse, Subjektkonstituierung und Handlungsfähigkeit im Feld des Politischen,* Wien: Böhlau.

Lyotard, Jean F. (2007): *Libidinöse Ökonomie* [1974] (a. d. Franz. v. Ricke, Gabriele/Voullié, Ronald), Zürich/Berlin: diaphenes.

Madörin, Mascha (1999): »Robinson Crusoe und der Rest der Welt«. In: Pauline Boudry/Brigitta Kuster/Renate Lorenz (Hg.): *Reproduktionskonten fälschen. Heterosexualität, Arbeit und Zuhause,* Berlin: b_books, S. 132-155.

Marchert, Oliver (Hg.) (1998): *Das Undarstellbare der Politik. Zur Hegemonietheorie Ernesto Laclaus,* Wien: Turia + Kant.

Marcuse, Herbert (1990): *Triebstruktur und Gesellschaft: Ein philosophischer Beitrag zu Sigmund Freud* [1955], Frankfurt/M.: Suhrkamp.

Mayne, Judith (1993): *Cinema and Spectatorship*, London/New York: Routledge.

McClintock, Anne (1995): *Imperial Leather. Race, Gender and Sexuality in the Colonial Contest*, London/New York: Routledge.

McRuer, Robert (2006): *Crip Theory. Cultural Signs of Queerness and Disability*, New York: New York UP.

Michalitsch, Gabriele (2006): *Die neoliberale Domestizierung des Subjekts. Von den Leidenschaften zum Kalkül*, Frankfurt/M.: Campus.

Miller, Hillis J. (2004): »›Taking up a task‹: moments of decision in Ernesto Lacalu's though«. In: Simon Critchley/Oliver Marchert (Hg.): *Laclau. A Critical Reader*, London/New York: Routledge, S. 217-225.

Mirzoeff, Nicholas (1999): *An Introduction to Visual Culture*. London/New York: Routledge.

Mitchell, W. J. T. (1987): *Iconology. Image, Text, Ideology, Chicago*: Univ. of Chicago Press.

Moebius, Stephan (2003): *Die soziale Konstituierung des Anderen. Grundrisse einer poststrukturalistischen Sozialwissenschaft nach Lévinas und Derrida*, Frankfurt/M.: Campus.

Mönkedieck; Sonja (2008): *Performativität der ›Unternehmerin ihrer selbst‹. Die Aktionsforschung der ›Monkeydick-Productions‹*, Berlin: wvb.

Mouffe, Chantal (2005): *On the Political*, London/New York: Routledge.

Mouffe, Chantal (1993): *The Return of the Political*, London/New York: Verso.

Muholi, Zanele (2004): »Thinking Through Lesbian Rape«. Iss Agenda, 61, S. 116-124.

Namaste, Ki (1996): »The Politics of Inside/Out: Queer Theory, Poststructuralism, and a Sociological Approach to Sexuality». In: Steven Seidman (Hg.): *Queer Theory/Sociology*, Cambridge, Mass.: Blackwell: S. 194- 212.

Ngcobo, Gabi (2008): »This is Not a Love Story«. n.paradoxa, 21; S. 38-43.

Nnaemeka, Obioma (2005): »Bodies That Don't Matter: Black Bodies and the European Gaze«. In: Maureen Maisha Eggers/Grada Kilomba/Peggy Piesche/Susan Arndt (Hg.): Mythen, Masken und Subjekte. Kritische Weißseinsforschung in Deutschland, Münster: Unrast, S. 90-104.

Nullmeier, Frank (2006): »Paradoxien der Eigenverantwortung«. In: Ludger Heidbrink/Alfred Hirsch, (Hg.): *Verantwortung in der Zivil-*

gesellschaft. Zur Konjunktur eines widersprüchlichen Prinzips, Frankfurt/M.:Campus, S. 151-164.

Pateman, Carol (1998): »The Patriarchal Welfare State«. In: Joan B. Landes (ed.): *Feminism, the Public and the Private*, Oxford: Oxford UP, S. 241-274.

Patton, Cindy/Sanchez-Eppler, Benigno (Hg.) (2000): *Queer Diasporas*, Durham: Duke UP.

Paul, Barbara/Schaffer, Johanna (Hg.) (2009): *Mehr(wert) Queer. Visuelle Kultur, Kunst und Gender-Politiken. Queer Added (Value). Visual Culture, Arts, and Gender Politics.* Bielefeld: transcript (erscheint zweisprachig April 2009).

Pellegrini, Ann (2002): »Consuming Lifestyle: Commodity, Capitalism, and Transformations in Gay Identity«. In: Arnaldo Cruz-Malavé/ Martin F. Manalasan IV (Hg.): *Queer Globalizations. Citizenship and the Afterlife of Colonialism*, New York: New York UP, S. 134-145.

Perko, Gundrun (2004): »Denken im Transit – ein Entwurf: Über das Ethos der Anerkennung, die Politik der Autonomie und die Dimensionen der Magmalogik als transformative Erweiterung von *Queer*«. In: Gudrun Perko/Leah Czollek (Hg.): *Lust am Denken. Queeres jenseits kultureller Verortungen*, Wien: Pappy Rosa, S. 31-53.

Peters, Michael A. (2001): *Poststructuralism, Marxism, and Neoliberalism. Between Theory and Politics*, Lanham/et al.: Rowman & Littlefields.

Petzen, Jennifer (2005): »Wer liegt oben? Türkische und Deutsche Maskulinitäten in der Schwulen Szene«. In: IFADE (Hg.): *Insider-Outsider. Bilder ethnisierter Räume und Partizipation im Migrationsprozess*, Bielefeld: transcript, S. 162-181.

Phelan, Shane (2001): *Sexual Strangers, Gays, Lesbians, and Dilemmas of Citizenship*, Philadelphia: Temple Press.

Plumpe, Gerhard (1990): *Der tote Blick. Zum Diskurs der Photographie in der Zeit des Realismus*, München: Fink.

Precarias a la deriva (2007): »Projekt und Methode einer ›militanten Untersuchung‹. Das Reflektieren der Multitude in actu.« In: Marianne Pieper et al. (Hg.): *Empire und die biopolitische Wende. Die internationale Debatte im Anschluss an Hardt und Negri*, Frankfurt/M. Campus, S. 85-108

Preciado, Beatriz (2003): *Kontrasexuelles Manifest*, Berlin: b_books.

Pritsch, Silvia (2008): *Rhetorik des Subjekts. Zur textuellen Konstruktion des Subjekts in feministischen und anderen postmodernen Diskursen*, Bielefeld: transcript.

Probyn, Elspeth (1996): *Outside Belongings*, London/New York: Routledge.

Pühl, Katharina (2003): »Der Bericht der Hartz-Kommission und die ›Unternehmerin ihrer Selbst‹: Geschlechterverhältnisse, Gouvernementalität und Neoliberalismus«. In: Encarnación Guttiérez Rodríguez/Marianne Pieper, (Hg.): *Gouvernementalität. Eine sozialwissenschaftliche Debatte im Anschluss an Foucault*, Frankfurt/M.: Campus, S. 111-135.

Pühl, Katharina/Sauer, Birgit (2004): »Geschlechterverhältnisse im Neoliberalismus. Konstruktion, Transformation und feministisch-politische Perspektiven«. In: Urte Helduser et al. (Hg.): *under construction? Konstruktivistische Perspektiven in feministischer Theorie und Forschungspraxis*, Frankfurt/M.: Campus, S. 165-179.

Purtschert, Patricia (2006): *Grenzfiguren. Kultur, Geschlecht und Subjekt bei Hegel und Nietzsche*, Frankfurt/M.: Campus.

quaestio (Hg.) (2000): *Queering Demokratie. Sexuelle Politiken*, Berlin: Querverlag.

Rancière, Jacques (2002): *Das Unvernehmen. Politik und Philosophie* [1998] (a. d. Franz. v. Richard Steurer) Frankfurt/M.: Suhrkamp.

Rancière, Jacques (2006): *Politik der Bilder* [2003] (a. d. Franz. v. Maria Muhle) Zürich/Berlin: diaphenes.

Range, Eva (2008): »Homosexualität in Südafrika«. Afrika Süd, 5, S. 10-12.

Reddy, Chandan (2005): »Asian Diasporas, Neoliberalism, and Family. Reviewing The Case For Homosexual Asylum In The Context Of Family Rights«. Social Text 84/85, S. 101-119.

Reich, Wilhelm (1972): *Massenpsychologie des Faschismus* [1933], Frankfurt/M.: Junius.

Richardson, Diane (2000): »Constructing sexual citizenship: theorizing sexual rights«. Critical Social Policy, 20 (1), S. 105-135.

Richardson, Diane/Seidman, Steven (Hg.) (2002): *Handbook of Lesbian and Gay Studies*, London et al.: Sage.

Rogoff, Irit (2000): *Terra Infirma. Geography's Visual Culture*, London: Routledge.

Rogoff, Irit (2006): »The Where of Now«. http://www.kein.org/node/64 (10.11.2008).

Rommelspacher, Birgit (2002): *Anerkennung und Ausgrenzung. Deutschland als multikulturelle Gesellschaft*, Frankfurt/M.: Campus.

Rose, Gillian (2001): *Visual Methodologies. An Introduction to the Interpretation of Visual Material*, London/et al.: Sage.

Rose, Nikolas (1999): *Powers of Freedom. Reframing Political Thought*, Cambridge: Cambridge UP.

Ruccio, David F. (2007): »Capitalism«. In: Bruce Burgett/Glenn Hindler (Hg.): *Keywords for American Cultural Studies*, New York/London: New York UP, S. 32-36.

Rüdiger, Anja (1996): *Dekonstruktion und Demokratisierung. Emanzipatorische Politiktheorie im Kontext der Postmoderne*, Opladen: Leske + Budrich.

Sánchez-Eppler, Benigno/Patton, Cindy (2000): »Introduction: With a Passport Out of Eden«. In: Benigno Sánchez-Eppler/Cindy Patton (Hg.): Queer Diasporas, Durham/London: Duke UP, S. 1-14.

Sauer, Birgit (2005): »Gewaltige Reformen – Neoliberalismus und Gewalt gegen Frauen«. Das Argument 263, S. 199-208.

Savigliano, Marta E. (1995): *Tango and the Political Economy of Passion*. Boulder: Westview.

Schade, Sigrid (2006): »Körper und Körpertheorien in der Kunstgeschichte«. In: Anja Zimmermann (Hg.): *Kunstgeschichte und Gender. Eine Einführung*, Berlin: Reimer, S. 61-72.

Schade, Sigrid/Wenk, Silke (1995): »Inszenierungen des Sehens«. In: Hadumod Bußmann/Renate Hof (Hg.): *Genus. Zur Geschlechterdifferenz in den Kulturwissenschaften*, Stuttgart: Kröner, S.342-407.

Schade, Sigrid (1999): »Zur verdrängten Medialität der modernen und zeitgenössischen Kunst«. In: Dies./G. C. Tholen (Hg.): *Konfigurationen. Zwischen Kunst und Medien*, München, S. 269 – 291.

Schaffer, Johanna (2004): »Sichtbarkeit = politische Macht? Über die visuelle Verknappung von Handlungsfähigkeit«. In: Urte Helduser/u.a. (Hg.): *under construction? Konstruktivistische Perspektiven in feministischer Theorie und Praxis*, Frankfurt/M.: Campus, S. 208-222.

Schaffer, Johanna (2008): *Ambivalenzen der Sichtbarkeit. Über die visuellen Strukturen der Anerkennung*, Bielefeld: transcript.

Schöttler, Gabriele (2001): »Zunehmende Akzeptanz. Wege zu demokratischen Familienstrukturen«. In: Senatsverwaltung für Schule Jugend und Sport (Hg.): *Regenbogenfamilien. Wenn Eltern lesbisch, schwul, bi oder transsexuell sind*, Berlin, S. 11-15.

Seidman, Steven (1996) (Hg.): *Queer Theory/Sociology, Cambridge, Mass. USA: Blackwell Publ.*.

Sigusch, Volkmar (2005): *Neosexualitäten. Über den kulturellen Wandel von Liebe und Perversion*. Frankfurt/M.: Campus.

Silverman, Kaja (1996): *The Threshold of the Visible World*, London/New York: Routledge.

Smith, Anna Marie (1998): *Laclau and Mouffe. The Radical Democratic Imaginary*, London/New York: Routledge.

Spivak, Gayatri Chakravorty (2007): *Can the Subaltern Speak?* [1988] (eingeleitet v. Hito Steyerl, a. d. Engl. v. Alexander Joskowicz und Stefan Nowotny), Wien: Turia+Kant,

Stäheli, Urs (1998): »Politik der Entparadoxisierung«. In: Marchert, Oliver (Hg.): *Das Undarstellbare der Politik. Zur Hegemonietheorie Ernesto Laclaus,* Wien: Turia + Kant, S. 52-66.

Stäheli, Urs (2007): *Spektakuläre Spekulation. Das Populäre der Ökonomie,* Frankfurt/M.:Suhrkamp.

Stäheli, Urs (2008): »Ökonomie. Die Grenzen des Ökonom«. In: Stephan Moebius/Andreas Reckwitz (Hg.): *Poststrukturalistische Sozialwissenschaft,* Frankfurt/M.: Suhrkamp, S. 295-311.

Thoms, Ulrike (2005): *Anstaltskost im Rationalisierungsprozess: Die Ernährung in Krankenhäusern und Gefängnissen im 18. und 19. Jahrhundert,* Stuttgart: Franz Steiner Verlag.

Turner, Graeme (1996): *British Cultural Studies. An Introduction,* London/New York: Routledge.

Vujanović, Ana/Popivoda, Marta (2008): »Queerßtrategy ≈ Identifucking Gender Politics of the Multitude«. In: Marina Gržinić/Rosa Reitsamer (Hg.): *New Feminisms. Worlds of Feminism, Queer and Networking Conditions,* Wien: Loecker, S. 394-402.

Vasterling, Veronica (1997): »Dekonstruktion der Identität – Zur Theorie der Geschlechterdifferenz bei Derrida«. In: Silvia Stoller/Helmuth Vetter (Hg.): *Phänomenologie und Geschlechterdifferenz,* Wien: WUV, S. 132-147.

Wagenknecht, P. (2003): »›Always be yourself!‹ Männlichkeit, Klassenposition und normative Heterosexualität in der Formierung von Subjektivität«. In: Encarnación Guttiérez Rodríguez/Marianne Pieper (Hg.): *Gouvernementalität. Eine sozialwissenschaftliche Debatte im Anschluss an Foucault,* Frankfurt/M.: Campus, S. 196-223.

Walzer, Michael (2000): »Komplexe Gleichheit« [1983], a. d. Amerik. v. Hanne Herkommer, in: Angelika Krebs (Hg.): *Gleichheit oder Gerechtigkeit. Texte der neuen Egalitarismuskritik,* Frankfurt/M.: Suhrkamp, 172-214.

Warner, Michael (1999): *The Trouble With Normal. Sex, Politics, and the Ethics of Queer Life,* Cambridge, Massachusetts: Harvard UP.

Wenk, Silke (2006): »Repräsentation in Theorie und Kritik. Zur Kontroverse um den ›Mythos des ganzen Körpers‹«. In: Anja Zimmermann (Hg.): *Kunstgeschichte und Gender. Eine Einführung,* Berlin: Reimer, S. 99-113.

Williams, Linda (1989): *Hard Core. Power, Pleasure and the Frenzy of the Visible,* Berkeley/Los Angelos.

Williamson, Judith (2002): Decoding Advertising. Ideology and Meaning in Advertising [1978], London/New York: Marion Boyars.

Wilson, Angelia R. (1997): »Somewhere over the Rainbow«. In: Shane Phelan (Hg.): *Playing with Fire. Queer Politics, Queer Theories,* New York/London: Routledge, S. 99-111.

Woltersdorff, Volker (2004): »Zwischen Unterwerfung und Befreiung. Konstruktionen schwuler Identität im Coming Out«. In: Urte Helduser/et al. (Hg.): *under construction. Konstruktivistische Perspektiven in feministischer Theorie und Forschungspraxis,* Frankfurt/M.: Campus, S. 138-149.

Woltersdorff, Volker (2007): »Dies alles und noch viel mehr! Paradoxien prekärer Sexualitäten«. Das Argument 273, S. 179-194.

Zimmermann, Anja (Hg.) (2006): *Kunstgeschichte und Gender. Eine Einführung,* Berlin: Reimer.

Žižek, Slavoj (2001): *Die Tücke des Subjekts.* Frankfurt/M.: Suhrkamp.

Bildnachweise

Titelbild Ines Doujak: *ohne Titel*, aus der Serie »Siegesgärten«, 2007, Collage: Photographie auf historischer Graphik, 69 x 40 cm. Courtesy of the artist.

S. 44 »Why are these people so happy and gay?«, Werbeanzeige. Courtesy of *Lifestyle Finance*, Dublin. Quelle: *GCN (Gay Community News)*, Dublin, November 2003: S. 38.

S. 57 Monika Eberle, 2006, Farb-Photographie. Screenshot der Website der *Koordinierungsstelle für gleichgeschlechtliche Lebensweisen* der Landeshauptstadt München: www.wirsindfuerdichda.org (14.02.2009).

S. 57 Barbara Dietl, 2007, Farb-Photographie. Courtesy: *Senatsverwaltung für Integration, Arbeit und Soziales*, Landesstelle für Gleichbehandlung, gegen Diskriminierung, Berlin. Quelle: Website des *Fachbereichs für gleichgeschlechtliche Lebensweisen* der Senatsverwaltung Berlin: http://www.berlin.de/lb/ads/gglw/index.html (14.02.2009).

S. 58 Unbekannt, Farb-Photographie. Screenshot der Website des *Ministeriums für Generationen, Familie, Frauen und Integration* des Landes Nordrhein-Westfalen: http://www.mgffi.nrw.de/familie/vielfalt-lebensformen/diversity/index.php (27.02.2009).

S. 70 »Da Sein«, Anzeige. Courtesy: *Boehringer Ingelheim* AG, Ingelheim. Quelle: CSD magazine, 2004: S. 25.

S. 71 Ines Doujak/Marth, Plakat aus der Serie »Lick Before You Look«, Fotodruck auf Papier, A2. Courtesy of the artist.

S. 104 (und Titel) Ines Doujak: *ohne Titel*, aus der Serie »Siegesgärten«, 2007, Collage: Photographie auf historischer Graphik, 69 x 40 cm. Courtesy of the artist. Quelle: Doujak, Ines (2008): *Siegesgärten/Victory Gardens*, Wien: Schleebrügge, S. 038.

S. 112 Galli: *ohne Titel*, 1989, Graphit, Pastellkreide, 29,7 x 21 cm. Quelle: Galli: Arbeiten auf Papier, Ausstellungskatalog, Stadtgalerie der Landeshauptstadt Saarbrücken, 1992.

S. 142 »Anhängerkupplung?«, Werbeanzeige. Courtesy: *Ford* AG, Köln. Quelle: CSD magazine, 2002: S. 50.

S. 146 »Kontakt«, Werbeanzeige, unter Verwendung einer Photographie von Milena Dopitová aus der Serie *Sixtysomething*, 2003. Courtesy: *Erste Bank*, Wien. Quelle: Report. Magazin für Kunst und Zivilgesellschaft in Zentraleuropa, (1) 2005: Rückseite.

S. 166 Zanele Muholi, *Isibuko I*, 2005, S/W Photographie. Courtesy: Michael Stevenson, Cape Town.

Studien zur visuellen Kultur

JENNIFER JOHN, SIGRID SCHADE (HG.)
Grenzgänge zwischen den Künsten
Interventionen in Gattungshierarchien und Geschlechterkonstruktionen

2008, 200 Seiten, kart., zahlr. Abb., 25,80 €,
ISBN 978-3-89942-967-1

BARBARA PAUL,
JOHANNA SCHAFFER (HG.)
Mehr(wert) queer – Queer Added (Value)
Visuelle Kultur, Kunst und Gender-Politiken – Visual Culture, Art, and Gender Politics

Mai 2009, 222 Seiten, kart., zahlr. Abb., 24,80 €,
ISBN 978-3-8376-1057-4

SIGRID SCHADE, SILKE WENK
Studien zur visuellen Kultur
Eine Einführung

Oktober 2009, ca. 160 Seiten, kart., ca. 16,80 €,
ISBN 978-3-89942-990-9

Leseproben, weitere Informationen und Bestellmöglichkeiten finden Sie unter www.transcript-verlag.de

Studien zur visuellen Kultur

JOHANNA SCHAFFER
Ambivalenzen der Sichtbarkeit
Über die visuellen Strukturen der Anerkennung

2008, 200 Seiten, kart., zahlr. z.T. farb. Abb., 24,80 €,
ISBN 978-3-89942-993-0

CORINNA TOMBERGER
Das Gegendenkmal
Avantgardekunst, Geschichtspolitik und Geschlecht in der bundesdeutschen Erinnerungskultur

2007, 362 Seiten, kart., zahlr. Abb., 34,80 €,
ISBN 978-3-89942-774-5

ANJA ZIMMERMANN
Ästhetik der Objektivität
Genese und Funktion eines wissenschaftlichen und künstlerischen Stils im 19. Jahrhundert

Februar 2009, 254 Seiten, kart., zahlr. Abb., 27,80 €,
ISBN 978-3-89942-860-5

Leseproben, weitere Informationen und Bestellmöglichkeiten finden Sie unter www.transcript-verlag.de

Studien zur visuellen Kultur

Sigrid Adorf
Operation Video
Eine Technik des Nahsehens und ihr spezifisches Subjekt: die Videokünstlerin der 1970er Jahre
2008, 400 Seiten, kart., zahlr. Abb., 36,80 €,
ISBN 978-3-89942-797-4

Marion Hövelmeyer
Pandoras Büchse
Konfigurationen von Körper und Kreativität. Dekonstruktionsanalysen zur Art-Brut-Künstlerin Ursula Schultze-Bluhm
2007, 284 Seiten, kart., zahlr. Abb., 30,80 €,
ISBN 978-3-89942-633-5

Tanja Maier
Gender und Fernsehen
Perspektiven einer kritischen Medienwissenschaft
2007, 280 Seiten, kart., 27,80 €,
ISBN 978-3-89942-689-2

Yvonne Volkart
Fluide Subjekte
Anpassung und Widerspenstigkeit in der Medienkunst
2006, 302 Seiten, kart., zahlr. z.T. farb. Abb., 28,80 €,
ISBN 978-3-89942-585-7

Leseproben, weitere Informationen und Bestellmöglichkeiten finden Sie unter www.transcript-verlag.de